CROIX-ROUGE
FRANÇAISE

DIRECTION DEPARTEMENTALE

ますます長期化
地域化する紛争

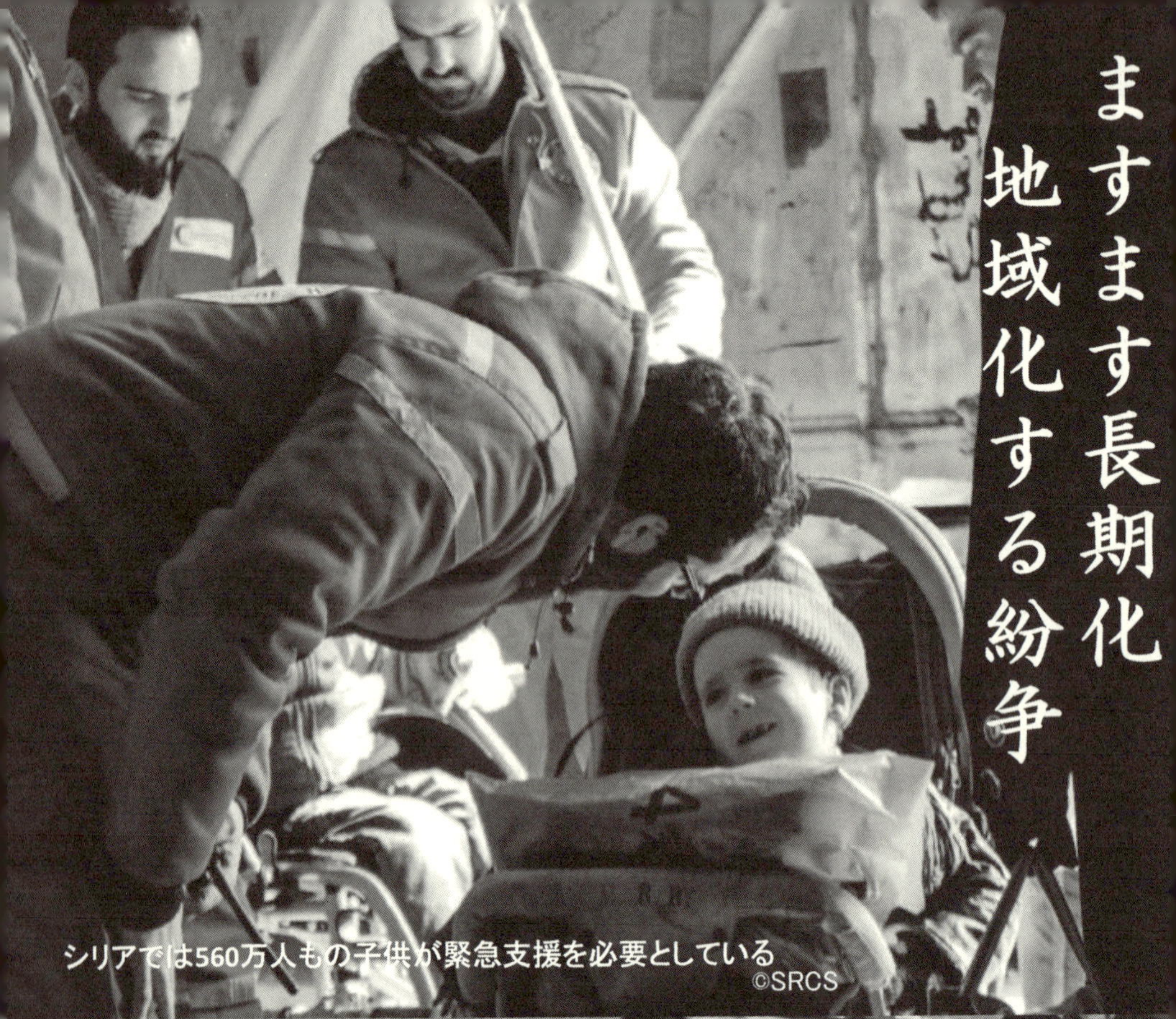

シリアでは560万人もの子供が緊急支援を必要としている
©SRCS

国際社会が紛争の解決に有効な手立てを見いだせず、
難民の増加により、周辺国のみならず欧州にも人道危機が飛び火している

2015年に地中海経由でイタリアを目指したリビア難民のうち約3000人が死亡　©M.M.Mirsit/LRCS

南スーダン

深刻化する一方の人道危機

独立から2年後の 2013年12月に内戦が勃発。
和平合意後も度重なる治安の悪化や食料不足、
干ばつや洪水等の自然災害に見舞われ、
人びとは避難を強いられている。衣食住の
確保や医療へのアクセスが困難となり、不安な日々が続く。

ICRCのチャーター機から救援物資が落下するのを待つ人々 ©K.Walgrave/ICRC

2015年1月から9月上旬までの間に
空中投下された食料はおよそ10,300トン
©Y.Castro/ICRC

豆など投下された食料を回収。1袋40kg前後 ©Y.Castro/ICRC

人道研究ジャーナル　2016　― 第五号　目次 ―

巻頭挨拶に代えて

犠牲で生かされる者として――共同体の紐帯としてのシンパシー

井上　忠男
（日本赤十字国際人道研究センター長）

犠牲を強いるシステム

憂鬱で執拗なテロリズムが世界に蔓延している。まるで暴力のパンデミックのように。その犠牲者は、二〇一四年だけでも三万人を超える。

国際社会は、テロを戦争と位置づけ、「テロとの戦い」が二一世紀の主要な戦争の一つになると見られている。こうした中で無辜の人々が犠牲となり、テロとの戦いが始まって一〇年間にイラク、アフガン、パキスタンだけで三七万人が死亡し、うち二一万人が民間人と言われる。[1] またシリア内戦では二〇一一年三月から二〇一五年末までに二六万人が犠牲になったといわれる。[2] 戦争の犠牲は自然災害のそれとは桁違いに多い。

小説家を夢見ていた若き日の司馬遼太郎（福田定一）は、二〇歳の頃、戦争に取られた。人生の夢を中途で断たれた福田青年は、「人の人生を台無しにするような権能を誰が国家に与えたのか」といぶかしむ。だが、大日本帝国憲法に兵役義務があるのを思い出し、「法治国家の下で平等になったことを誰もが喜んだのだから、不意の徴兵も仕方ない」と観念したという（『司馬遼太郎の言葉』）。[3]

先頃、知覧の特攻平和会館を訪れた。昭和二〇年の四月から六月にかけて沖縄の海に散っていった一〇三六人の若き特攻隊員を慰霊し、平和の尊さを噛みしめる施設だ。そこで目にした若者たちの遺書の多くには、国の魁となり犠牲となった者たちの死への覚悟や家族への惜別の情が淡々と綴られているが、中には運命の不条理へのやるせない思いや諦観を率直に吐露したものもある。

「人の世はわかれるものと知りながら　別れはなどてかくも悲しき」(上原良司大尉)[4]

隊員の中には死を前にして自然への極めて研ぎ澄まされた感性を持ち続ける者もいた。

〝あんまり緑が美しい。今日これから死に行くことすらわすれてしまいそうだ。

真青な空　ぽかんと浮かぶ白い雲。六月の知覧はもうセミの声がして夏を思わせる。

〈中略〉小鳥の声がたのしそう。「俺もこんどは小鳥になるよ」

日のあたる草の上にねころんで杉本がこんなことを云っている。笑わせるな。〃(枝幹二大尉)[5]

話がちょっと逸れるが、こんな自然への美的感性はアウシュヴィッツの体験を記した『夜と霧』の中にもある。フランクルは、収容所生活の中でも、夕日に染まり燃え上がる雲に見とれる者や、水溜りに映える空を見つめて「世界ってどうしてこう綺麗なんだろう」と呟く者がいたという。死と隣り合わせに身を置いても、「もののあはれ」に感じ入ることのできる人たちがいたことは極限状況の中に希望を見る思いさえする。

話を本筋に戻そう。これら若者は戦争の犠牲者だが、それはまた国家という巨大なシステムの犠牲者でもある。では、国民に犠牲を強いる権能を誰が国家に与えたのだろう。

近代民主国家の理念に影響を与えたジャン・ジャック・ルソーは、こんなことを言っている。

「他人の犠牲において自分の生命を保存しようとする人は、必要な場合には、また他人のためにその生命を投げ出さなければならない。」「統治者が市民に向かって『お前の死ぬことが国家に役立つのだ』というとき、市民は死ななければならぬ。なぜなら、この条件によってのみ彼は今日まで安全に生きてきたのであり、また彼の生命は単に自然の恵みだけではもはやなく、国家からの条件つきの贈物なのだから……」(『社会契約論』)

国家が前面に押し

出される戦争は、そこで生きる国民の犠牲を当然強いることになる。ホッブスの国家論の延長にあるルソーは犠牲を容認するだけでなく、そうあらねばならないとも言う。若き司馬遼太郎は、この現実に目覚め兵役に得心したのだろう。

犠牲のない社会はない

そもそも民主社会は多数決の原理に立っている。それは少数者の犠牲を意味する。だから民主主義は「犠牲の論理」の上に立つと言える。自由や民主主義、平等な権利を謳う民主的な国家においても、完全な機会の均等や結果の平等を保障することは不可能である。そこで政治の要諦は「犠牲の除去」ではなく「犠牲の最小化」にあることになる。かつて菅直人総理は、「最小不幸社会」の実現を標榜したが、それは不幸（犠牲）の存在を認め、万人の等しい幸福など不可能なことを言外に認めている。

フランスの哲学者ジャン・ピエール・デュピュイは、「あらゆる選択は犠牲である」といい、「経済学は犠牲の合理的な管理」（『犠牲と羨望』）[6]のことだという。デュピュイは、decision（決断）の語源がラテン語の decidere（「生贄の喉を切る」の意）であることに言及して、政治の決断（選択）は、それに伴う犠牲を不可避とすると考えた。

同じような状況をジャック・デリダは、「絶対的犠牲（sacrifice absolu）」と言い換えた。そして政治的、経済的、法的秩序がうまく機能するためには「犠牲の恒常的な実行がある」（『死を与える』）[7]と説く。

また、国家と犠牲の関係に着目したエルンスト・ルナンは、「国民とは、人々がかつて払った犠牲といまなお払う準備のある犠牲の感情によって形成された、一個の大きな連帯」（『国民とは何か』）[8]であるといい、人間は共通の苦痛を体験することで連帯感が強固になると考えた。

それにしても、西洋の思想家の論考には、なぜ「犠牲」をめぐるものが多いのか。アメリカのパニック映画でも、人類を救うために犠牲となるヒーロー像が美化されパターン化されている。どうも西洋思想の根底には犠牲を肯定するだけでなく、それを不可避と考える思想があるのではないか。その原型はどうもキリスト教文化にありそうだ。

人類の罪を背負って十字架にかかったイエスは、人類の罪を贖うための「犠牲」の象徴となった。イエスの死（犠牲）という代償により人類は神から離反した罪を赦され、十字架上の死を自分の罪の贖いと信ずる者は救われることになる。この「犠牲と救済」の構造は、西洋思想に地下水のように底流している。

旧約聖書を共有する一神教のユダヤ教やイスラム教社会も例外ではない。ＩＳの自爆テロ、異教徒の残虐な斬首も、神に犠牲をささげる decidere（「生贄の喉を切る」）の行為に通じるものを感じる。必ずしも一般化はできないが、一神教の世界では神への義が徳目の第一であり、そのための犠牲は神に喜ばれ、犠牲となった殉教者は天国で神の祝福を受け、殉教者は報われるという構図がある。同じことが日本では、国家の犠牲者を靖国神社で神として祀る儀式に置き換えられた。どのような社会にも国家の犠牲者が報われるシステムは備わっている。それが無ければ国家の紐帯が綻びを見せ、誰も大義のために犠牲になろうとは思わなくなる。

戦争は国家と犠牲の関係を際立たせるが、犠牲を強いるのは国家だけではない。どのような社会（共同体）にも、そこには普遍的に犠牲が存在する。特にグローバル化で強まる世界の相互依存構造は、一旦、このブラックホールに吸い込まれたら、いかなる国家も個人もそこから抜け出すことはできない。そうした中でその恩恵を享受する者がいればその弊害を受ける者もいる。こうした「犠牲の構図」は、テロや戦争の犠牲者だけでなく、福島原発や沖縄の基地問題あるいは派遣切りや温暖化で沈みつつある小国に至るまで、至るところにある。結局、「犠牲のない社会はない」というのが世の真実だといわざるを得ない。

犠牲と生の偶然性

では、犠牲になる者とならない者けどうして決まるのか。実は、それは単なる偶然でしかない。イギリスの哲学者デビット・ヒュームは、この世に偶然など存在せず、偶然を信じるのは無知だからだと言ったが、ここでいう偶然とは因果関係の有無ではなく、「自己の意思を超えてその人の身に起こる出来事」といったような意味である。

テロや震災の犠牲者は、誰もが自分の意思とは無関係に、ある日突然犠牲者となる。あるいは、ある人がインドの貧農の子として生まれるか、ビル・ゲイツの子として生まれるかは、本人の意思とは無関係で意思を超えた運命のいたずらに過ぎない、ということである。インドのカーストを例にとるまでもなく、自分の出自を自らの意思で選び取った者は誰ひとりとしていない。その意味で人間は誰もが「偶然（運命）の子」である。一五世紀のヒンドゥー教指導者カビールは、ヴァルナ（カースト）差別を批判して、「もし創造者がヴァルナを考えたならば、［人は］生まれながらにして

［額にシヴァ派の象徴印の］三本線をなぜ付けてこないのか。〈中略〉賤しき者は誰もいない、賤しいのは口にラーム（真実在）がいない者。」（『ラマイニー』、橋本泰元）[9]であると説いた。

「生の偶然性」に目覚めると、人は「同じことが自分にも起こるかもしれない」と考えたりする。運命の巡り合わせで、誰もが相手と同じ立場に置かれる可能性があるからである。言い変えれば、生の偶然性を意識することは、「他者の中に自分を見ること」でもある。六道輪廻を信ずるインド仏教では、動物の中に自己の前世や来世を見て、生き物としての衆生《すじょう》の不殺生《アヒンサー》を説く。自分と同じ輪廻、運命を分かつものとして人や動物を見る感性は、当然、他者や人間以外の生物への共感や寛容な態度につながるだろう。

他方、一神教の世界ではこうしたマインドは稀薄で、自他不二あるいは自他合一という考えは乏しい。自己は他者とは全く別個の自律的存在であり同化することはない、というのが西洋思想の伝統を受け継ぐ個人主義の考え方である。結果、強烈な個の主張が際立つことになる。

民族紛争が激しかった旧ユーゴでは、セルビア系住民はイスラム教徒をまったく「同じ人間」とは考えなかった。それが、「人間は人間を殺してはいけないが、彼らは人間ではないから殺してもよい」という論理に道を開くこととなった。そして言語に絶する殺戮が行われた。同様の論理がルワンダの部族紛争でも再燃した。これは人間性に対する悍《おぞ》ましいほどの無知である。敵と味方、自分と他者、正義と悪の枢軸といった二項対立の設定は、社会と人間性への理解や想像力の欠如から生ずる。そして社会に宥和ではなく緊張の種を生む。

異なる他者に優しく寛容になれるかどうかは、「生の偶然性」への認識に基づく、自他の生のはかなさや無常を感じる心――共感の心――と無縁ではないだろう。日本人はそうした感性が比較的豊かだったし、それが社会の極端な緊張や混乱を抑制してきたように思う。外国人が驚嘆した震災時の日本人の沈着さ、冷静さ、秩序ある行動はそれと無縁ではないように思う。

古事記など多くの日本の古典を現代語訳してきた作家の池澤夏樹は、日本人観について次のように書いている。

「こんなに戦わない民も珍しいと思った。もちろん、殺し合いはある。天皇位を争って兄弟が武器を取った話はいくつもある。しかしそこまでなのだ。邪魔な者を排除した後で相手の一族皆殺しという展開にはならない。いつも小競り合いの範囲に収まってしまう。この島の中では島原の乱と一向一揆まで数万の単位の人が一方的に殺されたことはなかった。これは世界の歴史上では実に稀なことである。……改めて全体を見て、なんと平和的な民であるかと思った。他の国の文学史に比べて戦記や武勲詩の類が少ない。それ以前に、人を殺す話が少ない。」(『あんじゃり』、二〇一四)[10]

こうした穏やかな文化を多様な価値を受容する日本的文化と重ねる学者もいる。宗教学者の山折哲雄は、戦争や災害などの危機に際して、多様な価値観を柔軟に応用して生き延びてきた日本的構造が社会の安定に寄与してきたと分析する。

偶然、何かの縁でこの世に生を受けた者同士として、互いの生のはかなさに思いを馳せ、縁や偶然を大事にして生きようとする思いは日本人の精神的な核となってきたと思う。そうした感受性が相手への自他不二の思いや共感(同情)を生み出し、日本社会が極端な対立や殺戮の連鎖に向かうことを抑制してきたのではないだろうか。西洋にもこうした認識が人権意識の醸成と無縁でないことを説くジャン・F・リオタールのような学者がいる。彼は、「人間が同類になる条件とは、すべての人間が他者の姿を自分の中に持っているという事実である」(『他者の権利』)[11]と言っている。

共同体の紐帯としてのシンパシー

互いの「生の偶然性」の認識は、他者に対する同情・共感(sympathy)の感情と大いに関係がありそうだ。自分の成功や地位を自分だけの努力の結果とみるか、他者との関係性の中で得られた成果と見るかで社会に対する解釈は大きく異なる。インドのカースト制度の悲劇は、高位のカーストが「自分も別のカーストに生まれたかもしれない」という「生の偶然性」に対する想像力をほとんど持ち合わせていないことにある。

マイケル・サンデルは、ビル・ゲイツやスティーブ・ジョブスなどの社会的成功は、彼らだけの努力の賜物だろうかと問いかけ、「そうではない」と主張する。個人の才能と努力は必要だが、才能さえも親から遺伝的に引き継いだものに過ぎず自分の手柄ではない。事業の成功も、彼のビジネスを必要としていた時代に運よく生まれたという僥倖、時代の状況が味方したこともある。また銀行を始め多くの支援者の支えや国の制度的優遇、そして何よりも「運」という僥倖に恵まれたこともあるだろう。いかなる成功も個人の努力のみに帰すことはできない、というのが『正義(Justice)』[12]

における彼の主張である。

グローバル世界という現代的な視点からも、地球社会は相互依存構造に組み込まれた一つの共同体となりつつある。また今日の日本の繁栄は、先の大戦の多くの犠牲の上に築かれたという点で時間を超えて過去と現在は犠牲を仲立ちとして繋がっているともいえる。私たちの生は、誰かの犠牲(それを他者の労苦と置き換えてもよい)の上に成り立たざるを得ない。

さらに言えば共同体社会は、「無意識の信頼」の上に成り立つ。私たちが、スーパーの食品を何の疑いもなく食べたり、飛行機やバスの安全を疑わずに利用するのは、共同体システムへのざっくりとした暗黙の信頼があるからだ。人々の行動は、基本的に「善」の法則で支配され、他者に危害を加えようとして行動する者は通常ありえないことを暗黙裡に信じているからである。この法則は、自分が犠牲になった時に共同体の誰かが手を差し伸べてくれるかもしれない、といった暗黙の期待につながる。もし、この期待が頻繁に裏切られる社会だとしたら、共同体を結びつけている暗黙の信頼は崩壊する可能性がある。だからこそ、犠牲者への支援は結果として共同体への信頼を強固にする。こうした認識から、共同体の一員として生きる一人ひとりの他者への態度が導かれる。

佐伯啓思は『自由とは何か』[13]の中で、「生とはあらかじめ与えられた自明の事実ではなく、それ自体が偶然の産物である。この偶然性の根底には、われわれの『生』に先行する死者たち、犠牲者たちが横たわっている」という認識の重要性を説く。結局、人は「何か」によって生かされているというほかない。そして、偶然、犠牲にならなかったものは、偶然、犠牲になった身代わりに対する責任を共有することになる。日本語にはこうした人間同士の関係性をうまく表現した言葉がある。それが「お互い様」や「お蔭様」の思想だと思う。

グローバリズムは、社会の相互依存構造を強めるとともに自己利益という経済的合理性だけを追求する個人を生み出してきた。こうした社会が進めば、共同体の相互信頼は揺らぎ社会の基盤は不安定化する。混沌とする世界にあって他者の中に自己を見る心を研ぎ澄ませ、他者への思いやりを深めることが結局は共同体の存続に繋がる。

『種の起源』で適者生存を説いたチャールズ・ダーウィンは、晩年の著作『人間の進化と性淘汰』[14]の中で「最も思いやり(sympathy)の強いメンバーを最も多く含んでいる、その様な社会(communities)が最も繁栄し、最も多くの子孫を育成する」と指摘した。動物の中でも最も弱い存在である人間は、思いやりに基づく助け合いにより過酷な環境を生き延びてきたというのがダーウィンの確信だった。この確信は、自己利益を原理とする経済理論に「共感（sympathy）とコミットメント」[15]という視点を持ち込んだアマルティア・センの思想にも引き継がれている。

戦争、災害と犠牲の絶えない混迷する時代である。人類が生き残り、そして共生するためには、ダーウィンの確信を人類の確信へと広げなければならないと思う。

注

1　米国ブラウン大学ワトソン研究所、Costs of war, April, 2015.

2　シリア人権監視団、二〇一五年一二月三一日発表データによる。

3　『没後二〇年司馬遼太郎の言葉』週刊朝日ムック、朝日新聞出版、二〇一五年。

4　新編『知覧特別攻撃隊』高岡修編、ジャプラン、二〇一五年。

5　同右。

6　ジャン＝ピエール・デュピュイ『犠牲と羨望――自由主義社会における正義の問題』米山親能・泉谷安規訳、法政大学出版局、二〇〇三年。

7　ジャック・デリダ『死を与える』廣瀬浩司・林好雄訳、ちくま学芸文庫、二〇〇四年。

8　犠牲を巡る論考としては、エルンスト・ルナン「国民とは何か」らの論考を収録した『国民とは何か』インスクリプト、一九九七年の他、高橋哲哉著『犠牲のシステム――福島・沖縄』集英社新書、二〇一二年を参照。

9　『宗教の壁を乗り越える――多文化共生社会への思想的基盤』ノンブル社、二〇一六年に収録の橋本泰元著「異宗教間の〈境界〉と〈共生〉――インドのヒンドゥー教とイスラームについて」を参照。

10　『あんじゃり』二〇一四年一一月号、親鸞仏教センター発行に収録の池澤夏樹「列島が我々を作った」を参照。

11　ジョン・ロールズ他による『人権について』中島吉弘・松田まゆみ共訳、みすず書房、一九九八年に収録のジャン＝フランソワ・リオタールの論考「他者の権利」を参照。また、セイラ・ベンハビブ『他者の権利――外国人、居留民、市民』向山恭一訳、法政大学出版局、二〇〇六年を参照。

12　マイケル・サンデル『これからの正義の話をしよう――いまを生き延びるための哲学』（原題：Justice:what's the right things to do）鬼澤忍訳、ハヤカワ・ノンフィクション文庫、早川書房、二〇一一年。

13　佐伯啓思『自由とは何か』講談社現代新書、二〇〇四年。筆者は京都大学名誉教授。

14　原題は、The Descent of Man and Selection in Relation to Sex. 邦訳は『人間の進化と性淘汰』ダーウィン著作集〈1〉、長谷川真理子訳、文一総合出版、一九九九年。

15　アマルティア・セン『合理的な愚か者』大庭健・川本隆史訳、勁草書房、一九八九年。

特別寄稿

サイバー戦争における法とタリンマニュアル

ビル・ブースビー

ビル・ブースビー　元イギリス空軍法務部副部長・准将。サイバー戦争に関する法のタリンマニュアル作成のための専門家部会委員、同マニュアル作成のCCD/COEプロジェクト起草委員会委員、「敵対行為への直接的参加」の概念に関するＩＣＲＣ専門家部会委員などを務める。

はじめに

赤十字国際委員会の招待により東京を訪れた期間中の二〇一五年一〇月八日、私は日本の専門家及び学者集団からの依頼でサイバー戦争に適用される法とタリンマニュアルについて講義を持った。その後、講義の概要についての小論文を寄稿するよう依頼を受けた。これはその論文である。

サイバーの問題は今日盛んに論じられるようになったが、私たちは「サイバー」という言葉を普段どういうニュアンスで使用しているのだろうか？　私は、それは不特定多数のコンピューターの中から作動しているものを検知することによってか、他のコンピューターの機能にとって代わることによってか、または単純に二つのコンピューターシステムが設計され、意図した通りに同時に作動することによってかはともかくとして、一台のコンピューターを何らかの方法で他のコンピューターと相互作動させるために使用することを意味すると考える。このことで、コンピューターを使用した戦争――サイバー戦争――という概念が創出され、また、これらのコンピューターが相互に作動するプロセスの中で生じる「サイバー空間」という新しい人工的な環境が生み出されている。

そこで次のような疑問が生じる。つまり、サイバー空間は無秩序な空間を意味するのだろうか。これは新しい未開拓の地を意味するのだろうか。言い換えれば、サイバー戦争を規律するような法はあるのだろうか。この論文ではサイバー空間における法について考察したいと思う。

エストニア、タリンのNATOサイバー防衛センター(Cooperative Cyber Defence Centre of Excellence, CCDCOE)が率いる専門家たちは、これらの問題についての三年に渡る議論を経て、二年半前にサイバー戦争に適用可能な国際法に関するマニュアル(タリンマニュアル)を刊行した。ここで注意しておきたいのは、このマニュアルは国家を拘束する国際法ではないことである。国際法には主に二つのものから構成される。一つは法的拘束力を持つ文書化された国家間の国際協定、つまり条約である。もう一つはそのように行動することが法的に求められるという信念のもとに実行される国家の一般的な慣行、つまり国際慣習法である。このタリンマニュアルはそのどちらでもない。このマニュアルはサイバー空間における戦争に関する法とは何かについての専門家たちの見解を示すものである。マニュアルの中の太字で印字された箇所は、専門家の間で合意された規則である。他方で通常の字体で印字された各規則に付随する説明は、その規則の法的根拠と意義を示すもので、専門家間で合意に達した、または意見が分かれた関連する問題、もしくは、規則が定められた背景について触れている。その意味で、このタリンマニュアルは編集済みの一般書籍や他の論文集とは異なるものである。

このマニュアルの評価すべき点は、NATO諸国の専門家からの見解を大きく引き出したことである。他方でロシアや中国といった国々は必ずしもマニュアルのすべての内容には合意していない。これらの国々は、国家が情報へのアクセスをコントロールする権利を持つ「情報空間」という概念を主張している。

タリンマニュアル以外の試みとしては、国際的な安全保障の視点から情報や通信分野での発展を考慮した検討プロセスが進んでいる。国連総会には二〇カ国が参加する政府専門家集団(GGE)が設置されている。その二〇一三年の報告は、国際法、特に国連憲章のサイバー空間への適用について触れている。サイバー空間の国際的な安定、透明性、信頼性の確立の必要性を訴える専門家たちは、サイバー空間の信頼性を高める措置が、アクセスが自由で安全なサイバー空間の実現に貢献すると主張している。その中で専門家たちは、責任者が明確なサイバー空間における行動についての拘束力をもたない規則を提案している。彼らは、既存の国際法の義務は国家の情報技術の利用にも適用されること、また国家の情報技術の使用に国際法がいかに適用されるかについて共通理解を持つことの重要性を指摘している。

関連する法

前提を明らかにした上で、次に、確立された国際法のルールがサイバー空間にどのように適用されるかについて考える。国連憲章二条四項は武力による威嚇または武力の行使を禁止している。最も重大な武力行使の形態は武力攻撃であり、それは被害国に自衛に必要な武力を用いる権利を与えている。この自衛権は国家に付随する特徴の一つという意味で固有の権利とも呼ばれている。しかし、「武力」、「武力攻撃」また「自衛のための武力」という概念を論じる際、私たちは国連憲章の主要な目的、つまり、国際の平和と安全の維持という視点を忘れてはならない。この目的のために国家は紛争を平和的に解決しなければならない。その際、国連憲章体制をサイバー空間に適用することは意義のあることだろうか。私は意義があると考える。

仮に国と国との間で不測の武力衝突が生じてしまった場合、それは国際人道法（一九四九年のジュネーブ諸条約）が適用される国家間の武力紛争、いわゆる国際的武力紛争の事態が生じることを意味する。ここで注目しておきたいのは、国際司法裁判所が、「核兵器の威嚇また使用の合法性についての勧告的意見」の三九節で、国際人道法は「使用される兵器の種類に関わらずいかなる武力行使にも適用される」と指摘したことである。同じ判決の後段、七八節では、国際人道法の基本原則である「区別の原則」にも触れている。このことから区別の原則は、サイバー空間での戦争行為にも適用されることが導かれる。そこで次に区別の原則が何を要求しているかについて考えてみる。

「区別の原則」の背景にある考え方は、一九七七年に採択された第一追加議定書第四八条に定められている。同条は、

「紛争当事者は、文民たる住民と戦闘員とを、また、民用物と軍事目標とを常に区別し、及び軍事目標のみを軍事行動の対象とする」としている。これは軍事行動に適用される国際人道法の基本原則である。また、区別の原則は「攻撃」に関する原則である。「攻撃」の概念は同第一追加議定書第四九条一項に定められている。攻撃とは、「攻勢としてであるか防御としてであるかを問わず、敵に対する暴力行為」をいう。したがって、暴力行為が現実に発生し、それが実行されているのであれば、攻撃者が敵に対して攻勢を仕掛けるのか、敵の攻勢を迎え撃つのかは問題ではない。

しかし、「暴力行為」の概念をサイバー空間に応用する場合には、ある問題が生じる。もし、攻撃者の行為の大半が不正プログラムを拡散するために「キーを押す」というものであれば、それを暴力行為と合理的にとみなすことがいかにして可能なのか。タリンマニュアルの専門家たちは、死亡、負傷、損害または破壊といった形態は問わず、サイバー攻撃とみなされる行為が暴力的な結果をもたらすか否かによると主張している。これは極めて納得のいく考え方だと思われる。例えばライフルの発砲を考えた場合、発砲する本人は単に引き金を引いただけであるが、暴力の本質を構成する要素は、標的が人であるか物であるかにはかかわらず、弾丸が標的に及ぼす結果にある。したがって、コンピューターを用いた暴力行為についてのこの解釈は、さほど不自然なものとは思われない。

このサイバー攻撃の概念が受け入れられれば、国際人道法の大部分をサイバー空間での行動に適用することが可能になる。そこで問題は、法が適用されるかどうかではなく、サイバー空間での特定の状況に対して法がどのように適用されるかということになる。具体的な人道法のルールに着目すると、まず、第一追加議定書五一条四項により無差別な攻撃は禁止される。また、サイバー攻撃の実行者には同議定書五七条に定められたすべての予防措置を取ることが求められる。サイバー空間での軍事作戦に関わるすべての者は、いかなる時にも一般市民と非軍事的な目標を保護するための注意を払わなければならない。さらに国の管理下にあるすべての紛争当事者には、サイバー作戦の影響から国民、民間の財産を保護するために最大限実行可能なあらゆる予防措置を取ることが求められる。サイバー攻撃の概念が以上のように解され、結果として区別の原則がサイバー攻撃にも適用されるのであれば、次の疑問は、サイバー「兵器」に適用される法は何か、ということである。

この疑問に答えるためには、まずサイバー兵器の定義を考えなければならない。注意しておきたいのは、国際法には「兵器」という言葉の定義がないことである。この言葉の実際的な解釈として、「武力紛争において敵対する当事者に対し、負傷または損害を与えるために使用される、または使用することを意図した、もしくはそう設計された物、道具、またはシステム」というものが考えられる。

サイバー攻撃という概念は確かに、そうした結果を引き起こすために使用され、また意図され、もしくは設計されたサイバー不正ウィルスにも適用可能なものだと思われる。サイバー兵器の概念が意義を持つのであれば、兵器に関する法もまた適用されることになる。

ここまでの考察が意味するもの

さらなる議論を進める前に、これまでの考察を簡単に振り返ってみる。仮にサイバー攻撃を企てる者が予防措置をとらなければならないのであれば、それは攻撃の対象が区別の原則に照らして正しい攻撃目標かどうかを確認せずに攻撃してはならないことを意味する。つまり攻撃者は、サイバー攻撃を企てる前に、予想される市民の負傷、また、民間の財産への損害を考慮しなければならない。そのためには、攻撃の危険を被る民間のシステムとは何か、また、一般市民や民間の財産に対して予想される影響は何かを決定するために、攻撃目標となるネットワークやコンピューターのノード（※訳注：サーバー等のネットワークの結節点）を何らかの方法で地図上に示す作業（マッピング）が必要になる。しかし、何らかのマッピングによって定められた攻撃目標は、その攻撃の計画自体を公開することになり、敵がそれを迎え撃つことになりかねない。私の見解では、例えばどのような付随的影響が生じるか、マッピングなしでは予測できない場合には、サイバー上のマッピングは依然として義務となるし、それが作戦の障害になるのであれば、法に沿った他の適切な攻撃方法を見つけることが求められるだろう。もちろん、戦闘により生じた損害を評価し、サイバー攻撃の影響を見極めることは非常に重要である。なぜなら、サイバー攻撃の実行後にその目標にさらなる攻撃を加える必要があるかどうか、また、そうであるならば、その目標を再び攻撃することでいかなる追加の軍事的利益が期待できるのか、その判断を下すことができるからである。

上に述べたとおり、国には、その領域内で生じる攻撃の影響を防ぐための予防措置をとる義務がある。これらの予防措置は早期に実行されるべきであり、まさにそのいくつかは紛争が発生する前に実行されることで効果を発揮する。これは当然のことであるが実行不可能な指摘に聞こえるかもしれない。しかし、国は民間のネットワークを軍事的な利用から区別するために実行可能な措置をとらなければならない。軍民双方の機能をあわせ持つ宇宙空間の衛星を例にとると、それは実行不可能な場合もあるかもしれないが、そうした区別が可能かどうかは前もって検証しておくべきだろう。同様に、管理機能を持つコンピューターシステムが、発電所や送電線、浄水施設、ガスシステム、航空管制、海洋交通のコントロール等といった国家の基本的インフラに不可欠なものかどうかを検証し、インターネットからは区別しておくべきであろう。そうした区別は攻撃の危険性を完全に払拭するものではないかもしれないが、例えばサイバー空間で秘密裏に行われる作戦において、民間の施設に対する影響を防ぐことにある程度は役立つだろう。

　こうした社会基盤に不可欠なネットワークをサイバー攻撃から保護するためには、それらの適切な管理がなされているどうかも考慮しなければならない。サイバー空間での紛争の特徴、規模は、まさにそうしたネットワークへのアクセスコントロールがどの程度必要になるかを判断する一つの基準にもなる。同様に、国の基本的インフラのネットワークの脆弱性を特定するためにも、サイバー空間での紛争の特徴を十分踏まえておく必要がある。

　他の賢明な予防措置としては、家庭用のパーソナルコンピューターにおいても十分な予防措置を講じることが望まれる。また、サイバー攻撃が発生した場合は、攻撃を受けた際にできるだけ速やかにバックアップシステムを稼働させるため、紛争が生じている間は重要なインフラにＩＴ技術者を二四時間待機させておくことが望ましいだろう。データは定期的にバックアップしておくべきである。コントロールシステムのバックアップにより最大限の予防措置を講じておくこと、また、十分なウィルス対策と応急対応の準備を定期的に見直しておくことが重要になるだろう。

　以上がサイバー攻撃への目標識別の法の適用から引き出されるいくつかの含意である。もちろん、より多くの考察が引き出されるが、それらはここで論じたことを想起させるものである。

　さて、サイバー兵器を法、とりわけ国際人道法の観点から考察すると、サイバー兵器が過度の損傷また不必要な苦痛を引き起こす性質のものであれば、その使用は禁止されることになる。同様に、サイバー兵器が、特定の軍事目標に目標を限定できないか、攻撃による損害や有害な影響が軍事目標に限定できず、その性質から無差別的である場合には、それを理由に禁止されることになるだろう。さらに、サイバー兵器が環境に非常に深刻な損害を与えることを意図して使用される場合、それは第一追加議定書三五条、五五条の環境保護に関する規則により同じく禁止されるだろう。

サイバー兵器に特別に言及した法というものはない。しかし、新しい兵器の開発、採用にあたっては、第一追加議定書三六条に基づき、その兵器が国際人道法に合致して使用できるかどうかを検証し、それが法に反しないか判断する義務を負うことになる。

サイバー戦争における法の将来

ここまでサイバー戦争と法にまつわる現状を簡潔に見てきた。ここで将来についての考察を進めたいと思う。

イランにある核施設の燃料用遠心分離器を管理するコンピューターシステムに対し、「スタックスネット（Stuxnet）」がサイバー攻撃を企てた事件では、事件を検証したどの分析も、「欺瞞（Deception）」が将来のサイバー戦争の最大の特徴になることを指摘している。国際人道法ではあらゆる欺瞞行為が違法となるわけではない。つまり、市民や医療従事者といった国際人道法上、保護の地位が与えられている者を装って敵を殺傷したりするような欺瞞は禁止され、国際人道法上のいわゆる「背信的行為」として戦争犯罪になる。他方で、おとり作戦、偽装、及び法的な保護について欺瞞的ではない同様の作戦（訳注：例えば偽情報で敵を誘導する等）は、「奇計」として国際人道法上、合法とされている。サイバー技術の性能は、将来、予測不可能な規模の欺瞞行為を可能にするだろう。その時私たちは、いかなる種類の欺瞞が合法であり違法であるかという判断を、現在と同じように適切に下せるだろうか。筆者はこの疑問に対して現時点では明確な答えを持たない。

しかし、将来のサイバー空間での軍事作戦においては、兵器、インフラ、その他の重要施設に不可欠なコンピューターシステムの強固な管理体制が決定的に重要になることは明らかである。システムの管理者にとっては、いつ侵入者がシステムに接触したのか、いつシステムの機能低下が生じたのか、その機能低下の程度、その影響を知る必要がある。また、可能な限り迅速にシステムを復旧するため、適切な措置を講じる必要がある。最も効果的な欺瞞（敵を欺く行為）こそが、将来、戦争の勝敗の決め手になるのだろうか。私はそれを否定したいと思うが、今のところ確信をもってそう言い切ることはできない。

将来、法的な解釈は発展を遂げるだろう。タリンマニュアルの専門家たちは、サイバー戦争における軍事作戦が国際人道法上の「攻撃」に当たるためには、具体的な負傷や損害が必要だという立場だった。身体的な治療の必要のないデータのみの破壊が損害に相当するか、という点については合意に至らなかった。しかし、コンピューターによるコントロールシステムへの依存はますます高まりつつある。また、サイバー戦争に適用される法的解釈についての議論は今後も継続し、重要なデータへの損傷は近い将来にはサイバー攻撃とみなされるだろう。同時に、負傷や損害は引き起こさないまでも、金融や株式市場、その他の国家的重要施設の重大な機能不全を引き起こすような深刻な結果をもたらす行動もやがてサイバー攻撃とみなされるようになるだろう。

それでは今後、法はどう発展していくのだろうか。サイバー空間での戦闘行為を規制する新しい条約が国家間で結ばれることはあまり考えられない。国際慣習法の成立には明白な国家慣行の存在が必要であるが、今日、サイバー空間の行為の大半は秘密裏に行われるものである。そのため将来においては、この論文の前半で取り上げたGGEプロセスやタリンマニュアルといった種類の法的拘束力を持たない、より緩やかな規範の発展が見込まれるだろう。この点に関連して、二〇一六年に予定されているタリンマニュアルの第二版の発刊が待望されるところである。

こうした様々な取り組みの利点がいかなるものであっても、忘れてならないことは、国際法を作り出すのは国家であり、それを守り実行する主体も国家であるということである。そのため、タリンマニュアルや国連の試みに対して諸国がどのような反応を見せるかは極めて重要である。とりわけ、これまで考察してきた問題について、国家が何に合意し、何について見解の相違があるのかについて十分留意しておく必要がある。結局のところ、個々の国家にとっては、サイバー空間に適用される法は何かということ、また法がどう適用されるのかは自国の行為が国際法にのっとったものであり、その国家の正当性を高めるために必要な視点なのである。国際法はそうした国家自身によって生み出されていくのである。

最後に、ロシア、中国が主張する「情報空間」という概念に触れておく。西洋ではこれまで、world wide webというシステムによって支えられてきた、すべての人々の自由アクセスが保証されているインターネット空間が構築されてきた。これに対して情報空間という概念は、国がそれをコントロールする権利を独占するもので、インターネット空間が断片化してしまうのではないかという懸念が抱かれている。もちろん国家にとっては、その領域からサイバー空間で生じる問題に規制を施す点においてメリットがあるだろう。そうした動きの背景には、国家の安全保障の観点からの考慮が見え隠れしている。このことは興味深い問いを生む。つまり、情報アクセスを制限することがどんな場合に合法的なものになるかについて、国家は合意することができるのだろうか。仮に答えが否定的なものだとしても、少なくとも私たちは正しい「問い」にたどり着いたということができるかもしれない。

齊藤　彰彦訳
（ＩＨＳ研究員）

特集1：被爆七〇年《特別寄稿》

大戦から七〇年。世界は転換の時を迎えたか。

赤十字国際委員会（ＩＣＲＣ）駐日代表
リン・シュレーダー

©K.Saito/ICRC

リン・シュレーダー　一九九七年、アルメニアで保護要員としてＩＣＲＣでのキャリアを始め、ウクライナやコロンビア、スリランカと大陸を超えて経験を積む。フィジーでは複数国を管轄する地域代表部首席代表として、またチャドでは代表部首席代表として人道支援・保護活動の陣頭指揮を執る。二〇一五年三月に駐日代表に就任。

一生逃れられない影響

二〇一五年は、原爆投下から七〇年。核兵器がもたらす甚大な破壊と深刻な人道的被害を改めて考えさせられる貴重な機会となりました。

核兵器は、他のいかなる兵器よりも広範な被害と恐ろしい苦痛を与えます。特に人口密集地域の近隣で使用された場合、住民や環境への短期的および中長期的な悪影響を防ぐことはほぼ不可能です。

赤十字国際委員会（ＩＣＲＣ）は、一九四五年の使用以来、核兵器への懸念を抱き続けてきました。

今年八月、日本赤十字社社長および国際赤十字・赤新月社連盟会長の近衛忠煇氏とともに広島市と長崎市の式典に

広島の平和記念式典で国際赤十字・赤新月社連盟の近衛会長とともに献花するシュレーダー氏
（© 広島市広報課）

招待していただきました。ＩＣＲＣ駐日事務所として大変光栄であると同時に、私個人としても強く心を動かされる経験となりました。世界は、核兵器がもたらす悲劇的かつ長期的な人道的被害を認識すべきです。私もそのことを本や仕事を通じて知っているつもりでしたが、両都市を訪れて被爆者の方のお話に耳を傾けているうちに、心の奥底から様々な感情があふれ出てきました。悲しみや恐ろしさと同時に、被爆者の方が見せる勇気と尊厳に対する深い尊敬の念です。

被爆者の方の証言によると、爆発が起き、そこから発せられた熱風と放射線が戦闘員ではない一般市民や住宅地に降り注いだのは一瞬の出来事だったそうです。しかし、その一瞬が被爆生存者にとって一生逃れられない影響をもたらしました。日本赤十字社の病院は、いまだに放射線によるガン・白血病患者を数千人治療しています。被爆生存者が心理的・社会的に被った影響は、あまり取り上げられていませんが、慢性的な身体的苦痛とともに被爆者を苦しめているものです。生存者が果たしていつまで支援を必要とするかは、まだ誰にも分かりません。核兵器が使用あるいは実験された地域では、被爆後に身ごもった子も含めて、生存者の子どもへの影響が引き続き調査されています。[1]

核がもたらす広範な人道的被害

オスロ（ノルウェー）・ナヤリット（メキシコ）・ウィーン（オーストリア）で開かれた核兵器がもたらす人道的被害に関する国際会議では、重要な証拠が新たに示されました。[2] 自然環境と地球の気候は、核兵器の爆発で発せられる放射線などによって影響を受けるというものです。その影響は、核兵器の種類と爆心地、地形や天候に左右されます。被爆地では広大な土地が非常に長い期間にわたって住むことも利用することもできなくなり、市民の生活を再建することが長期的な課題の一つになることは確実です。

最近の研究では、広島市に投下された原爆を「わずか」一〇〇発——これは現在保有されている核兵器の〇・五パーセントにも満たないのですが——を使用するだけで、攻撃対象となった都市部・産業地域の火災により五〇〇万トン以上の煤が上空の大気へ巻き上がり、数年間にわたって地球の気温を平均一・三度押し下げます。主要な農業地帯では、農作物の生育期が大幅に短縮されることも予測されています。その結果、世界の食料生産と供給が、核兵器使用直後から数年間は二〇パーセント、一〇年以上経っても一〇パーセント減少することが見込まれます。今ですら、食料生産のわずかな減少に対応できていないというのに、核兵器が使用された場合のシナリオでは、十億人以上が飢餓に直面するかもしれない、と言われています。[3]

国際赤十字・赤新月運動は、自然災害・人的災害に対する支援で豊富な経験を持っています。ICRCも日本赤十字社も、広島での活動経験から多くのことを学びました。そして、過去数年間にわたって、各国赤十字・赤新月社や各国政府、国際機関が核爆発の被害者支援に向けてどの程度準備できているかをより把握しようと努めてきました。

問われる被爆者支援の対応能力

核爆発の直後に支援する側の安全も担保しつつ、被害者の支援を進めるための効果的で十分な対応能力が国際社会に欠けていることを、ICRCは二〇〇九年の分析で指摘しています。[4] 被害者数は核兵器の種類と爆心地に左右されますが、死傷者数と物理的被害だけに限っても、特に核兵器が人口密集地で使われたならば、国家であれ人道支援団体であれ、緊急救命活動に携わる組織の支援能力を超えてしまいます。相当数の市民が深刻な傷を負って生死をさまようなか、緊急治療を必要としているにもかかわらず、そのような救命行為や緊急支援、またそれを提供する十分な場所がすぐには準備できないでしょう。広島や長崎の被爆者の方々の証言では、人々がいくら救いの手を欲しても、病院が破壊されて多くの医者や看護師が亡くなり、医薬品が汚染されていた様子が大変生々しく語られました。当時のICRC駐日首席代表で、また被爆者を支援するため一九四五年九月に外国人医師としては初めて広島に入ったマルセル・ジュノーによると、被爆者を治療するための現地の対応能力は完全に失われていたといいます。さらに、生存者へ緊急支援を試みる者は誰しも、核爆発後に特有の危険や困難に見舞われました。被爆地域への安全なアクセスが確保できなかったため、救命活動にさらに困難が伴いました。どんなニーズを優先するか、乏しい資源をどう分配するか、被害者を被爆地の外へどう搬送するか、救援活動をどう調整するか、課題は山積みです。そうしている間も、生存者の苦しみは増す一方なのです。

国際人道法と相容れない核兵器

核兵器の使用はまた、国際人道法に抵触する要素を多く含んでいます。国際人道法は、人道的な理由から武力紛争の悪影響を軽減するために、戦争の方法と手段に制限を課しています。国際人道法は核兵器の使用や、その開発・製造・保有・輸送を特に禁止しているわけではありません。しかし、他のいかなる戦争手段と同様、すべての武力紛争に適用される国際人道法の基本原則によって、核兵器の使用は規制されます。

まず、国際人道法には、「区別の原則」があります。紛争当事者が戦闘員と文民、軍事目標と民用物を常に区別し、無差別攻撃を禁止する普遍的なルールです。このルールに則って、具体的な軍事目標のみを狙うことができない兵器や、その影響を一定範囲内に限定できない兵器は禁止されています。核兵器は、熱風や放射線を放出し、広島・長崎のように非常に広範囲に被害を及ぼすため、軍事目標に的を絞って攻撃できる兵器ではありません。第二に、予想される直接的な軍事的利益と比べて、文民に生じうる影響が過大な場合は、「均衡性の原則」に照らし合わせても、国際人道法上深刻な問題を引き起こすでしょう。核兵器がもたらし得る様々な影響を考慮すると、国際人道法が規定するように、文民や民用物に対する被害を限定することは、おそらく不可能です。ICRCは、核兵器を使用しようとする紛争当事者は、死傷者数や損害の短期的な規模だけでなく、放射線にさらされることで予想される長期的な影響を見極める義務があると考えています。三つめは、「予防措置の原則」です。国際人道法では、軍事行動の最中に、文民や民用物への損害を最小限に抑えるよう常に注意して、あらゆる面で予防しなければならないと定めています。その際、文民や民用物に対する短期的・長期的な被害の両方を予測することも必要となってきます。最後に、核兵器を使用する際は、自然環境を保護する慣習国際法に則って、自然環境に対する潜在的な影響や被害をよく検討する必要があります。[5]

ＩＣＲＣは、核兵器の合法性について既に疑念を投げかけており、広島と長崎への原爆投下から一カ月も経たないうちに、各国赤十字・赤新月社を通して核兵器の使用を禁止する合意を各国へ呼びかけてきました。[6] 一九九六年には、「核兵器の威嚇または使用の合法性国際司法裁判所勧告的意見」[7]に対して、ＩＣＲＣは「核兵器の使用が国際人道法の原則と矛盾しないとは考えられない」という声明を出しました。[2] 核兵器の合法性への疑念は、これ以降に明らかになった証拠を見ても一層強まるばかりです。核兵器がもたらす人体への悪影響と環境被害、また大半の国が被害者を救援する十分な対応能力を備えていないという事実が次第にわかるにつれ、ＩＣＲＣは、いかなる状況下であっても核兵器の使用は国際人道法と相容れない、と考えています。

複雑化する紛争と高まる人道危機

第二次世界大戦終戦から七〇年でもあった二〇一五年、残念ながら人道危機が後を絶つことはありませんでした。世界が以前よりも一層複雑になっただけでなく、今日の紛争は、その数こそ全体的に少なくなったとはいえ、より多くの人に被害を与え、激しさを増し、解決が難しくなっています。長期化した紛争は、人々をますます弱い立場へと追いやっています。私たちは、アフガニスタン、中央アフリカ共和国、ナイジェリア、南スーダン、シリア、ウクライナ、イエメンの状況が悪化していることに危機感を覚えています。世界中の紛争避難民は、第二次世界大戦以来、かつてない数にまで達しています。数百万人が暴力行為にさらされ、十分な水や食料、シェルター、医療を受けられないまま苦しんでいます。医療施設までもが攻撃され、患者や病院スタッフ、人道支援要員が命を落としています。医療施設とスタッフが暴力に巻き込まれてしまうと、医療サービスは十分に機能せず、一時閉鎖を余儀なくされてしまうのです。

非対称紛争、武装勢力の細分化と乱立、無人兵器やサイバー戦など戦争の手段と方法の発達により、国際人道法が脅かされています[9]。国際人道法を完全なものにするための議論も必要ですが、私たちの一番の懸念は、非戦闘員の保護という最も基本的な原則でさえ尊重されない、ということです。二〇一五年一〇月三〇日、現在の紛争がもたらす一般市民への影響について、ICRC総裁と国連事務総長が共同警告を発信。両組織のトップが連名で警告を発したのは、この時が初めてでした。人々の苦しみを解消しさらさらなる政情不安を防ぐために、国際人道法を尊重するよう呼びかけました。ICRC総裁のペーター・マウラーは、「国際社会もまた、暗黙のうちに、紛争が人々にもたらす悪影響は避けられないもの、と受け入れている風潮があります。しかし、こうした態度は、モラルに反しており、一世紀以上も継承されている国際人道法と人道の原則とは相いれません」と話しました。

人道的課題に光を当て啓発活動

二〇一五年一二月にスイス・ジュネーブで開催された第三二回赤十字・赤新月国際会議では、世界中から赤十字・赤新月運動関係者とジュネーブ条約締約国の政府代表が参加し、国際人道法の遵守や、紛争下での性暴力や非国際武力紛争での被拘束者の保護などの諸案件に関して話し合いました。日本政府と日本赤十字社は、この国際会議で人道規範のさらなる発展のために重要な役割を果たし、多岐にわたる議論で影響を与え、またより一層人道支援に注力することを確約しました。

日本でICRCは、人道的課題と国際人道法への理解を広めるために、様々なイベントを主催し、企画を立ち上げています。例を挙げると、今年ICRCは初めて、ショートショート・フィルムフェスティバル&アジアに参画し、紛争とその被害を伝える短編ドキュメンタリーや短編映画を上映する「戦争と生きる力プログラム」を発足させました。近い将来このプログラムを発展させて、「赤十字賞」を設けられればと考えています。また、日本全国の書店で二〇一五年一〇月に発売されたマンガ『一四歳の兵士ザザ』は、クオリティーの高い教養書などの出版・発行に長けている学研と、著名なマンガ脚本家・大石賢一氏とのコラボレーションにより生まれました。大石氏は、マンガの脚本を仕上げるため、現場で発想を得ようと、ＩＣＲＣチームとともに二週間、コンゴ民主共和国で取材を行いました。そのユニークなストーリーは、若い人をはじめ幅広い層が楽しみながら読んでもらえる作品になっています。強制的に武装グループの一員にされたり性暴力などの虐待行為を受けたり、少年少女が紛争下で日々直面している現実の出来事に目を向け、関心を寄せるきっかけになるでしょう。

また、ＩＣＲＣは、京都大学、京都大学総合博物館と共同で、第二次世界大戦期に世界各地で囚われの身となった数百万人の戦争捕虜や、敵対する国の出身者やその国籍を有するという理由で拘束された数千の一般市民に光を当て、写真展と講演会を開催しました。七〇年前の戦争捕虜の日常生活の写真を通して、被拘束者の苦しみや望みは時と場所を超えて変わらないことを知ってもらいたいとの思いで企画しました。

国際人道法模擬裁判大会の国内予選は、日本の大学生が英語で議論する力を磨きながらロールプレイング方式で国際人道法を学べるエンターテイメント性の高いイベントです。今年は、国内予選が早稲田大学で開かれ、同志社大学・立命館大学・早稲田大学・横浜市立大学から四つのチームが出場。優勝した同志社大チームは、来年香港で開催されるＩＨＬ模擬裁判アジア・太平洋地域大会に、日本代表として出場します。

芽生えてきた若い力

ＩＣＲＣ駐日事務所は、日本赤十字社と密に連携を取っています。人道的課題や、公平で中立、かつ独立した人道支援活動についての啓発活動を日本でともに行っています。また、日本赤十字社には高い技能を持つ医師、看護師等の専門家が多く、アフガニスタンや南スーダン、ミャンマーなど紛争や暴力行為の被害を受けた国へ三〜六カ月間赴任し、ＩＣＲＣの病院や外科チームで活躍しています。彼らは日本に戻った時に、メディアや職場の同僚に向けて、現場での経験を伝えてくれます。一般の日本の若者に対しても、私たちはフィールド職員として海外で活躍する仲間をもっと採用したいと考えています。最近では、国際的な人道支援団体で働くことに関心を持つ学生や若い人が少しずつ増えてきていることを喜ばしく思っています。

ＩＣＲＣ駐日代表としての最初の一年は、私にとって有意義で実り多い一年となりました。駐日事務所による数々の興味深いプロジェクトを通してこの国の文化や様々な側面に触れるなかで、日本に誇りを抱き、自分の仕事に打ち込んでいる人たちを知ることができました。私には、常に持ち歩いている一枚の写真があります。東北で出会ったお年寄りの男性を写したものです。この男性は、東日本大震災のあとに数人の仲間とともにゼロから農場を立て直し、その農場で採れた大粒のイチゴを私たちに分けてくれました。天災や人災に見舞われても、誇りと勇気を胸に逆境に立ち向かっていく彼の姿は、私がＩＣＲＣ職員として働いた数々の国（アルメニア、チャド、コロンビア、フィリピン、ロシア、ルワンダ、シエラレオネ、スリランカ、ウクライナなど）で出会った、たくさんの人たちの逸話と顔を思い出させてくれます。赤十字の基本的な使命を全うする際、彼らとの日々を振り返ると断然やる気が湧いてきます。世界が転換期を迎えつつある今、人々の苦しみを和らげるため赤十字は今後も弛まない努力を重ねていきます。

注

1 The Effects of Nuclear Weapons on Human Health, Information Note 1, ICRC, February 2013 & Long-term Health Consequences of Nuclear Weapons, Information Note 5, ICRC, July 2015.

2 それぞれ二〇一三年三月四〜五日、二〇一四年二月一三〜一四日、二〇一四年一二月八日〜九日開催。

3 Climate Effects of Nuclear War and Implications for Global Food Production, Information Note 2, ICRC, February 2013.

4 International assistance for victims of use of nuclear, radiological, biological and chemical weapons: time for a reality check? Robin Coupland and Dominique Loye, International Review of the Red Cross, Volume 91, Number 874, June 2009.

5 Nuclear Weapons and International Humanitarian Law, Information Note 4, ICRC, February 2013.

6 〝The end of hostilities and the future tasks of the Red Cross〞, Circular Letter No. 370 to the Central Committees of the Red Cross Societies, 5 September 1945, Report of the International Committee of the Red Cross on its Activities during the Second World War, ICRC, Geneva, May 1948, Vol. I, pp. 688–690.

7 国際司法裁判所、核兵器の威嚇または使用の合法性に関する勧告的意見、一九九六一九九六年七月八日

8 第五一回国連総会での赤十字国際委員会の声明、一九九六年一〇月一九日

9 See notably: Fourth report on international humanitarian law and the challenges of contemporary armed conflicts, document prepared by the ICRC for the 32nd International Conference of the Red Cross and Red Crescent, Geneva, October 2015.

10 「転換点にある世界：国連事務総長と赤十字国際委員会総

裁が共同警告」二〇一五年一〇月三〇日　https://www.icrc.org/en/document/conflict-disaster-crisis-UN-red-cross-issue-warning

11 「戦争のルールを尊重せよ」ペーター・マウラー赤十字国際委員会総裁声明、二〇一五年一〇月三〇日　https://www.icrc.org/en/document/peter-maurer-respect-laws-of-war

12 ジュネーブ条約締約国は現在一九六カ国

13 ＩＣＲＣは、被拘束者の強制失踪や法的手続きを踏まない処刑、虐待行為、基本的な法的権利の侵害を防ぐために、被拘束者訪問と生活環境のモニタリングを一四〇年以上続けています。また、被拘束者の尊厳と幸福が尊重され、被拘束者の待遇が法と国際的に認められた基準に則るよう働きかけています。武力紛争など暴力行為に巻き込まれて拘束された人々は、彼らを拘束する公的権力に反対する勢力に与していたと捉えられ危険にさらされやすいため、ＩＣＲＣの最優先対象者です。しかし、私たちは社会的に最も弱い立場に置かれた人々へ特に焦点を当てながら、収容所では可能な限り全ての被拘束者を支援しています。

特集1：被爆七〇年

核兵器の非人道性と戦争の非人道性

——被爆七〇年のいま、広島が訴えるべきこと

水本　和実
（広島市立大学広島平和研究所副所長・教授）

水本和実　一九五七年広島市生まれ。朝日新聞社会部員、ロサンゼルス支局長などを経て二〇一〇年から現職。

はじめに

ここ数年、核兵器の非人道性に基づき核兵器の廃絶や非合法化（核兵器禁止条約）を求める動きが国際的に盛り上がっている。二〇一二年にスイスやノルウェーなど一六カ国が提案した「核兵器の非人道性に関する共同声明」への賛同国は二〇一五年四月には一五九カ国に達した。こうした動きの原点にあるのが、広島・長崎の被爆体験である。だがその被爆体験をもたらした原爆投下に関しては、米国社会に今なお根強い「原爆投下正当論」が存在し、そのことが核兵器廃絶へ向けた日米や国際社会における共同認識の形成を妨げる一因にもなっている。

本稿は、原爆投下を二つの視点で捉えることで、そうした認識の対立を克服することをめざす。二つの視点とは、非人道兵器としての原爆と、戦争の文脈における原爆投下である。言い換えるなら、核兵器の非人道性と、原爆投下をもたらした戦争の非人道性である。被爆地・広島がそれぞれの非人道性を訴えることで、ナショナリズム的な対立克服が可能になるのではないだろうか。

核兵器の非人道性[1]

(1) 被爆体験にみる核兵器の危険性

被爆体験には一般の「戦争体験」や「大空襲の体験」と共通する部分もあるが、明らかに異なる側面も存在する。

①圧倒的に高い死亡率

原爆の被害の危険性を雄弁に物語る数字として死亡率があげられる。経済安定本部が一九四九年四月に発表した『太平洋戦争による我国の被害総合報告書』は、広島、長崎を含む主要都市における戦災の死者数を一九四四年二月の人口と比較し、死亡率を推計している[2]。それによると広島市の死亡率は二三・二%、長崎市の死亡率は八・八%と際立って高いのがわかる。他の都市は「東京都区域」の一・四%をのぞくといずれも一%以下だ。

このデータは広島市の死者を七八、一五〇人、長崎市の死者を二三、七五三人とかなり低く見積もっているが、その後の推計によれば広島市の死者は約一四万人±一万人（一九四五年一二月末まで）[3]、長崎市の死者は約七万三八八四人[4]であり、その数字をあてはめれば、死亡率は広島市が四一・六%±三%、長崎市が二七・四%になる。通常兵器の空襲を受けた他都市の死亡率と比較すると、原爆が持つ無差別大量の殺傷力の大きさがあらためて浮き彫りになる。

広島市は「原爆による社会的被害の状況を死亡率の観点から考察すれば、約四〇%以上の高い死亡率を推計することができる。この数値は、歴史上他に類をみない高い値であり、このことから原子爆弾の非人間性、特異性を推測するのは容易なのである」と記している。

②物理的影響——特異な破壊力

高い死亡率をもたらす原爆の圧倒的な破壊力を構成する要素として指摘されるのは「爆風」「熱線」「放射線」の三つであり、これらに加えて衝撃波や高熱火災などをあげる資料もあるが、衝撃波は爆風の一部、高熱火災は爆風と熱線の複合被害と見ることができる。これらの要素が単独で、あるいは複合して、通常兵器では不可能な原爆特有の破壊力をもたらした。

③医学的影響——放射線被曝の危険性

核兵器の危険性を最も端的に物語るのは、放射線被曝である。被爆直後から被爆者は、放射線に起因すると考えられるさまざまな障害に苦しんできた。身体的障害は、被爆直後からほぼ四カ月後までに起きる「急性障害」と、それ以

表　太平洋戦争による主要都市の死亡率

都市名	死者数	1944 年 2 月の人口	死亡率	現在の推定死者数に基づく死亡率
広島市	78,150	336,483	23.2%	41.6%± 3%
長崎市	23,753	270,063	8.8%	27.4%
東京都区域	95,374	6,657,620	1.4%	—
神戸市	6,789	918,032	0.7%	—
名古屋市	8,076	1,349,740	0.6%	—
横浜市	4,616	1,034,740	0.4%	—
大阪市	9,246	2,833,342	0.3%	—

（経済安定本部『太平洋戦争による我国の被害総合報告書』(1949 年 4 月）をもとに筆者作成）

降に起きる「後障害」に分けられ、内容も脱毛や下痢、発熱、嘔吐から白血病、白内障、各部位の癌、「原爆ぶらぶら病」と呼ばれる虚脱症状など多岐にわたり、それら全体が「原爆病」「原爆症」と呼ばれたが、放射線との因果関係の立証が当初は困難なものもあった。

しかし、放射線医学を専門とする研究者らの努力でその構造が次第に解明されてきた。かつて広島大学原爆放射能医学研究所（現・原爆放射線医科学研究所）の所長を務めた鎌田七男氏は放射線が引き起こす障害について「放射線が遺伝子に傷をつけること」に起因するという。被爆者が浴びた放射線量の強さに応じて、何年後にどの部位の癌の発生率が高くなるか、というメカニズムもほぼ明らかにされている。[5] 鎌田氏によると、被爆後七〇年を経た今、一つの癌からの細胞の転移でなく、別個の部位に複数の癌が発症する「重複癌」が多発しているという。

④外部被曝と内部被曝

放射線被曝には、体外から皮膚を通して被曝する「外部被曝」と、放射性降下物の微粒子が口や鼻から体内に入って被曝する「内部被曝」がある。前者を引き起こすのは、爆発直後の初期放射線（直接放射線）と、地面や建物から出る残留放射線で、後者を引き起こすのは「死の灰」と呼ばれる放射性降下物である。

従来の放射線被曝の分析では、外部被曝と内部被曝の区別よりも、浴びた放射線の強さ（線量）と発生した障害の関係の解明に主眼がおかれていた。[6] だが最近の研究では、体内に入った放射性微粒子による低線量の放射線に長時間さらされると、遺伝子の修復能力が損なわれ、細胞周期の早い生殖細胞や造血機能（骨髄）、胎児などに障害を生じる可能性が指摘されている。[7]

広島で被爆した医師・肥田舜太郎氏は、入市被爆者[8]と内部被爆の関係に関する研究をふまえ、一九七二年にカナダの研究者ペトカウ（Abram Petkau）によって発見された「長時間の低線量放射線被曝の方が短時間の高線量放射線被曝に比べ、はるかに生体組織を破壊する」というペトカウ効果[9]や、米国人研究者スターングラス（Ernest J. Sternglass）らによる「ごく微量の放射線でも体内から放射されると健康に深刻な影響をおよぼす」という説[10]を重視する。その上で、核実験被害や原発事故、劣化ウラン兵器に関連するとみられる深刻な健康障害がいずれも内部被曝による可能性が高いことを警告し、分子生物学などによるメカニズム解明の必要性を主張している。[11]

もちろんこうした主張に対しては反論も予想される。だが、被爆体験と戦後の核実験、原発事故、劣化ウラン兵器[12]による被害に、いずれも内部被曝という共通の危険性が存在する疑いが強いという問題提起は、被爆後七〇年以上を経てなお被爆体験のさらなる解明が必要であることを物語っている。

⑤心理学的影響

被爆七〇年以上が過ぎた現在も多くの被爆者を苦しめている一つが、心の苦しみやトラウマ（心理的外傷）であるが、原爆による障害の中で最も研究が遅れているのが、心理学的、精神神経学的な影響であろう。原爆被爆の実相に関する基本的資料においてもその記述はわずかで[13]、「被曝の精神科的、心理学的影響については未知な部分が多く今後の研究が期待される」[14]という。

そうした中、数少ない研究の一つと見なされているのが、米国人精神医学者リフトン（Robert J. Lifton）の著作"Death in Life"（邦訳は『死の内の生命』）である。[15] リフトンは一九六二年に六カ月間広島に滞在して行なった七五人の被爆者との面接調査に基づき、この研究をまとめた。被爆者の心理研究で初めてトラウマの存在を明らかにした著作として、今日でも内外の研究者の間で評価されている。

鎌田七男氏はリフトンの分析をもとに、被爆者が受けた心理的影響を、①自分だけが生き残ったという「後悔と罪の意識」、②いつ放射線の障害が現れるかもしれぬという「限りない不安」、③地獄絵のような場面に再び遭遇したくないという「あの場面からの逃避」の意識、④「死者への尊敬と畏敬の念」の四点に整理している[16]。

だが、長い間被爆者と接している広島の研究者の間では、リフトンの視点に対する疑問も存在する。舟橋喜惠・広島大学名誉教授（社会思想史）は、Death in Life というタイトルの本来の意味が「生ける屍」であり、その著作の中で被爆者は罪の意識にさいなまれ、生きる意欲を限りなく失った存在としてのみ描かれており、罪意識を持ちつつ「死者の分までも生きようとしてきた被爆者」の懸命な前向きの姿勢を理解していないと指摘する[17]。

全国の被爆者が原爆による「体の傷」「心の傷」「不安」と闘いながらいかに「生きる支え」を得たかを解明する研究が二〇〇五年、濱谷正晴・一橋大学大学院教授（社会調査論）により『原爆体験』としてまとめられた[18]。日本原水爆被害者団体協議会が一九八五〜一九八六年に全国四七都道府県の被爆者約一万三千人を対象に行なった『原爆被害者調査』の中から、「体の傷」「心の傷」「不安」「生きる支え」に関連する質問項目全てに回答のあった六、七四四人を抽出し、その内容を細かく分析している。

濱谷氏の言葉を借りれば、その実態には「〈原爆地獄〉がもたらす〈心の傷〉にさいなまれ、〈体の傷〉と〈不安〉に苦しみおびえながら、語る苦痛をのりこえて、〈原爆・核兵器の反人間性〉を世界の人びとにつたえ、核兵器の廃絶と戦争のない社会の実現をうったえつづけてきた被爆者たちの営み」が集約されている[19]。

ところで、被爆による心理学的な影響の一つではないかといわれる症状の一つに、「原爆ぶらぶら病」がある。一部の被爆者が倦怠感を訴え、労働をせずぶらぶらしている、というのが語源と見られ、これまで医学的には病気としての実体は否定されてきた[20]。しかし米国による大気圏核実験で被曝した米兵や、チェルノブイリ原発事故被災者、劣化ウランに被曝した疑いのある湾岸戦争帰還兵の間で、原爆ぶらぶら病（bura-bura disease）に類似した倦怠症状（fatigue syndrome）があることが指摘されている。それらと放射線被曝との因果関係については、低線量放射線被曝で変形した赤血球が引き起こすとの説[21]もあるが、まだ十分立証されたとはいえない[22]。しかし、内部被曝と同様、被爆後七〇年を経てなお未解明であり、かつ今日の核被害と共通する可能性を持つ重要な問題である。

⑵被爆体験と原爆投下正当論

広島・長崎における被爆体験は、米国による原爆投下という行為と表裏一体である。そして広島・長崎の被爆者が核兵器の危険性に関する警鐘を鳴らしてきたとすれば、原爆を投下した側の米国では、原爆投下正当論が戦後形成されて支配的な世論となり、そのことが核兵器の危険性に関する警鐘を相殺し隠蔽する役割を果たしてきた。原爆投下正当論が形成された経緯における主要な議論を分析する。

①トルーマン大統領の声明

米国の指導者による、原爆投下に関する最初の見解が示されたのは、一九四五年八月六日に大統領のトルーマン(Harry S. Truman)が発表した声明である。

「一六時間前、米国航空機一機が日本陸軍の重要基地である広島に爆弾一発を投下した」「日本は、パールハーバーにおいて空から戦争を開始した。彼らは、何倍もの報復をこうむった」「最後通告がポツダムで出されたのは、全面的破滅から日本国民を救うためであった。彼らの指導者は、たちどころにその通告を拒否した。もし彼らが今われわれの条件を受け容れなければ(略)この空からの攻撃に続いて海軍および地上軍が、日本の指導者がまだ見たこともないほどの大兵力(略)をもって侵攻するであろう」[23]

筆者が米国トルーマン図書館で入手した声明草案のコピー[24]には「日本陸軍の重要基地」との記述はない。リフトンによるとどの草案にもその表現は含まれておらず、最後の瞬間にマンハッタン計画責任者グローブズ(Leslie R. Groves)によって書き加えられたと彼は推測している[25]。米国政府はこの後、一貫して広島を「軍事基地」と呼び続けた[26]。この声明は原爆投下が「報復」であり、大規模の本土上陸作戦が続く事を示唆している。

トルーマンは二日後の八月九日に国民に対して行なった「ポツダム会談報告」の中で、原爆と「報復」の関係をより直裁に表現している。

「われわれは、予告なしにパールハーバーでわれわれを攻撃した者たちに対し、また、米国人捕虜を餓死させ、殴打し、処刑した者たちや、戦争に関する国際法規に従うふりをする態度すらもかなぐり捨てた者たちに対して原爆を使用したのであります。われわれは、戦争の苦悶を早く終らせるために、何千何万もの米国青年の生命を救うためにそれを使用したのであります」[27]。

またトルーマンは同じ日、米国キリスト教会連邦評議会から原爆投下に批判的な電報[28]を受け取ると、八月一一日に「野獣に対処する時は野獣扱いすべきだ」と返信している[29]。

このように、原爆投下直後のトルーマン大統領自身の説明は、日本を「野獣」ととらえ、広島の軍事的役割を強調し、真珠湾攻撃への報復として原爆を使用したと位置づけており、原爆で救われる米兵の数については「何千何万」としか触れていない。

②「報復」から「一〇〇万人救済論」へ

ところが原爆投下から二年後の一九四七年ごろから、米国政府の主張は、対日報復よりも原爆投下で地上戦が回避されて大勢の人命が救済された点を強調するようになる。そのさきがけとなったのが、スティムソン（Henry L. Stimson）元陸軍長官の「原爆投下の決定」[30]という論文である。この中でスティムソンは「もし米国が計画[31]を最後まで実施せざるを得なかったら、主要な戦闘は少なくとも一九四六年の後半までは続いただろう。そうなれば、米軍だけで一〇〇万人の死傷者が出たはずだと私は知らされた。（略）日本側には我々よりはるかに多い死傷者が出ていたはずである」と説明した。原爆投下直後の米国国内世論は当初、原爆に関する情報が極めて制限されていたこともあって、賛否両論だったが、スティムソン論文が登場すると国内世論は急速に原爆投下擁護に傾いていき、いわゆる「一〇〇万人救済論」が世論に定着していった。

なお、トルーマン大統領自身は原爆投下一〇年後に出版した『回顧録』で、「五〇万人の米国人の命」が失われずに済んだと記している[32]。

これに対し、五〇～一〇〇万人という死（傷）者予測自体に根拠がないとの見方も、米国の歴史研究者の間では一九六〇年代から有力になっているが、「正統的」歴史解釈に逆らうという意味で「修正主義学派」（Revisionist）と評されることもある[33]が、彼らが最終的な論拠としているのが、一九四五年六月一八日にホワイトハウスで開かれた大統領と統合参謀本部との会議である。席上、統合戦争計画委員会が作成した日本上陸作戦に関する大統領宛のメモランダムが配布されたが、その中には、上陸作戦を南九州および関東平野で行なった場合の死者は四万人、南九州および九州北西部で行なった場合の死者は二万五千人、南九州、九州北西部および関東平野で行なった場合の死者は四万六千人と記されている[34]。

この数字を土台に、米国の歴史学者バーンステイン（Barton J. Bernstein）は「米国の指導者は原爆で五〇万人を救うとは考えていなかった。当時の愛国的な雰囲気の中、日本上陸作戦で死ぬかもしれない二万五千から四万六千人の米国人を救うため、大勢の日本人を殺す原爆を投下することに何のためらいもなかった」と述べている[36]。

③原爆展中止で再燃した論争

だが、米国社会では依然、「一〇〇万人救済論」を論拠に原爆投下正当論が「公式見解」として多数派を形成している。それが顕著に示されたのが、一九九五年のスミソニアン航空宇宙博物館における原爆展の中止である。同博物館が、広島に原爆を投下したB29爆撃機エノラ・ゲイ号の復元機体とともに、米国の原爆開発・投下に加えて、広島・長崎の被爆の惨状などを紹介する展示を企画したが、議会や退役軍人らの圧力で中止に追い込まれた。その際、米国国内における原爆投下をめぐる認識の対立が、日本国内でも関心を集めた。

一方、米国の中学生、高校生たちが使う社会科の教科書には、原爆投下をめぐる記述があるが、ほとんどの教科書に、この「一〇〇万人救済論」に関する言及がある。「軍事顧問は、日本本土侵攻ともなれば、一〇〇万人もの連合国軍兵士の生命が犠牲になるかもしれない、と警告した」などの記述とともに、トルーマン大統領の原爆投下の決定が正しいかどうかを考えさせる内容となっている[37]。一見、客観的なデータをもとに生徒達に判断させようとする形式を取っているが、教科書には被爆体験の具体的な記述は乏しく、原爆投下決定を支持する生徒が多い[38]。

原爆投下正当論を支える論拠は「報復」から「人命救済」へと移ったが、教育現場も巻き込んで、米国の世論形成に一定の影響力を与えている。原爆投下正当論は、一般市民の間に根を下ろし、被爆の実情を通して核兵器の危険性を伝えようとする広島・長崎市民の活動が受け入れられにくい土壌を、米国国内に形成している。

戦争の文脈における原爆投下[40]

(1)第二次大戦(アジア・太平洋戦争)とはいかなる戦争だったか

太平洋戦争とは一九四一年一二月八日〜一九四五年八月一五日まで続いた戦争であり、真珠湾攻撃で始まり、広島・長崎への原爆投下とソ連の参戦で終わった。日本がアジア太平洋地域で、主に米国を相手に戦った戦争であり、「満州事変」で始まった日中戦争の延長ととらえ、「一五年戦争」、あるいは「アジア・太平洋戦争」と呼ぶ学者もいる。

日本はなぜ太平洋戦争を起こしたのか。一言で言えば、日本が明治維新以来、アジアに築いた権益、とりわけ満州事変以降にアジアに獲得した権益を守るためである。

日本は、日清戦争（一八九四―九五年）で台湾を植民地にし、日露戦争（一九〇四―〇五年）で南満州鉄道、南樺太などを獲得した。この間、「日韓併合」（一九一〇年）で朝鮮半島を植民地にし、次いで中国本土での利権獲得を目指した。

一九一四年に第一次大戦が始まると、列強の中国への影響力が弱まる中、日本はドイツが租借していた山東半島・青島を占領し、一九一五年には中国に二一カ条要求を突きつけ、山東省や東北部での権益拡大を狙った。これに危機感をもった米国の主導で第一次大戦後の一九二一年、米国は中国および中国に利害を持つ日本を含む九カ国によるワシントン会議を開催し、九カ国条約を結んで、中国の主権・独立の尊重、領土保全、門戸開放、機会均等などを認めさせた。いわゆるワシントン体制である。だが、日本は引き続き中国への権益拡大を狙い、一九三一年には満州事変を引き起こして一九三二年に「満州国」を独立させ、勢力下においた。

⑵満州事変が転換点[41]

満州事変は、日本がその後の戦争へと向かう大きな転換点であった。一九三一年九月一八日午後一〇時過ぎ、満州・奉天郊外の柳条湖で、南満州鉄道の線路を関東軍の独立守備隊数人が爆破し、レールの片側約八〇センチが破損した。首謀者は関東軍の参謀、板垣征四郎・高級参謀と石原莞爾・作戦参謀とで、板垣は爆破直後、中国の軍事行動だとして独断で中国軍の兵営の北大営と奉天城への攻撃を命じた。関東軍司令官も石原に促されて一九日午前一時半すぎから、「自衛行動」の名目で各部隊に攻撃命令を出し、奉天以外の満鉄沿線の都市を攻撃占領した。

こうして日本は軍事力により中国に進出し、さらに一九四〇年には北部フランス領インドシナ（仏印）に進駐し、日独伊三国同盟締結、一九四一年には南部仏印に進駐するが、こうした政策に最も反発したのが米国および英国であり、一連の日本の行動は、ワシントン体制や九カ国条約で約束した中国についての原則に関する重大な違反であり、仏印進駐は、重慶を拠点とする中国（蔣介石）への米英の支援ルートの遮断を狙ったと受け止められた。

日本の北部仏印進駐前後から、米国は対日経済を強化する。一九四一年、米国務長官ハルは日本側に「領土保全と主権尊重」「内政不干渉」「機会均等」「太平洋の現状維持」の四原則を提示。南部仏印進駐後は対日全面禁輸措置を取り、その後、日米交渉が続けられるが、一一月二六日の米側提案（いわゆるハル・ノート）を巡って最終的に決裂し、日本は真珠湾攻撃に踏み切った。

(3)満州事変以降の利権守るため真珠湾攻撃[42]

米国側が最後に示した一一月二六日付の提案は、ハル四原則の無条件承認、中国および南北仏印からの全面撤退、日独伊三国同盟からの離脱などを求めるものだった。その要求を日本の指導者らは、ワシントン体制および九カ国条約への復帰を求め、「満州事変前への後退を求めるもの」と受け止め、それは到底受け入れられないものと判断した。

言い換えるなら、日本陸軍の謀略である満州事変によって獲得した「満州国」も含む全ての利権を手放さないために、戦争という手段に国民を巻き込んでいったのである。

太平洋戦争に勝ち目はあったのだろうか。開戦当時（一九四一年）の米国の国力を日本のそれと比較してみる。

国民総生産日本の一一・八三倍
粗鋼生産力日本の一二・一一倍
航空機生産量日本の五・一六倍
自動車保有台数日本の一六〇・八〇倍
国内石油産出量日本の七七七倍（日本は石油の七割を米国から輸入していた）
国家予算日本の三・四二倍
軍事予算日本の二・一三倍[13]

では、太平洋戦争で日本はどう戦ったのか。一九四一年一二月八日の真珠湾攻撃で奇襲には成功したが、ワシントンでの宣戦布告前に攻撃を開始し、米側に「だまし討ち」の怒りをかった。さらに一九四二年六月のミッドウェー海戦で大敗し、空母四隻を失って以降、戦局は悪化の一途をたどった。翌一九四三年五月、アッツ島の守備隊二、五〇〇人が戦死した際、初めて「玉砕」と発表される。同年九月には、「絶対国防圏」が設定された。

(4)「絶対国防圏」のまぼろし

絶対国防圏とは日本が絶対に死守すべき地域であり、千島、小笠原、西部ニューギニア、インドネシア南方、ビルマを結ぶ範囲で制空権、制海権を確保し、持久態勢を固めた上で、機動部隊と航空部隊を組み合わせて、連合軍を迎え撃つ、とされた。

その絶対国防圏の最前線にあるのが、サイパン島、グアム島、テニアン島などからなるマリアナ諸島である。スペイン領、ドイツ領を経て一九一四年から日本が統治しており、日本からは南西二、四〇〇キロの位置にあった。それぞれの島には飛行場があり、それらが陥落すれば、本土の直接攻撃が可能になる。事実、絶対国防圏が破られてサイパン(四四年七月)、グアム、テニアン(ともに四四年八月)が陥落すると、日本の本土は空襲にさらされ、テニアン島から飛び立ったB29により最後に広島と長崎に原爆が投下された。

太平洋戦争における日本の死者は約三一〇万人で、民間人の死者は八〇万人、兵士の死者は二三〇万人と推定されるが、民間人の死者のほぼ全て、および兵士の死者の大半は、絶対国防圏が破られサイパン島が陥落して以降の約一年間に犠牲になったと推定される[44]。その中には、沖縄戦の死者約二〇万人や広島・長崎の死者計約二〇万人も含まれている。

(5)日本が起こした戦争の非人道性

日本の国民の視点からみて、太平洋戦争の最大の悲劇は、国家や軍による人命の軽視であり、それは戦闘員の人命および、市民の人命の双方が含まれる。

①兵士の人命の軽視

最大の原因は、「生きて虜囚の辱めを受けず」(戦陣訓)に示された軍の規則であり、兵士はいかなる状況でも降伏を許されず、窮地での生存・抵抗より、華々しい「玉砕」が美化された。

②非戦闘員(一般市民)の人命の軽視

軍人への規則は、事実上民間人にも強要され、多くの非戦闘員が降伏を許されず、集団自決に追い込まれた。満州では、ソ連の参戦を知った関東軍が民間人を見捨てて撤退したし、沖縄戦やグアム、サイパンなどでは、米軍への発覚を恐れて日本軍が赤ん坊を殺し、投降しようとした民間人を後ろから銃撃する事態も起きた。沖縄では、投降して捕虜収容所にいた民間人を、夜間、日本兵が山から現れて銃撃したという。

③米軍による非戦闘員の人命の軽視

米軍が日本の二一五の都市で行った空襲も、非戦闘員の大量殺戮であり、人命の軽視であった。こうした空襲が可能になったのは、絶対国防圏が破れてサイパン(四四年七月)、グアム、テニアン(ともに四四年八月)が陥落したからであり、テニアン島から飛び立ったB29により広島、長崎に原爆が投下され、非戦闘員が大量に殺された。非戦闘員の無差別大量の殺戮は国際法違反である。

④太平洋戦争の犠牲者

戦争の犠牲者は日本人だけではない。少なくとも以下の国の人々が犠牲になったと考えられている。

日本	三一〇万人
朝鮮	二〇万人
中国	一、〇〇〇万人以上
台湾	三万人
フィリピン	一一一万人
ベトナム	二〇〇万人
ビルマ	一五万人
マレーシア・シンガポール	一〇万人以上
インドネシア	四〇〇万人
インド	一五〇万人
オーストラリア	一万八千人
合計	二、二〇〇万人以上[45]

⑤「戦争完遂」くりかえす指導者

仮に「戦争とは他の手段をもってする政治の継続である」（クラウゼヴィッツ『戦争論』）としても、合理的指導者がいなければ政治目的は果たせない。絶対国防圏が破られて本土空襲が可能になった時点で、日本に合理的な指導者がいれば、直ちに和平を模索すべきであった。しかし、サイパン陥落二カ月後の一九四四年九月に最高戦争指導会議が決めたのは「戦争の完遂」であり、マニラ戦に敗れ、沖縄戦が絶望的な見通しの中、一九四五年六月の最高戦争指導会議が決めたのも「戦争の完遂」であった。さらに原爆が広島と長崎に投下され、ソ連が参戦してようやく日本はポツダム宣言を受諾した。まさに最悪のシナリオだったといわざるを得ない。

おわりに——「核兵器の非人道性」も「戦争の非人道性」も追及すべき

国際社会では、核兵器の非人道性を根拠に核兵器の非合法化（核兵器禁止条約）を一刻も早く実現すべきだ、という声が増える一方、米国などの核兵器保有国は非現実的だと否定されている。また、広島・長崎の被爆体験を根拠に核兵器の危険性を訴えようとする声に対し、今日も米国内では「原爆投下正当論」が多数派の意見として存在する。正当論の論拠とされる「一〇〇万人救済論」に客観的根拠は乏しいことが米国の歴史学者から指摘されているにもかかわらず、教育を通じて正当論は維持され、被爆体験に基づく被爆地からの訴えを相殺している。

こうした現実に対して私たちはどうすべきか。第一に、被爆体験が示している核兵器の危険性・非人道性を、引き続き科学的に検証しアップデートして世界に訴える必要があろう。第二に、米国内で依然、根強い原爆投下正当論に対する実証的な再検証を、日本の研究者も積極的に行なう必要があろう。だが、もう一つ大事なのは、日本が始めた戦争がもたらした非人道性の検証ではないか。

真珠湾攻撃のきっかけとして俗説でしばしば指摘されるのは、「ABCD包囲網」、つまり米国(A)英国(B)中国(C)オランダ(D)によって日本は不当な経済制裁を課せられ、やむなく死中に活を求めて真珠湾攻撃に打って出た、という説明である。

だが、その経済制裁の原因をたどれば、第一次大戦後に日本も九カ国条約に加わり国際社会とともに同意した中国の主権尊重、機会均等、領土保全という原則を、満州事変という一〇〇%日本陸軍の謀略につづく中国本土での利権獲得によって、日本が自ら破ったことに行き着く。

さらに、政府・指導者らは満州事変以前の状態に戻せとの米国の要求に応じられないと判断し、無謀な戦争に国民を引きずり込み、合理的指導者であれば和平を結ぶしかない状況が重なったにも拘らず、ことごとく「戦争完遂」にこだわった結果、最悪のシナリオに国民を導き、日本国民に多大な犠牲を強いただけでなく、アジアの周辺国にも大勢の犠牲者をだした。

こうした日本の引き起こした戦争の非人道性に目を瞑って、被爆地が原爆や核兵器の非人道性のみを訴えても、説得力に欠けるであろう。日本の戦争の非人道性も、核兵器の非人道性も、そして今世界で起きているさまざまな非人道的な問題にも等しく関心をもち、国境やナショナリズムを越えて、どうすれば繰り返さないですむことができるかを考えるべきである。そのことこそが、被爆七〇年を迎えた今、核兵器廃絶や非合法化を訴える広島や日本の市民に求められていることではなかろうか。

注

1　この節の記述の多くは、水本和実「核軍縮と広島・長崎：核の危険性と被爆地の課題」浅田正彦他編『核軍縮不拡散の法と政治』信山社、二〇〇八年、二五一—二六二頁に依拠している。

2　日本の空襲編集委員会編『日本の空襲——一〇補巻 資料編』三省堂、一九八一年、一〇七—一〇八頁。

3　広島市健康福祉局原爆被害対策部編『原爆被爆者対策事業概要』(平成二七年(二〇一五年)版)、広島市、二〇一五年、一五頁。

4　長崎市原爆被爆対策部編『長崎原爆被爆五〇年史』長崎市、一九九五年、七二頁。

5　表的な資料としては、放射線被曝者医療国際協力推進協議会編『原爆放射線の人体影響一九九二』文光堂、一九九二年など。

6　従来の原爆被爆関連資料には、内部被曝に関する記述は少ない。広島市・長崎市原爆災害誌編集委員会編『広島・長崎の原爆災害』四二頁、放射線被曝者医療国際協力推進協議会編『原爆放射線の人体影響一九九二』七頁、三五四―三五五頁など参照。国内や海外の放射線事故における内部被曝に関しては、松岡理『放射性物質の人体摂取障害の記録――過ちの歴史に何を学ぶか』日刊工業新聞社、一九九五年など参照。

7　肥田舜太郎、鎌仲ひとみ『内部被曝の脅威――原爆から劣化ウランまで』ちくま新書五四一、筑摩書房、二〇〇五年、七三―七六頁。

8　「被爆者援護法」は被爆者を「直接被爆者」「入市者」「死体処理及び救護に従事した者」「胎児」に分類し、入市(被爆)者とは、原爆投下二週間以内に爆心から二キロ以内に入った人をいう。広島市社会局原爆被害対策部編『原爆被爆者対策事業概要』五一―五二頁。

9　Ralph Graeub, *The Petkau Effect: The Devastating Effect of Nuclear Radiation on Human Health and the Environment* (New York: Four Walls Eight Windows, 1994) など参照。

10　Ernest J. Sternglass, *Secret Fallout: Low-level Radiation from Hiroshima to Three Mile Island* (New York: McGraw-Hill Book Company, 1981) など参照。

11　肥田、鎌仲『内部被曝の脅威』七一―九九頁。被爆者のデータから低線量放射線の影響を評価する上での制約については、沢田他『広島・長崎原爆被害の実相』二〇七―二一〇頁参照。

12　ベルギー議会本会議は二〇〇七年三月二二日、「劣化ウラン弾禁止法案」を全会一致で可決した。国会の議決としては世界で初めて。The International Coalition to Ban Uranium Weapons, *Friendly Fire*, Issue 5, March 2007, p.1

13　広島市・長崎市原爆災害誌編集委員会編『広島・長崎の原爆災害』三六九―三八三頁;沢田他『広島・長崎原爆被害の実相』一七一―一七四頁、放射線被曝者医療国際協力推進協議会編『原爆放射線の人体影響一九九二』一四四―一四八頁など参照。

14　放射線被曝者医療国際協力推進協議会編『原爆放射線の人体影響一九九二』一四八頁。

15　Robert Jay Lifton, *Death in Life: Survivors of Hiroshima* (New York: Random House, Inc, 1967). 邦訳は、ロバート・J・リフトン『死の内の生命――ヒロシマの生存者』桝井迪夫監修、朝日新聞社、一九七一年。

16　鎌田七男『広島のおばあちゃん』鎌田七男シフトプロジェクト、二〇〇五年、六三頁。英語版は Nanao Kamada, *One Day*

In Hiroshima (Hiroshima: Japanese Physicians for the Prevention of Nuclear War, 2007), p.61.

17 舟橋喜恵「あたらしい被爆者像を求めて」秋葉忠利編『人間の心ヒロシマの心』三友社出版、一九八八年、七九—九一頁、舟橋喜恵「核時代の人間像——R・J・リフトンの被爆者研究をめぐって」『社会科学研究年報』第九号、一九八六年など参照。

18 濱谷正晴『原爆体験——六七四四人・死と生の証言』岩波書店、二〇〇五年。

19 同上、二五八頁。被爆者の「心の傷」に関する最近の報告としては中澤正夫『ヒバクシャの心の傷を追って』岩波書店、二〇〇七年。

20 沢田他『広島・長崎原爆被害の実相』一七二頁。

21 Dr. Rosalie Bertell, *Gulf War Syndrome, Depleted Uranium and the Dangers of Low-Level Radiation* <http://www.ratical.org/radiation/DU/bertell_book.html>, accessed on Dec.25, 2015.

22 肥田、鎌仲『内部被曝の脅威』一〇八—一一一頁、Donnel W. Boardman, *Radiation Impact*, Pre-publication Draft (Cambridge, Massachusetts: Center for Atomic Radiation Studies, Inc, 1991).

23 「資料二二九 トルーマン大統領声明 ホワイトハウス新聞発表 一九四五年八月六日」山極晃、立花誠逸編『資料 マンハッタン計画』岡田良之助訳、大月書店、一九九三年、六〇五—六〇七頁。

24 "Statement by Truman, August 6, 1945," PSF General File, Box No. 112, Atomic Bomb [2 of 2], Papers of Harry S. Truman, Harry S. Truman Library.

25 R・J・リフトン、G・ミッチェル『米国の中のヒロシマ』(上)大塚隆訳、朝日新聞社、一九九五年、五頁。

26 仲晃『黙殺』(下)NHKブックス八九二、日本放送出版協会、二〇〇〇年、二一六頁。

27 「資料二三五 トルーマン大統領のポツダム会談報告 一九四五年八月九日」山極、立花『資料 マンハッタン計画』六三〇頁。

28 Dennis Merrill, ed., *Documentary History of the Truman Presidency, Vol.1, The Decision to Drop the Atomic Bomb on Japan* (University Publications of America, 1995), p.214.

29 Ibid., p.213.

30 Henry L. Stimson, "The Decision to Use the Atomic Bomb," *Harper's Magazine*, vol.194, no.1161 (February 1947), pp.97-107. この論文は、マンハッタン計画の中心人物の一人、コナント(James B. Conant)ハーバード大学学長が原爆投下正当化の目的でスティムソンとバンディ(McGeorge Bundy)同大学研究員に命じて書かせ、最後まで内容に手を入れた。リフトン、ミッチェル、『米国の中のヒロシマ』(上)二二九—二四八、フィリップ・ノビーレ、バートン・J・バーンスティン『葬られた原爆展』三国隆志他訳、五月書房、一九九五年、一三一—一四頁。

31 日本本土上陸作戦をさす。

32 Harry S. Truman, *Memoirs by Harry S. Truman: 1945: Year of Decisions* (New York: SMITHMARK Publishers, 1955), p.417.

33 代表的な研究者は、Gar Alperobitz, Barton J. Bernstein, Martin

J. Sherwin など。「修正主義学派」への反論については Robert James Maddox ed., *Hiroshima in History: The Myths of Revisionism* (Missouri: University of Missouri Press, 2007) など参照。

34 "Joint War Plans Committee, Details of the Campaign Against Japan, June 15, 1945," in Martin J. Sherwin, A World Destroyed: *Hiroshima and its Legacies*, Third Edition (Stanford: Stanford University Press, 2003), p.342.

35 Barton J. Bernstein, "The Atomic Bombings Reconsidered," Foreign Affairs, vol.74, no.1 (January/February 1995) p.149.

36 マーティン・ハーウィット『拒絶された原爆展――歴史のなかの「エノラ・ゲイ」』山岡清二監訳、みすず書房、一九九七年、ノビーレ、バーンステイン『葬られた原爆展』、トム・エンゲルハート、エドワード・T・リネンソール『戦争と正義――エノラ・ゲイ展論争から』朝日選書六〇七、朝日新聞社、一九九八年など参照。

37 吉澤柳子『外国の教科書と日本――子どもたちが学ぶ日本像』丸善ブックス七八、丸善、一九九九年、一二三―一二五頁、「世界の教科書にみる「原爆投下」」(米国)、広島平和教育研究所。

38 ＮＨＫ総合テレビ「クローズアップ現代『〝ヒロシマ〟が伝わらない』」二〇〇五年八月四日放送。シカゴ郊外の高校の授業で、原爆投下の決定を支持した生徒らの多くは、広島平和記念資料館の図録を見て、教科書から与えられる情報が限られているとの認識を持った。

39 この節の記述の多くは二〇一五年度後期広島平和研究所連続市民講座「戦後七〇年の論点と課題」第五回、水本和実『戦後の核軍縮と被爆体験』(二〇一五年一二月一一日)での報告に依拠している。

40 川田稔『昭和陸軍全史1』『同2』講談社、二〇一四年、『同3』二〇一五年など参照。

41 川田稔『満州事変と政党政治』講談社、二〇一〇年など参照。

42 黒羽清隆『太平洋戦争の歴史』講談社、二〇〇四年など参照。

43 日米比較のデータは山田朗『軍備拡張の近代史』吉川弘文館、一九九七年など参照。

44 川田稔『昭和陸軍の軌跡』中公新書、二〇一一年、三二九頁。

45 吉岡吉典著『日本の侵略と膨張』新日本出版社、一九九六年、小田部雄次・林博史・山田朗『キーワード日本の戦争犯罪』雄山閣、一九九五年など参照。

被爆七〇年目の人道理念
――核兵器廃絶を目指す人道的アプローチにみる

齊藤　彰彦
（日本赤十字社事業局国際部企画課主事）

> まるでこの兵器のおぞましい威力に目を背けるように、これまでの議論は高度に抽象的で、長い長いアクロニウムで覆いかぶされてきた。例えばそれは、ＭＡＤ、ＰＴＢＴ、ＮＰＴ、ＩＮＦⅠ及びⅡ、ＦＭＣＴ、ＣＴＢＴ、New Start... Magnus Løvold, *'The unknown known'; Unspeakable suffering,* 2013

核兵器廃絶を訴える人道的アプローチ（Humanitarian approach）という運動が、昨今、盛り上がりをみせている。人道的アプローチは、非核保有国やＮＧＯが率先する動きで、核保有国がこれまで核兵器を持つことの必要性を根拠付けてきた「核抑止力」や「国家の安全保障」といった国際政治の議論からは距離を置き、核兵器の壊滅的な影響（非人道性）が、国際人道法や人道理念に反することを理由に挙げながら、核兵器廃絶を訴えている。

核兵器の使用が国際人道法に反することは、遡れば一九六三年の東京地裁による原爆訴訟判決（以下、「原爆訴訟」）や一九九六年の国際司法裁判所による核兵器の威嚇・使用の合法性に関する勧告的意見（以下、「ＩＣＪ勧告的意見」）でも確認されてきたが、人道的アプローチはこれらの司法的見解をどう受け継ぎ、そしてなぜ今、注目されているのだろうか？

本稿では国際人道法と人道理念の視点から、この二つの法的評価を出発点にして、人道的アプローチの盛り上がりの要因を考察する。具体的にはまず、一．原爆訴訟とＩＣＪ勧告的意見において国際人道法や人道理念がどう用いられてきたのかをたどり、二．今日の人道的アプローチがそれらをどう受け継いで発展を遂げてきたのかを概観し、三．

南太平洋のファンガタウファ環礁で 1968 年 8 月 24 日にフランスが初めて行った核実験（広島型原爆の 170 倍の破壊力）。
（©x-ray delta one）

そこにどのような人道的アプローチの新しさや勢いの原動力があるのかを考察する。見方を変えれば、核兵器の問題を一つの素材として、国際人道法や人道理念の普遍的な価値のひとつの側面を明るみにすることも本稿のねらいとしたい。そのことが人道的アプローチのさらなる弾みの一助にもなると、筆者は考えている。

核兵器を照らす人道理念

(1) 一九六三年東京地裁原爆訴訟判決

一九六三年の原爆訴訟は、原爆投下の合法性をはじめて法廷で争い、それを違法と断じた世界で唯一の判決として今も異彩を放っている（いわゆる下田事件判決であり、世界的には「Shimoda Case」の名で知られている）。

裁判所はまず、「新兵器は常に国際法の規律の対象とはならないという議論もあるが、これについて……十分な根拠」はなく「国際法の諸原則に反するものは、たとえ法規に明文がなくても、禁止されるべきことは当然」であることを確認した。その上で、非戦闘員または非軍事的な目標に向けられた攻撃の禁止（一九〇七年ハーグ規則二五条等）の原則、また、毒ガス禁止規定（一九二五年ガス議定書等）が原爆に適用されるかどうかについては、原爆と毒、毒ガス、細菌兵器等との違いについて専門家の間でも意見の相違があるとしつつも、「原爆のもたらす苦しみは、毒、毒ガス以上のものといっても過言ではな」いことから、不必要な苦痛を与える非人道的な害敵手段の禁止（一八六八年サンクト・ペテルブルグ宣言等）の原則が適用されることを確認した。これらの原則に基づき裁判所は、軍事目標と非軍事目標の区別はおろか、中規模都市を全滅させるほどの効果を持つ原爆投下は、そのいずれの原則にも反しており、違法である、という見解を示した。

ここで示された原則の中で、とりわけサンクト・ペテルブルグ宣言については、現代の国際人道法（特に戦闘の方法・手段の規制に関する諸原則）の根底に受け継がれる人道理念をうたっており、あらためてその内容をみておきたい。

文明の進歩は、戦争の惨禍をできる限り軽減する効果をもたらさなければならない。戦時において諸国が達成しようと努める唯一の正当な目的は、敵国の軍隊の弱体化である。その目的を達成するためには、できる限り多くの者の戦闘能力を奪えば足りる。すでに戦闘能力を奪われた者の苦痛を無益に増大させ、またはその死を避けがたいものにする兵器の使用は、この目的の範囲を超える。それゆえ、このような兵器の使用は、人道の法に反する。（一八六八年サンクト・ペテルブルグ宣言前文）

この宣言に示される「人道の法」によれば、戦争という極限の状況下であっても、「すでに戦闘能力を奪われた者の苦痛を無益に増大させ、またその死を避けがたいものにする」兵器の使用は禁止される。このことを仮に現在の被爆者の実相にも照らし合わせるとすれば、被爆七〇年目を迎えた今も一九万人近くの人々が被爆者健康手帳の保持者としていまだに医療措置を必要としているように、原爆投下は戦争の唯一の目的である「敵国の軍隊の弱体化」「戦闘能力の奪取」というものをはるかに逸脱しており、「苦痛を無益に増大させ」ていることは明らかである。

この点について裁判所も、「原子爆弾の爆発とはいかなるものか。この点については、理論上も疑問の余地なく解明されているし、多くの実験の結果もあり、これらは科学者の手によって何人も容易に利用できる資料にまとめられている」とし、これに続けて原爆がもたらした非人道的側面を子細にたどることを試み、それを踏まえた上で、「広島・

長崎両市に対する原子爆弾の投下により、多数の市民の生命が失われ、生き残った者でも、放射能の影響により一八年後の現在においてすら、生命を脅かされている者のあることは、まことに悲しむべき現実である。この意味において、……このような残虐な爆弾を投下した行為は不必要な苦痛を与えてはならないという戦争法の基本原則に違反している」と結論づけている。このように原爆の違法性を裏付ける根拠として、判決の大きな部分が、原爆の非人道性、つまり、不必要な苦痛の検証で占められていることが特徴的にみえる。

結果としてこの訴訟は、裁判所に米国政府を裁く権限はなく、そのため個人もその請求権をもたないことから棄却された。ただし、訴訟が成立した背景として、一九五四年の第五福竜丸被爆事件に起因する原水爆禁止国民運動の盛り上がりが強く影響していたことに注目しておきたい。発起人の一人の岡本尚一弁護士が、この訴訟の動機を述べたパンフレットの中で、「この提訴はこれによって今も悲惨な状態のままにおかれている被害者またはその遺族が損害の賠償を受けるということだけでなく、この賠償責任が認められることによって原爆の使用が禁止せられるべきである天地の公理を世界の人類に印象づけるでありましょう」と訴えているように、この訴訟それ自体が国民運動の大きな潮流の中に位置付けられようとしていたことを、ここでは確認しておきたい。

⑵一九九六年核兵器の威嚇・使用の合法性に関するICJ勧告的意見

一九九六年にICJが示した核兵器の威嚇・使用の合法性に関する勧告的意見は、原爆訴訟と同じく、まず、核兵器を明示的に禁止する国際法が存在しないことを確認した後、「この問題を規律するために最も直接的に関連する適用法は、国連憲章に具現化された武力行使に関する法、及び、敵対行為を規律する武力紛争に適用される法である」とした。その上で、具体的な国際人道法として、原爆訴訟でも言及されたサンクト・ペテルブルグ宣言から始まる一連の戦闘の方法・手段の規制に関連する条約（いわゆる国際人道法の「ハーグ法」と呼ばれるルール群）、また、紛争犠牲者の保護・救済に関連する条約（同じく「ジュネーブ法」と呼ばれるルール群）の始まりから、一九七七年の追加議定書に至るまでの国際人道法の発展史を俯瞰し、これらの国際人道法における「根本原理（cardinal principles）」として、次の二つの原則を示した。すなわち、Ⅰ．文民と民用物は保護し、戦闘員と非戦闘員とを区別し、それを区別することのできない兵器の使用は禁止されること、また、II．戦闘員に不必要な苦痛を与える兵器は禁じられ、国家が戦闘の手段を選ぶ権利は無制限ではないことである。

これらの原則に基づき裁判所は、核兵器の破壊力は「空間的にも時間的にも制御することができず、すべての文明と地球の全生態系を破壊する潜在力を有する」ことから、「核兵器の威嚇または使用は、武力紛争に適用される国際法の諸規則、そして特に人道法の原則及び規則に一般に違反するだろう」とし、原爆訴訟とほぼ同じ評価を踏襲した。しかしこれに続けて、「国際法の現状および裁判所の有する事実の諸要素を勘案して、裁判所は、核兵器の威嚇または使用が、国家の生存のかかった自衛の極端な事情の下で、合法であるか違法であるかをはっきりと結論しえない」とし、国際人道法の評価のみで核兵器の威嚇・使用が絶対的に禁じられることについて明言を避けた。また、勧告的意見はその最後に「核軍縮に導く交渉を誠実に遂行し、かつ完了させる義務」があることを示した。

ここで挙げられた「人道法の原則及び規則」に関連して、判決がいわゆる「マルテンス条項」に言及している点に注目したい。

> 文民及び戦闘員は、この議定書その他の国際取極がその対象としていない場合においても、確立された慣習、人道の諸原則及び公共の良心に由来する国際法の諸原則に基づく保護並びにこのような国際法の諸原則の支配の下に置かれる。（一九七七年第一追加議定書一条二項）

この規定の提唱者の名を冠した呼称であるこのマルテンス条項は、一八九九年の陸戦の法規慣例に関するハーグ第二条約にはじめて登場して以来、一世紀余りにわたり多くの国際人道法関連条約に受け継がれてきたものである。これについて裁判所は、人道法の多くの規則は一九四九年に当裁判所がコルフ海峡事件判決で示した「人道の基本的考慮(elementary considerations of humanity)」であり、それは武力紛争に適用可能な国際慣習法の「犯すことのできない(intransgressible)諸原則」としてすべての国家を拘束すると指摘し、マルテンス条項もまた国際慣習法の地位を得ていることを確認した。その実質的な意義について個々の裁判官の解釈は一様ではないが、「核兵器の威嚇・使用はいかなる例外もなく絶対に違法」との立場に立ったウィーラマントリー判事や「核兵器の存在そのものが人道法の存在自体に対する大きな挑戦である」との個別意見を示した裁判所長のベジャウィ判事は、マルテンス条項が示す人道の諸原則は、一九六九年ウィーン条約法条約五三条が定める「いかなる逸脱も許されない規範……国際社会全体が受け入れ、かつ、認める規範」といういわゆる強行規範（Jus Cogens）の地位を得ているという見解を示した。さらにシャハブディーン判事は、マルテンス条項が示す「人道の諸原則及び公共の良心」が国際法の一般原則であると主張するなど、これらの裁判官たちは様々な表現で、マルテンス条項をはじめとする人道理念の意義を極めて高く評価した。

以上のことから、既存の国際法が核兵器の使用を禁止していないとしても、そのことが「核兵器の使用を許容することを決して意味しない」ことは言うまでもなく、その兵器が戦闘員と非戦闘員を区別できず、不必要な苦痛を与えるという「人道の諸原則」に反する性質をもつものであれば、それは禁止されることになる。上に挙げた裁判官たちはこの論理に則り、核兵器がまさにそのような性質をもつ兵器であることは明らかであることから、その使用はいかなる例外もなく違法であるという、原爆訴訟と同じ評価を示したのであった。

ここであわせて、ウィーラマントリー判事がその個別意見の中で示した「法廷の問題の基本的重要性」と題する箇所に注目しておきたい。

この勧告的意見の審理には三五カ国が陳述書を寄せ、二四カ国が口頭弁論を行い、二五カ国から三〇〇万を超える署名（その大半が日本からのもの）が寄せられました。これは世界的な世論のうねりを示しています……法廷はしたがって、今最も厳粛な問題に直面しているのであり、利用可能なあらゆる国際法を検証し、必要であればその根本まで掘り下げることが求められているのです。

勧告的意見の実現には、ニュージーランドの主婦ケイト・デュイスら市民グループの発想が発端となった国際反核法律家協会（ＩＡＬＡＮＡ）らＮＧＯによる「世界法廷プロジェクト」というキャンペーンが大きな役割を果たしていた。ＩＣＪでの核兵器合法性の審議を目指す世界法廷プロジェクトは、ＩＣＪ規則一〇四条が「国連事務総長又は許可された機関の行政職員の長によって勧告的意見を要請することができる」と定めた条文を踏み台にして、ＷＨＯと国連総会という二つの国連機関にICJに勧告的意見を要請する決議の採択を求めた。決議は成功裏に採択され、結果としてICJはWHOからの要請は却下したが、国連総会の要請を認めた。こうしてケイト女史の発想から足掛け一〇年の時を費やした一九九六年、ICJはその勧告的意見を世に示したのであった。

なお、このウィーラマントリー判事の個別意見が示すように、ICJの審議において、これだけ多くの関係者が証言を寄せたことは前例のない出来事だった。とりわけ、本来は国家間の紛争を審議するICJにおいて陳述が許されるのは国家か国連機関のみとされ、さらには日本政府が核兵器の合法性についての立場を明らかにしない中で、広島市、長崎市の両市長が証言台に立ち、原爆投下の惨状を訴え、核兵器の使用が国際法違反であることを明言したことは、裁判所の審議にも少なくはない影響を与えた。例えば「核兵器のいかなる威嚇・使用も違法であることは明らか」であるとの反対意見を示したコロマ判事が、両市長の証言をつぶさに引用しながら被爆者の惨状に触れた上で、核兵器の違法性を指摘したことは、その一端でもある。こうした世論のうねりや被爆の実相は、核兵器一般の威嚇・使用の合法性という抽象的な問題に、核兵器（原爆）の非人道性という凄惨な現実を吹き込んだ。「一般的に」という留保付ではあるものの、核兵器の使用が違法であるという見解を引き出したことに、こうした市民の働きかけが及ぼした影響は、決して軽視できないものだったといえる。

このようにいずれの法的評価も、核兵器の非人道的側面（被爆者の実相）を評価の最も基本的な事実として位置づけ、国際人道法や人道理念から核兵器を考察する枠組みを明確化することに貢献した。そしてそのいずれも、核兵器の使用が国際人道法や人道理念とは両立しないことを示し、それは後述する人道的アプローチの訴えにも踏襲されていく。

人道的アプローチの趨勢

(1)二〇一〇年NPT再検討会議と赤十字の貢献

人道的アプローチの機運が高まりを見せ始めたのは、二〇一〇年のNPT再検討会議がその合意文書において、「会議は核兵器のいかなる使用からも生じる壊滅的な人道的結末に深い懸念を表明し、すべての国が国際人道法を含む適用可能な国際法を常に順守する必要性を確認する（NPT/CONF. 2010/50 (Vol. 1)）」と示したことが大きく影響したといわれている。

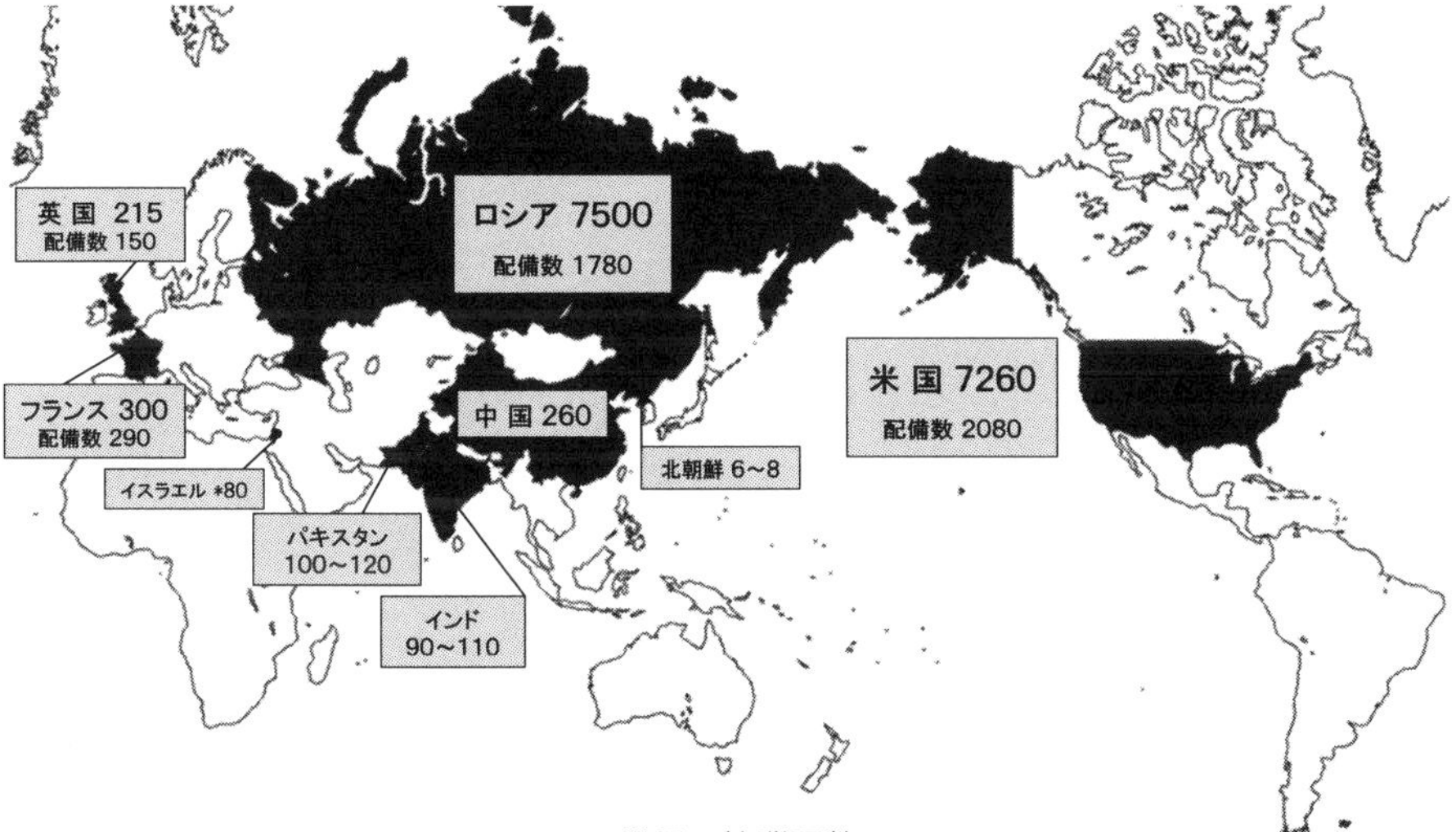

世界の核弾頭数

2015 年 1 月時点の概数　ストックホルム国際平和研究所（SIPRI）の資料より

※イスラエルは公式には核保有を認めず

一九九六年のＩＣＪ勧告的意見が「人道法の原則及び規則に一般に(generally)違反する」と示したのに対して、二〇一〇年の合意文書は、核兵器の「いかなる(any)使用」も、国際人道法を「常に(at all times)順守する」こととして、国際人道法との両立性の要請を一層強調している。これに基づき同文書は、「核兵器の使用を防止し究極的にその廃絶へと導き、核戦争の危険を減少させ、核兵器の不拡散と軍縮に貢献する政策を議論」し、「核兵器禁止条約についての交渉」の検討に留意して、「究極的な廃絶」を目指すこと(最終文書「行動」五のD等)という具体的行動をＮＰＴ締約国に要請している。

ＮＰＴ再検討会議の合意文書で国際人道法への言及がなされたことははじめてのことであったが、その背景には、二〇一〇年のＮＰＴ再検討会議の直前、ＩＣＲＣ総裁のヤコブ・ケレンベルガー氏が次のような公式演説を行ったことが影響したともいわれている。

ＩＣＲＣは一九九六年の国際司法裁判所の勧告的意見を歓迎します。……核兵器に関する議論は、軍事的および政治的考慮のみでなされるべきではなく、究極的には人間の利益、人道法の基本原則および人類全体の将来への考慮の下でなされるべきです。……ＩＣＪの事実認定によれば、ＩＣＲＣは核兵器のいかなる使用も国際人道法に合致することは不可能であると考えます。したがってすべての国家に対し核兵器の使用の合法性に対する見解に関わらず、二度と使用されてはならないことを再確認することを要請します。……ＩＣＲＣの見解によれば、核兵器使用の防止には、法的拘束力をもつ国際条約によって核兵器を禁止し、完全廃棄することを目標とした交渉を追及するという、現存の義務の完遂が不可欠です。共通の人道に挑戦し、国際人道法の最も基本的な原則を疑問視し、人類の継続的存在を脅かすような核兵器の恐ろしい効果に道徳的に無関心でいることは、決して許されません。（ICRC, "*Bringing the Era of Nuclear Weapons to an End*" Statement by Jakob Kellenberger, President of the ICRC, to the Geneva Diplomat Corps, Geneva, 20 April 2010）

中立の赤十字が高度に政治的な側面もはらむ核兵器を、その「いかなる使用も国際人道法に合致することは不可能である」と断じ、「共通の人道（our common humanity）への挑戦」と位置付けたことは国際社会において注目を浴びる出来事となった。このことについてさらに、ＩＣＲＣ、国際赤十字・赤新月社連盟（ＩＦＲＣ）、世界中の赤十字・赤新月社が集う二〇一一年一一月の国際赤十字・赤新月運動代表者会議（以下、赤十字代表者会議）は、「核兵器廃絶への取組み」と題する次のような決議を打ち出し、その訴えをさらに強調している。

国際人道法の原則及び規則は核兵器に対しても適用されることが確認されており、核兵器の脅威あるいは使用は国際人道法の原則および規則に全面的に反するものであると結論づけられた、国際司法裁判所が一九九六年に出した勧告的意見を想起し、……核兵器の使用によってもたらされると予想される計り知れない苦痛や、それに対する十分な人道的援助能力の不在、そして核兵器使用を阻止する絶対的な必要性を強調し……、国際人道法、特にその区別、予防、均衡性に関する規定と核兵器の使用との両立は困難であると認識し……、すべての各国政府に対して次のことを訴えます。すなわち、核兵器の適法性に関する各国政府の見解の如何に関わらず、核兵器が再び使用されることがないよう保証することを求めます。（ICRC, Council of Delegates 2011, Resolution 1, *Working towards the Elimination of Nuclear Weapons*, 26 November 2011)

ここで赤十字の貢献として触れておきたいのが、これまでの国際人道法の非両立性の根拠にハーグ法の観点からの考慮（核兵器の使用は軍事目標主義と両立せず、その兵器自体の性質が不必要な苦痛をもたらし無差別であること）に加えてジュネーブ法の観点からの考慮（核兵器の使用の影響に対しては、国際人道法で保護されるべき医療や救援活動の対応能力は欠如している、または、否定されること）を取り入れたことであり、この点は、後述の核兵器の非人道性に関する国際会議とそれに続く人道的アプローチの声明においても、繰り返し言及されている。核兵器と国際人道法の非両立性という原爆訴訟とＩＣＪ勧告的意見が示した法的評価は、さらに強調された形となって受け継がれていることがわかる。

⑵二〇一三年オスロ会議とその後

人道的アプローチの特徴として、核兵器廃絶を訴える根拠に、核兵器の非人道的な側面（壊滅的な結末）をつぶさに強調する点が挙げられる。その非人道性についての国際社会全体の認識を高めるのに大きな貢献を果たしたのが、二〇一三年三月にノルウェー政府主催で開催された「核兵器の人道的影響に関する国際会議（いわゆるオスロ会議）」である。なおこの会議は、ＮＰＴや国連の軍縮会議（ＣＤ）等の既存の核軍縮フォーラムに対立するものではなく、あくまで、上述の二〇一〇年ＮＰＴ再検討会議の合意文書に基づく具体的行動として、そしてＮＰＴ体制を補完するものとして、催されたものであることに注意しておきたい。

会議は国家をはじめとする国連やその他の国際機関、市民社会の関係者とともに、核兵器の政治的・外交的議論とは切り離して、その非人道性についての「事実」に基づく議論を促すことを目的として掲げた。一三〇近くの国、国連、国際赤十字など、これまでの核軍縮に関する会議にはみられない広範な参加者を得た（ただし核保有国五カ国の参加を除く）会議は、これまでに公にされてきた様々な研究成果を結集して、核爆発の人体に与える即自的影響といったものから、開発、経済、環境といった社会的影響、また、その結果への対応能力についての認識を幅広く共有した。核兵器にまつわる議論はこれまで軍事的、技術的、地政学的観点からのものが主だったが、その非人道的な側面に限って国家と国際機関、ＮＧＯ等が一堂に会して議論を交わしたことははじめてのことだった。ここまで広範な参加者が得られたこと自体が、この問題がすべての人々に関連する問題であることを示唆している。

紙幅の制約からここで会議の詳細に立ち入ることは差し控えておくが、議長総括として示された次の三つのメッセージに触れておきたい。つまり、Ｉ．いかなる国家あるいは国際機関も、核兵器の爆発が直ちにもたらす人道面における緊急事態に対応し、被害者に対して十分な救援活動を行うことは不可能であり、そのような対応能力を確立すること自体も不可能であると思われること、Ⅱ．核兵器の影響は即自的にも長期的にも壊滅的な結果をもたらすことはこれまでの歴史が実証しているところであり、政治状況が変わっても核兵器の潜在的破壊力に変わりはないこと、Ⅲ．核兵器の爆発の影響は国境を越え、地域的にも世界的にも国家や市民に重大な影響を及ぼすこと、である。こうしてオスロ会議は、人道的アプローチの礎となるメッセージを創出し、核兵器についての従来の国際政治的観点からの議論を人道的観点からのそれへとシフトさせたことで、高く評価されている。

このことは、続く二〇一三年四月から五月にかけて開催された二〇一五年ＮＰＴ再検討会議第二回準備委員会における共同声明においても、次のように表現されている。

二〇一三年三月、オスロで開催された核兵器の人道的影響に関する会議は、核兵器の爆発の影響について事実に基づく議論に取り組む場を提供しました。会議が広範な参加者を得たことは、爆発の壊滅的な影響がすべての人々にとって憂慮し、関連するものであることを反映しています。専門家と国際機関から示されたメッセージは、いかなる国家、国際的な団体も、核兵器の爆発が引き起こす人道的緊急事態に取り組むことができず、犠牲者に対する適切な救援を提供できないというものです。……核兵器が再び使用されないための唯一の方法はその廃絶を通じてです。……核兵器の人道的影響に対応することは絶対に必要なことです。(Second Session of the Preparatory Committee for the 2015 Review Conference of the Parties to the Treaty on the NPT, *Joint Statement on the humanitarian impact of nuclear weapons*, 24 April 2013)

これ以前のＮＰＴ再検討会議第一回準備委員会(二〇一二年四～五月)の同様の共同声明には一六カ国、同年の国連総会第一委員会(二〇一二年一〇月)における共同声明には三四カ国が名を連ねていたのが、上記のオスロ会議後のＮ

ＰＴ再検討会議第二回準備委員会（二〇一三年四〜五月）の共同声明には八〇カ国、さらに同年の国連総会第一委員会（二〇一三年一〇月）の共同声明には一二五カ国と参加国数が増加している。オスロ会議をフォローアップする会議がメキシコ、オーストリアでも開催されており、直近のウィーンでの会議には一五八カ国の政府代表、国連、国際赤十字、ＮＧＯ、専門家等が参加している。二〇一五年のＮＰＴ検討会議も合意文書の採択には至らなかったものの、会期中、多くの参加国が人道的アプローチへの支持を表明し、オーストリアが発表した共同声明には一五九カ国が賛同しており、人道的アプローチの勢いは着実に高まり続けている。

考　察

人道的アプローチ以前にも、核兵器の非人道性を憂慮する試みは複数あった。例えばそれは、一九五五年ノーベル賞受賞科学者らによるラッセル・アインシュタイン宣言や、一九八五年「核戦争がもたらす壊滅的な結末についての権威ある情報を普及し、関心を高めたことに偉大なる貢献を果たしたこと」を理由にノーベル平和賞を受賞した、核戦争防止国際医師会議（ＩＰＰＮＷ、一九八〇年設立）といった団体等による運動である。その意味で必ずしも、この人道的アプローチが全く新しい核兵器の非人道的な側面を明るみにし、それを憂慮する声を上げたことだけが、勢いの要因となっているわけではない。それでは今、人道的アプローチが注目される背景には何があるのだろうか？

一つには被爆七〇年という時間の蓄積の中で、核軍縮が遅々として進んでいない現実が挙げられる。一九九六年のＩＣＪ勧告的意見が「自衛の極限の状況下では明確な判断を下すことができない」として絶対的な違法という明言を避けたことは、ある意味、当時の核軍縮の進展に対する期待（もしくはより消極的な意味では、国際政治の動きに水を差すことを避ける判断）であったと考えることもできるのではないだろうか。その意味でこの勧告的意見が、国連総会からの意見要請（核兵器の威嚇・使用は国際法上いかなる場合に許されるのかどうかについての）範囲を超えて「核軍縮に導く交渉を誠実に遂行し、かつ完了させる義務がある」と一四人の裁判官全員が一致した意見を示したことは、その期待の表れとみることもできる。しかし、勧告的意見から二〇年近くの時が経とうとしているが、核軍縮は一向に進展の兆しをみせない。この時間の経過の中で蓄積されてきた「苛立ち」が、人道的アプローチの勢いを促している。そしてこの苛立ちはまさに、原爆訴訟における原水爆禁止運動やICJ勧告的意見における世界法廷プロジェクトといった形で作用した動きと同じものであり、人道理念が浮上する背景には、常に、こうした市民の力が原動力にあることがわかる。こうした力学は、同じく非人道的な兵器と位置づけられた地雷(一九九四年の対人地雷禁止条約)やクラスター弾(二〇〇八年のクラスター弾に関する条約)について、それらを禁止する条約が、NGO等の市民社会の率先により成立した例にもみることができる。

また、今日の国際情勢の変化に伴い、核兵器が使用されるリスクの高まり、そしてその取り返しのつかない壊滅的な影響に対する認識の高まりが、人道的アプローチの勢いを促している。簡潔に言えば「核抑止力」を訴えるメリットよりも、核兵器が一度でも使われてしまえば取り返しのつかない結果をもたらし、それがある意味で誤って(「正しい使用」というものがあるのかどうかは別にして)使用されてしまうことのリスクへの懸念が上回ろうとしている。その背景には、「核保有国」と「非核保有国」という主権平等の理念に反する不平等なNPT体制、そしてNPT体制外で核兵器の保有を公然と認める国家の存在といった制度そのものの欠陥や、米露、中東、北東アジアなどの安全保障情勢の緊張化、また、テロリスト等の非国家主体による核兵器使用の恐れ、さらには核兵器管理システムの老朽化等に伴う技術的な誤作動とそれを意図したサイバー攻撃のリスクの高まり、といった諸問題がある。これらはまさに伝統的な国際政治上の考慮には浮上してこなかった問題である。

これと並んで、現代の核兵器のさらなる非人道的側面が様々な角度から明るみにされている。とりわけオスロ会議をはじめとする一連の「核兵器の人道的影響に関する国際会議」は、広島・長崎の被爆の実相のみならず、これまでWHOやIPPNWをはじめとする様々な機関が蓄積してきた研究に基づき、複数の観点から、核兵器の今日的な非人道的側面を広く明るみにすることに貢献した。言い換えれば、これまでそうした研究成果は常に更新され、公にされていたにもかかわらず、それらが核軍縮の考慮において顧みられることはほとんどなかった。長い間、核兵器にまつわる問題は、「核抑止力」や「国家の安全保障」などといった高度に抽象的で、核保有国目線の考慮だけに閉じられていた。そこに人道的アプローチは、核兵器の非人道性という現実的な側面を明るみにすることで、議論の担い手を核保有国から非核保有国や市民目線のものへと大きくシフトさせたのである。これに上述の国際情勢の変化も加わったことで、人道的アプローチの勢いの要因となっている。

さらには核兵器使用の歯止めとなる国際人道法そのもののの進化にも注目すべきである。原爆訴訟が世に出て既に五〇年余りが経過するが、今日の国際人道法は、戦争法と呼ばれていたその萌芽期よりもはるかに多くの条約の成立と国家の加盟を得ており、より高い普遍性を備えている。人道的アプローチは、原爆訴訟やＩＣＪ勧告的意見が示した戦闘の方法・手段から導かれるハーグ法の諸原則（区別の原則、不必要で無差別な兵器の使用禁止）のみならず、ジュネーブ法の観点からの考慮（被爆者に対する人道的対応能力の欠如）も、核兵器と両立しない国際人道法の基本原則として位置づけている。その背景には、伝統的な国際法が国家の利害に基づく相互主義的（契約的）な関係を基本構造としていたのに対し、現代国際法が「人間の安全保障」といった概念をとりいれ、個人の命と尊厳を至上価値とする体系に移行しつつあることも少なからず影響している。これを敷衍して、国際人道法の中核を成す一九四九年のジュネーブ諸条約共通一条が「すべての場合において、この条約を尊重し、且つ、この条約の尊重を確保すること」として締約国間の相互主義には基づかない、いわゆる「対世的義務（obligation erga omnes）」を定めていることを発展的に解釈したい。つまり、国際人道法とは両立しえない核兵器に対して廃絶のための行動をとることは、まさに条約の精神を「尊重し、尊重を確保する」ために求められる具体的行動として位置付けることができるのではないだろうか。

人道的アプローチが今後どのような展開を見せていくのかは、現時点ではまだ不透明な部分もある。核兵器廃絶という究極的な目標を達成するための道筋も多様である。例えば、核保有国抜きで核兵器使用禁止条約を先につくってしまうのか、もしくは、核保有国を巻き込んだ形での条約形成の道筋を模索し続けるのか。また、条約の形態にしても、核兵器の使用のみを先行して禁止する条約にするのか、もしくは、その保有禁止や廃絶までをも含む包括的な形にするのか。こうした複数の道筋のいずれに舵を向けていくのかについて、人道的アプローチはまだ答えを見出していない。極端な見方をあえてすれば、結局のところこのアプローチは、これまでの歴史の中でも繰り返されてきた核兵器廃絶キャンペーンの焼き増しに過ぎなかったという結末を迎えることも、ありうるのかもしれない。

ある論者は人道理念を「一般的にいって人道観念の根幹は、人間が人間であるという、一見ごく平凡な内容であるが、それが基本的人権の底流として、権利として保障されない人間的諸価値を保護、救済するための引照基準」（田中忠「人道観念の諸相」）と定義した。また、ＩＣＲＣの元副委員長で一九四九年のジュネーブ諸条約の起草にも大きな貢献を果たしたジャン・ピクテは、マルテンス条項に含まれる原則が「生きた肉体の骨格であり、予測できない事態においても指針を与え、全体を完璧に要約し分かりやすく、普及するためには不可欠なもの」と定義した。人道的アプローチはまさに、いまだ「権利として保障されない人間的諸価値」や「生きた肉体」が現代において何を意味するのかを再定義するプロセスになぞらえることができるのではないだろうか。その意味で、人道的アプローチの趨勢が仮に一過性のものだとしても、人間の命と尊厳を脅かすものがこの世界にある限り、核兵器の問題に限らない「予測できない事態」への真の〈人道的アプローチ〉の営みに終わりはないように思われる。（了）

参考文献

黒澤満『核兵器のない世界へ――理想への現実的アプローチ』東信堂、二〇一四年

ジャン・ピクテ著、井上忠男訳『国際人道法の発展と諸原則』㈱日赤会館、二〇〇〇年

藤田久一『核に立ち向かう国際法』法律文化社、二〇一一年

下級裁判所民事裁判例集一四巻一二号

International Court of Justice, *Legality of the threat or use nuclear weapons*, Advisory Opinion of 8 July 1996

John Borrie and Tim Caughley eds, *Viewing Nuclear Weapons through a Humanitarian Lens*, UNIDIR, 2013

Beatrice Fihn ed, *Unspeakable suffering*, Reaching Critical Will, ican, 2013

特集2：戦後七〇年―元従軍看護婦たちの証言　日本赤十字国際人道研究センター主催　戦後七〇周年記念講演会

一六歳・新人看護婦が見たフィリピン

講師：木村　美喜　氏
（元日本赤十字社第三〇一救護班救護員）

第二次世界大戦の終戦から七〇年を迎えた二〇一五年は、先の戦争体験を次世代に語り継ぐ様々な催しが各地で開催された。そうした中、日本赤十字国際人道研究センターが主催する「戦後七〇周年記念講演会～一六歳・新人看護婦が見たフィリピン」が平成二七年九月七日に木村美喜氏を講師にお招きして日本赤十字社本社において開催された。

戦争体験を語ることのできる先人たちの高齢化が進む中、貴重な体験談に耳を傾けようと一般の方々や日赤職員、メディア関係者など約一五〇人が会場を訪れた。

度重なる空襲、飢餓、同僚の死など極限状況下で過酷な救護活動にあたった元戦時救護看護婦の体験講演は、戦争の悲惨さと平和の尊さを改めて噛みしめる機会となった。

木村　美喜氏

木村美喜氏　プロフィール

一九二八年（昭和三年）二月一五日　埼玉県桶川市に生まれる
一九四二年（昭和一七年）四月二日　日本赤十字社埼玉支部救護看護婦養成所入学
一九四四年（昭和一九年）三月　卒業（通常は三年間だが、一年繰上の二年で卒業）　八月　一六歳で日本赤十字社第三〇一救護班救護員としてフィリピンに派遣され、マニラの陸軍病院配属。
一九四五年（昭和二〇年）四月　米軍の空襲・上陸にともない中部山岳地帯への逃避行。　八月　終戦（一七歳）
九月　米軍捕虜収容所に収容
一二月二九日　復員
一九四七年（昭和二二年）五月　助産婦（産婆）免許取得　大宮日赤病院にて助産婦として勤務
一九五九年（昭和三四年）六月　結婚して三人の子供に恵まれる。子育てをしながら、地元の産科で助産婦として活動
一九九二年（平成四年）四月　埼玉県ナース赤十字奉仕団のメンバーとして活動

一六歳の夏。応召しフィリピンへ

皆さん、こんにちは。今、ご紹介いただきました木村と申します。

私は太平洋戦争の末期、昭和一九年の三月に日本赤十字社埼玉支部救護看護婦養成所を卒業し、その年の夏、召集令状を頂いて従軍致しました。当時の話をこれからさせていただきますので、どうかよろしくお願い致します。

私は昭和一九年七月二九日の朝に召集令状を頂いて、八月一日、日赤埼玉支部に召集されました。この時召集になったのは全部で一〇名、行き先はフィリピンの陸軍病院ということでした。当時、マニラの陸軍病院には第三〇一救護班、埼玉班一個班二六名が既に配属になっておりました。そのうちの一〇名が任期を終えて内地にお帰りになるというので、その交替要員として召集されたのが私たちでした。

八月四日、広島の連隊に入隊し、陸軍軍属となりまして、当初は七日が内地出港ということだったのですが、大幅に遅れて八月一八日の夕刻に乗船命令を頂き、一九日の朝、旅館を発って宇品港へ参りました。はるか沖に赤十字の旗を靡かせた病院船「橘丸」が見え、その雄大さに感動い

たしました。しばらく埠頭で待たされていましたが、その間、じっと自分の足元を見つめていると、「ああ、もうこれで日本の土を踏むのは最後かなあ」と思い、胸がじーんと熱くなって、涙が止まりませんでした。

早くも魚雷攻撃の洗礼

午後になって、病院船に乗船でき、翌二〇日午前四時、汽笛がボーと遠くまで鳴り響き、錨が早々と引き上げられ、船は静かにすべり出しました。この時からわずかながら船酔いが始まりました。四国と九州の間を通って南九州を回り、ひとまず下関に到着し、ここで燃料と食糧を積み、白衣を着た傷病兵約六〇名を乗せまして、翌二一日の朝、台湾の基隆に向けて下関を出港致しました。そして、午前中に基隆に着きまして、こちらの陸軍病院へ患者さんの送り込みをして、午後からフィリピンのマニラに向けて出港したのです。この時の基隆の港には、日本の兵隊さんを乗せた輸送船が何隻も停泊しておりました。私たちが乗っている病院船が先に出港しますので、輸送船の上の兵隊さんたちは私たちに「頼むぞー、頼むぞー」と何度も繰り返しながら、船が見えなくなるまで見送ってくれました。

いよいよ私たちは太平洋の大海原に出たのですが、非常に波が荒く、慣れない蒸気臭とペンキの臭いでたちまち船に酔ってしまいました。夜になって波も静かになり、点呼のために甲板へ集合したのですが、船酔いで身体が前後に揺れ、立っているだけでも容易なことではありませんでした。そんな中でも夜空を見上げると、満天の星空が広がっており、生まれて初めて見る南十字星は一際美しく輝いて見えまして、乙女心にも感動致しました。しかし、来る日も来る日も海の上からは島ひとつ見えません。夜明けには東の方から真っ赤な太陽が昇って海面を照らし、夕方になると西の水平線の彼方に沈んでいきました。

そんな日が幾日か続いたある夜のこと、突然、非常ラッ

南方派遣救護看護婦の夏の制服・制帽
水色のウールで仕立てられ、左腕に赤十字の腕章を付けています。昭和一九年八月（一六歳六カ月）

パが鳴って、制服の上に救命胴衣、腰にナイフと命綱を着けて集合すると、真っ暗闇の太平洋上に真っ赤な炎が見え、私たちの目の前で、敵の魚雷にやられた護衛船が斜めに傾きながら、刻一刻と沈んでいくではありませんか。そこから兵隊さんたちの「助けて、助けて」という叫び声が聞こえてくるような気がしました。私たちの乗っている病院船の船底の辺りにも魚雷が行ったり来たりしていました。私はこの時、全く泳げませんでした。こんな恐ろしいことがこんなに早くやってくるなんてと思うと、死ぬのが怖くなってきました。しかし、その時、病院船は全速力で逃げるようにという指示が出まして、私たちは後ろ髪を引かれるような思いでその場を去ったのです。このときに急速に前進したおかげで、予定よりも一日早い八月二七日の午後、マニラ港へ到着できました。日本の兵隊さんや原住民のお子さんたちが日の丸の小旗を振りながら、「万歳、万歳」と迎えてくださったのがとても嬉しく、また近しさを感じました。その日の夜は病院の営外宿舎に泊まり、翌朝、書記殿の出迎えを受けて、配属になる病院へ向かいました。

マニラの南方第一二病院に配属

ここで少し部隊の紹介を致します。フィリピンは第一四方面軍、山下奉文《ともゆき》閣下の指揮下でした。部隊名は比島派遣威第一〇六一二部隊。配属された南方第一二陸軍病院は日本陸軍が各南方の前線から全ての傷病兵を収容するために設置した、東洋一と云われた立派な施設で、本院と第一分院、第二分院、第三分院の四つの病院で構成されていました。将校が一五〇名、うち軍医が一〇〇名、上等兵以下兵士一、八〇〇名、看護婦は日赤看護婦と陸軍看護婦を合わせて一、〇〇〇名という大所帯で、今回派遣された私たち一〇名のうち、八名は第一分院（通称ケソン病院）、二名は第二分院へ配属が決まり、第一分院勤務の私たち埼玉班八名は病院敷地内にある宿舎へ案内されました。宿舎へ着きしばらく経ちますと婦長殿が参りましたので、早速に着任の挨拶を致しました。昼になると先輩たちが次々にお帰りになり、その中には私が養成所の生徒だった頃の先輩がいらっしゃり、優しく声を掛けてくださって大変懐かしゅうございました。午後は婦長殿に連れられて部隊長殿に中告に参りました。部隊長室の前ではとても緊張したことを今でも覚えております。中告後、部隊長殿から「このケソン病院は各南方前線からの全ての傷病兵を収容し、治療を受けて治癒した者は部隊復帰、重症患者は毎月一回マニラ港

南方第12陸軍病院（ケソン病院）
（アンリー・デュナン教育研究所・編「ほづゝのあとに」より）

より内地後送の病院船が出るので、治療を受けながらそれに乗って内地に送られる。そういったしくみになっているので、一回の退院数、入院数は大変な数でとても忙しいが頑張ってほしい」というお話がございました。

ご挨拶回りが終わり宿舎に戻りますと、部屋割りと配属部署が発表されました。通常一個班はまとまって同じところに勤務するのですが、埼玉班の勤務先は全員ばらばらでした。

私は歯科外来の勤務を命じられ、翌二九日の朝、婦長殿に連れられて、歯科外来にまいりました。部隊というところは厳しくて、兵隊さんもとても怖いと思い込んでおりましたが、実際勤務に就きますと軍医殿も衛生兵さんも優しく親切でいらっしゃいましたし、病院の設備も素晴らしくて、私はこんな立派なところで勤務できることを誇りに思いました。外来勤務でしたから、夜は他の科に当直にまいります。病棟は東と西に分かれておりまして、東側が外科病棟、西側が内科病棟になっておりました。周りの方が温かく見守ってくださる中で、私は一生懸命ご奉公させていただきました。

空襲の火傷患者を

　しかし、そんな穏やかな日々は長くは続かず、マニラに上陸して一カ月もしない九月二一日、マニラ市街は初の大空襲に遭ったのです。日本軍はそれまでずっと勝ち続けておりましたから、充分な準備が整っていなかったらしく、大きな被害を受けてケソン病院にも負傷した患者さんが運ばれてきました。私はその対応で担当病棟以外の勤務も致しました。

　一カ月後の一〇月二〇日過ぎには、マニラ湾に日本の兵隊さんを乗せた輸送船が何隻も停泊しているところを空襲されました。船の上の兵隊さんたちは自力で上陸しようとして、救命胴衣を着け湾内へ飛び込んだのですが、そこへ火を点けた重油缶を空から落とされて、湾内は火の海となってしまいました。頭の先から足の爪先まで真っ黒に焼け焦げ、着ている軍服も救命胴衣もぼろぼろです。顔や手など着ているものから出ていた部分は皮膚が全てベロンと剥げてぶら下がり、全身が海水でびしょびしょなので、どこから手を付けてよいのか、わからない状態でした。私はこの夜、東の将校病棟で当直をしておりましたが、病棟は満床だったので、廊下にマットレスが敷き詰められ、運ばれた患者さんは次々にそこへ寝かされました。衣服を脱がし全身の清拭、火傷処置、大量輸液と、軍医、衛生兵、看護婦の病院総力で手当てにあたり、不眠不休、食事をとる暇もなく全力で患者さんの治療看護にあたったのですが、何といっても全身火傷という重傷患者さんばかりです。片端から熱発して脳症を起こし、ほとんどの火傷患者さんは亡くなっていったのです。

　ある一人の患者さんが息を引き取る前に、やっとの思いで私の手を握って、「戦場に来て、日本の女性の方に会えるとは思わなかった。どうもありがとう」と言葉を残して逝かれました。その兵隊さんはおそらく私を母親とか肉親に思えたのではないでしょうか。

　その時、私は初めて戦争の恐ろしさと地獄を見たような気がします。

「救護員も兵員なり」

　それからというもの、ケソン病院の上空にもだんだんと敵機が現れるようになり、度々空襲が起こるようになりました。この頃から病院内の衛生兵さんは次々に本科転属

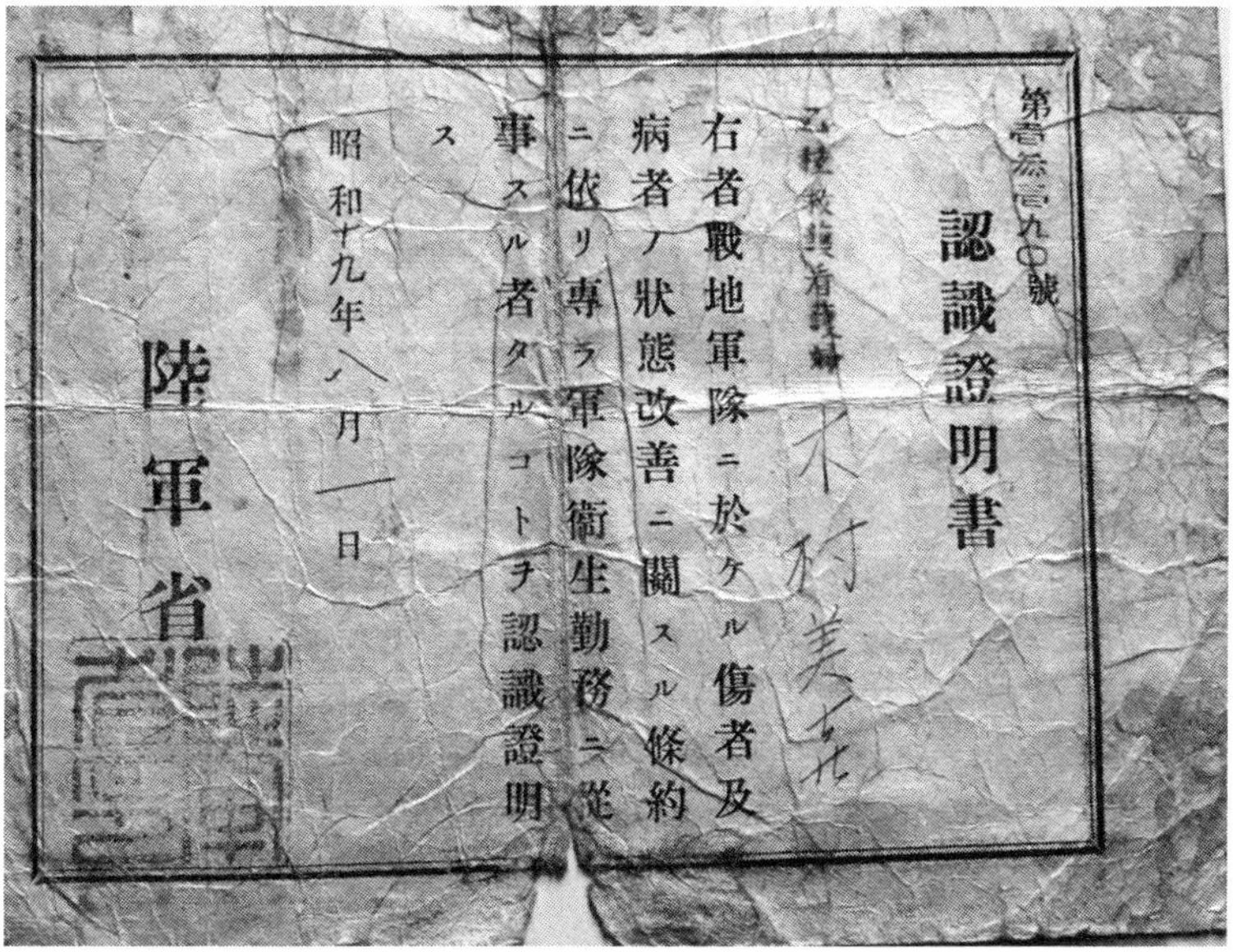

第壱[illegible]九〇號

認識證明書

乙種救護看護婦　木村美[illegible]

右者戰地軍隊ニ於ケル傷者及病者ノ狀態改善ニ關スル條約ニ依リ專ラ軍隊衛生勤務ニ從事スル者タルコトヲ認識證明ス

昭和十九年八月一日

陸軍省

陸軍省認識證明書

となり、いなくなっていきました。私たち隊員も外出禁止、食糧事情も次第に悪くなり、夜間、宿舎のベランダに小銃の弾がバンバン、パキパキと飛んでくるようになりました。

そんな状態が続いた中、一二月になると、先輩が「救護班は内地に引揚げになるらしい、もう本院では殆ど準備も整っている」という噂を聞いてきました。一二月二〇日、突然、病院船「高砂丸」が日本へ向かうということで、内地へ帰られる患者さんたちは慌てて支度をして車に乗りマニラ港に向かいました。するとその日のうちに軍司令部の山下閣下から「救護員も兵員なり。女性といえども、最後まで戦い、担送患者の一人でも多く内地後送すること」と伝達があり、私たち救護班の内地引揚げは無くなりました。

一二月二五日にはケソン病院を兵站病院に譲ることになったので、ケソン病院解散式が行われ、埼玉班は翌二六日に本院へ向かいましたが、着いてみたら、そこはもう中がガラガラで何も残っていませんでした。何もやることがなかったので数日のんびりして、二九日の午後、軍隊から一台のトラックが来たので、班はそれに乗ってマニラから北の方向にあるカロカン飛行場へ移動しました。夜になっても、その後はどうなるのかを知らされていなかったので待機していたら、やがて何十台ものトラックの自動車隊が私たちを迎えにきてくれました。トラック一台にひとりの割合で乗せていただいて、今度はバギオへ向かいました。

バギオはマニラから北に二五〇キロ、標高一、七〇〇メートルの山の上の盆地です。空襲を受けながら昭和一九年は終わり、昭和二〇年一月二日、埼玉班はバギオ南方第一二陸軍病院第三分院、山の手分院に到着しました。ここまでの移動の途中、他の班や一般邦人の方々は爆撃に遭い、亡くなられた方もいらっしゃったそうです。

バギオの兵站病院に転進

バギオは松の都と呼ばれ、松の林に囲まれております。珍しいことに、日本の松の葉は二本ですけれど、バギオの松の葉は三本です。ベンゲット道路に沿ってバギオに近付くにつれ、松の香りが漂ってきたときには日本に帰ってきたような気がして嬉しくなりました。バギオは日本の春と秋のような、とても良い気候で世界各国人の避暑地であり、モダンな別荘がたくさん建っていました。私がバギオに来て一番嬉しかったのは空襲がなかったことです。ここで早速病院勤務に就き、プレハブの病棟ですから、ケソン病院にいた時のようにはいきませんが、不自由しながらも毎日無事に過ごすことができました。

郊外にはバギオで一番大きな病院、第七四兵站病院があり、今度はそこを陸軍が指揮することになりましたので、私たち埼玉班は一月二二日にそちらの病院に移動しました。マニラにいたときは第一分院と第二分院に分かれて勤務していたのですが、今度は一個班まとまって同じ勤務場所に配属され、全員同じ宿舎へ入ることになりました。看護婦養成所で一緒だった同級生三人で隣同士にベッドを並べ、就寝前にお喋りをして、両親のこと、故郷のお祭り、名物など話は尽きなく、「今夜は夢でもいいから、お父さん、お母さんの夢を見ましょう」と言って笑顔で眠りに就きました。これがふたりとの今生の別れとなりました。

赤十字旗めがけて爆撃

翌二三日の朝、空は真っ青に澄んで、とてもお天気の良い日でした。今日からみんなで同じ病棟に勤務できるというので、張り切っていました。申し送りも終わり、勤務が始まってしばらく経ちますと、院内すべての水道から水が出ないということで、私と同級生の吉田さんは婦長殿に水汲み使役を命じられました。来たばかりで院内の様子や施設のことは全然わからなかったのですが、正門の近くに井戸があることを聞き、バケツを持って向かうと、各部署から水汲みのために人が集まっており、二人一組でバケツを運んで水汲みを始めました。私も吉田さんと組んで、水汲みをしていたのですが、途中、彼女が病棟に用事があると言ってその場を離れたので、ひとりになった私は他の班の人と組んで水運びを続け、一一時を過ぎる頃、病棟の方では飯上げが始まっていました。その時、突然、爆音がしまして、正門前の向かい側の上空に爆撃機が大連隊を組んで飛んできました。そのうちの一機が私に向かって飛んでくるようで、思わず「あっ、危ない」と叫び、震えが止まりませんでした。病棟の屋根の上には大きな赤十字のマークがいくつもいくつも付いているのですが、爆撃機はその十字を目掛けて次々と五〇〇キロ爆弾を落としていったのです。(注：文末の質疑応答を参照)まるで空から黒い卵が降ってくるようでした。私たち水汲み使役はバケツを放り出し、すぐ近くに物置小屋があったので、そこへ駆け込んで壊れたベッドや椅子の中へ頭を突っ込み、人のお尻の後ろに頭を突っ込んで、みんな頭隠して尻隠さずといった状態でした。病棟の方ではドンドン、バリバリとものすごい勢いで爆撃が続いております。

爆風で塵埃が飛び、物置の屋根が突き破られ落ちてきました。煙と熱風と土埃でとても煙くて熱くて、いつまでもそんなところに潜っていられません。しばらくして、恐々顔を出してみると、火の海になっている病棟が見えました。瓦礫の中で患者さんが「助けて、助けて」と叫んでいるのが聞こえます。そして、目の前で焼け落ちる梁が看護婦さんの頭を直撃して脳みそが方々に散らばっていきました。私は空襲の合間に、兵隊さんと力を合わせ、瓦礫の中に埋もれた患者さんを救出して、すぐ近くのU字溝へ避難させました。しかし、天井のない壕が怖くて患者さんはすぐに外へ這い出てしまい、敵機に見つかって次々と虱潰しに機銃掃射で撃たれて亡くなりました。

同僚の死と空襲下の救護

日が暮れて空襲が止み、焼け落ちた瓦礫の上には月が煌々と照りつけていました。まだまだあちらこちらから赤い炎が見え、煙がたなびいておりました。夜一一時過ぎ、救護班に点呼命令が出ました。私はお腹がすくのも忘れて、宿舎に向かって走りました。私たちの宿舎は十字のマークが付いていなかったので、爆撃を受けずに残っていました。

宿舎から自分の分と同級生ふたりの雑嚢を背負って集合場所へ行きました。その時は埼玉班二六名中、一〇名しか集まっていませんでした。同級生のふたりを必死で探しましたが、とうとう出てきませんでした。後日発表がありまして、埼玉班は九名が爆死、二名が負傷して本院に送られたということです。爆風で目をやられて瓦礫の中で動けない人、脚の上に梁が乗って身動きができない人、爆撃開始から意識を失ってそのままでいた人たちは後で救出されました。生き残った患者さんたちはみんな本院に送られまして、兵隊さんと救護員たちで空襲の合間を見ながら、遺骨の収集、遺体の収容、瓦礫の後片付けをしました。

一月二七日の午後、病院の裏山に大きな穴が二つ用意され、そこへ亡くなられた方々を埋葬いたしました。書記殿が救護員のご遺体をひとりずつ抱いて、葬ってくださいました。そこには墓標が立てられ、穀物と生花が供えられました。私は同級生ふたりに鏡や櫛といった洗面道具、お裁縫箱、雑嚢その他できるだけのものを持たせてやりました。そして、このふたりのお骨は何としても内地にいらっしゃるご両親のもとにお届けしなければいけないのだ、だから私は絶対死んではいけないのだと自分と約束をしました。

翌二八日、もう二度と話すことができない兵隊さんや先輩、同僚にお別れをして、元いた山の手分院に戻りましたが、山の手分院は道路際の民家の空家に移っていました。病院は屋根があるというだけで中には伽藍堂のように何もありません。一階と二階の床の上にはただ毛布が敷かれただけで、患者さんたちはそこにごろごろと寝かされていたのです。崖下の一階が私たち埼玉班の宿舎にあてられました。しかし空襲が激しいので、昼間は室内にいることが出来ません。朝になると患者さんを連れて、山の中に入り、大きな木の下や窪地や草むらに避難し、空襲の合間を見ながら患者さんを見回って、身の回りのお世話をしたり、薬を飲ませたり、時には患者さんの水筒を集めて、谷間まで水汲みに行っていました。そんな時に敵機が攻めてくると、患者さんに「看護婦、動くな、じっとしていろ」と怒鳴られたこともありました。

瓦礫の山となった病院。遺体処理に追われる

包帯交換は衛生材料が乏しいので、毎日交換することができません。傷口に蛆虫が湧いてどんどん大きくなり、取っても、取っても取りきれません。患者さんが「痛いよ、痛いよ」と泣いているので行ってみると、包帯の隙間からゴ

キブリが入って、傷口に噛み付き、膿を食べてどんどん大きくなっていきます。その頃はもう病院から食事はほとんど出ていなかったので、患者さんは次々に栄養失調で亡くなっていきました。

また、わたしたちの病棟の道路の反対側にフィリピン大統領の官邸がありましたが、軍から「二月一三日には官邸の周辺が爆撃されるから、埼玉班は重傷患者さんをひとりも残さず避難するように」と命じられました。案の定、朝から敵の飛行機が機体をきらきらと輝かせながら襲来し、ドンドン、バリバリと爆撃が始まって、白煙が昇っています。日直が途中まで見に行くのですが、とても危険で近寄れないということでした。日が暮れて帰って来ますと、病棟は瓦礫の山となり、変わり果てていました。その日の夜からもう家がないので、私たちは道路際の石垣の下にテントを一つ張って、みんなで肩を寄せ合い、石を枕にして一夜を過ごし、それからは野宿でした。兵隊さんに協力していただき、横穴の壕を掘って、夜は穴ぐら生活を送りました。電気なんてありませんから、日が暮れる頃には全ての仕事を終えなければならないのです。

この頃、日本軍はベンゲット道路に沿ってバギオを目指して移動しておりましたが、そこを次々と攻撃されていました。自動車隊が患者さんを移動させていましたが、そのうちの半分くらいは爆撃で亡くなってしまいました。その遺体の処理をするのは、すべて看護婦の仕事でした。私は生まれたときから街育ちだったので、穴掘りなんて全くしたことがありませんでした。掘る道具は無いし、山の土は固いし、食べるものは支給されず、体力は消耗するばかりです。穴を掘るのは相当な重労働でした。先輩から度々気合いを入れられたことは未だに忘れられません。

短髪、兵隊姿でバギオ脱出

やがて、救護班に戦闘服とゲートルが渡り、婦長殿が看護婦の髪を短く刈って、私たちは兵隊の格好をしました。女性は見つかると殺されるというので、男装したのです。会話は小さな声で、無駄口はきかないように命じられました。私たちはマニラを出て以降、ショックと栄養失調で全員生理が止まってしまいました。しかし、後になって考えると、終戦までのジャングル生活では却ってそれがよかったかもしれません。とにかく日増しに空襲は激しくなる一方で、昼間は敵の戦闘機と伴に観測機が飛びますので、私たちはずっと観測されているのです。どんなところに隠れていても攻撃されて、二四時間命を狙われ、生きている地獄と言っても過言ではありません。

あちらこちらで爆撃が続いていた四月一六日の夕刻、「今晩中にこの山を出なければ捕まってしまうので、今から二時間後にバギオを脱出する」と通達がありました。私たちは壕に戻って、わずかな着替えと日用品を衣嚢に詰め、私物の殆どは中に残して壕の入り口を塞ぎました。そして、私は集合場所に着いて、自分でも思ってもいないのに「婦長殿、胸が苦しい」という言葉を発してしまいました。婦長殿からは「あんたは今日から一番先頭で歩きなさい」と厳しい言葉が返ってきました。大さじ一杯の食塩、少量の乾パン、テントと毛布各一枚ずつが配られ、これが部隊からの最後の給与となりました。

その夜は月が無く、真っ暗闇の中を衛生兵さんが患者さんを引率し、救護員はその後に付いて歩くのですが、暗くて前は見えませんから前を歩く人の気配を辿りながら歩き、休憩中は前の人に捉まっていました。そうしないと眠り込んで置いて行かれるからです。残されるというのは、もう命がないということです。夜の間は眠らずに歩き続け、朝になると患者さんを山の中でお世話して、合間に休養を取りました。

死と恐怖のジャングルを彷徨う

軍からは何の説明のないまま、ボントック街道を突き進んで、四月二七日には街道五一キロ地点を通過致しました。このボントック街道の四〇キロ、五〇キロ、六〇キロ地点で、ほとんどの重症患者さんが亡くなっていきました。

五月一日、九〇キロ地点で、「ジャングルの中に前進するように」と指示がありました。どうやら部隊はジャングルを通って港へ向かい、そこから日本へ帰るという計画だったようですが、四方からゲリラに攻められ、逃げ場もなく目的地へ到達するのは困難でした。道無き道を草を掻き分けて歩き続け、片方は絶壁で、もう片方は千仭の谷、一歩足を踏み外したら、もう命が無いのです。道幅が狭く、岩につかまり、這うように歩いての行軍です。軽い荷物しか背負っていないのに、肩が痛み、胸が苦しく死にそうでした。けれども、患者さんを連れているのです。班のみんなで声を掛け合って、なんとか乗り切り、爆撃を避けながら五月六日にタワガンに到着しました。

タワガンに着いて二、三日ゆっくりしていると、次は五月三〇日までにトッカンへ行くようにと指示されました。

しかしこの時、埼玉班の人たちは次々に熱発して動けなくなっていました。看護婦は患者さんを連れて歩かなければいけないのですが、熱発して腰に痛みがあるので、なかなか思うように進めません。途中、婦長殿が全く動けなくなり、「私を置いて行きなさい」と言い残して、亡くなられました。埼玉班はバギオの病院爆撃で一番多くの犠牲者が出ました。婦長殿は残った班の救護員たちに「こんな苦労をかけて申し訳ない。みんなを連れて一日でも早く内地へ帰りたい」と常々仰っておられました。そのようにご立派な婦長殿に医療を受けさせたいのに、何の手立てもありませんでした。食べるものも飲む水もないのに、ひたすら部下を思いやりながら亡くなっていかれたのです。どんなにか無念で残念だったろうかと思います。

六月になると、ジャングルは雨季に入り、雷雨の中を行軍していると稲妻が真っ直ぐに足元へ落ちてきて感電死しそうになったこともあります。道に迷い、豪雨でびしょ濡れになり、ふらふらな状態で元来た道を戻ることもありました。夜は河原や草の上で寝て、「白いご飯が食べたい。死にたくない。死にたくない」と言いながら眠りに就きました。誰かが故郷の歌を歌い始めると、他の人も一緒に歌い出すのですが、次第に歌声は涙声に変わっていきました。朝、目が覚めると、大きな山ヒルに脚の血を吸われて膨れ上がっていることも度々でした。患者さんも次々と亡くなっていき、私たちが連れて歩く数も僅かになっていきました。私の目の前にふたりの兵隊さんが寝ていて、ひとりの方は死んでいるかのように全く動かない状態でした。隣にいた兵隊さんが戦友の靴紐を解いて、靴を脱がせようとした瞬間、虫が鳴くような小さな声で「おい、俺はまだ生きているんだぞ」と呟き、その後亡くなりました。昨日隣に寝ていた人がどんどんいなくなり、大勢の患者さん、看護婦がこのジャングルの中で亡くなりました。こんな悲惨な戦争は二度としてはいけません。本当に辛いことでした。

飢餓の山中で終戦を知る

ある時、食糧調達のためにジャングルの中を歩いていると、海軍と陸軍が出会い、日本人同士なのに銃の撃ち合いが始まったのを目撃しました。何度も爆撃に遭い、逃げる最中に意識を失って、「美喜、死んではいけない」と母の声が聞こえ、母に助けられたこともありました。私たちは一番後続にいたので、食べられる草は前を歩く人たちに全部採られていて食べるものがありません。ガリガリにやせ細り、顔は青黒く、目ばかりがギョロギョロして、人相もすっかり変わってしまいました。栄養失調で弱っていく同僚がついに息を引き取った時、次は自分の番だ、死んだ後に持っていた荷物を見られたくないと思い、それまで大事に持っていた両親の手紙や家族の写真をそこで捨てました。

亡くなった同僚の亡骸に土をかぶせながら、その上に涙がぽたぽたと落ちました。寂しくて、悲しかったです。その友と別れて、翌日からもどこへ行くのかも知らないまま、部隊に付いて行軍を続けました。自分がどの部隊に所属しているかもわからない、支離滅裂の状態でした。

八月に入ると「いざとなったら、これで自決するように」と手榴弾が渡されました。

八月九日、もうひとりの婦長殿も餓死し、埼玉班は婦長のいない班、「親なし子」のような状態になりました。数日後、山の向こう側で飛行機が上空からビラを撒いているのが見え、ジャングルの中では紙一枚でも貴重なので、兵隊さんが拾いに行くと、手に取った紙には「日本軍ハ降伏セヨ」と書かれていました。

八月一七日、部隊から戦争が終わったことを知らされました。私はほっとした瞬間、熱発し、Aパラチフスとマラリアにかかってしまいました。今までどんなに苦しくても辛くても班の人たちと一緒に頑張ってきたのに、頭を上げることも身体を動かすことも出来ません。地獄に突き落とされたような悲しい思いでした。それから一週間後、高地の山の上に米軍の物資投下があり、先輩がそこから私のために抗生物質を持ってきてくれて、なんとか命拾いしました。

八月二九日、一緒に寝込んでいた同僚が最後に「死んで帰ればお母さんに会える、生きて帰ればお父さんに会えるから、どっちでもいいの」「白いご飯がお腹いっぱい食べたい」「白いおうどんが食べたい」と最後の言葉を残して、息を引き取りました。

死屍累々のジャングルを越えて

翌三〇日、米兵が案内に来て、私たちの部隊は埼玉班共々、山を降りキアンガンへ移動を始めましたが、私ともうひとりの同僚は熱発していたので残されることになりました。残されるというのは死ぬことだったのです。歩けないということは死ぬことだったのです。兵隊も看護婦も栄養失調でふらふらでした。あともう少しでも終戦が遅れていたら、部隊は全滅していたかもしれません。埼玉班もひとりも残っていなかったかもしれません。

部隊が去った次の日、ひとりの先輩が「歩けるところまで行きましょう」と言ってくれて、私たちふたりを連れ、山を降り始めました。食べるものもなく、熱発を起こした身体で険しい山道を歩くことは容易ではありませんでした。九月九日、共に熱発を起こしながら一緒に歩いていた同僚が私の腕の中で息絶えました。私よりもずっとずっと元気だと思っていたのに先に逝ってしまいました。「戦争が終わった。日本に帰れる」と言っていたのに、ここまで来ながら、両親や故郷を思いながら亡くなったのは、さぞかし無念だったことでしょう。そういう私も半歩前に足を出すことも大変で、二メートル歩くと座り込んでしまう状態でした。その度に先輩が「一足歩けば、一足日本に近づくのよ。一足歩けば、一足お母さんに近づくのよ。それでもあなたは日本に帰りたくないの？お母さんに会いたくないの？」「日本に帰りたかったら、歩きなさい。お母さんに会いたかったら、歩きなさい」――これを一日に何十回も聞かされました。私は母に会いたい一心で、歯を食いしばって歩きました。しかし、ジャングルの中には小さな川がたくさんあります。川の中で膝まで浸かりながら、先輩に「お願いです。私を置いて先に行ってください。私はこの水の中にいたら流されて、もう駄目です」と泣きながらお願いしました。私は、一度は「絶対死なない」と自分に約束しておきながら、もう限界だったのです。同級生ふたりのお骨を持っている。三人で死ぬのなら、何も怖いことはないと思ったのです。山を降りる道の両側は死体の山でした。南方のスコールと高温で遺体は腐敗して悪臭を放ち、そこには大量の蠅が湧き、蛆がお団子になっていました。一般邦人の女性がお子さんを抱いたまま、こイラになっているのも目にしました。兵隊や救護員だけでなく、大勢の一般邦人の方たちも犠牲になりました。

武装解除され、収容所へ

ジャングルの奥へ足を一歩前に出して進むと、道にイゴット族の大きな足跡がありました。彼らに見つかると殺されてしまうと思い、息を止めて一気に歩いて進みました。ようやくアシン河に辿り着くと大きな吊橋がかかっていましたが、ひとりずつ渡らないと重さで橋が朽ち落ちてしまうほど腐っていました。吊橋の丸太と丸太の間から足を滑らせて流れの速い濁流の中へ落ち、「助けて、助けて」と言いながら流されていく兵隊や看護婦が大勢いたそうです。河を前にして佇んでいると、ひとりの米兵が近付いてきて、「これが日本の赤十字のナースか」と私たちふたりの姿を見て、涙をこぼしてくれました。皆さんにこんなことを言うのは恥ずかしいのですが、そのアメリカの兵隊さんは本当に優しくしてくれました。濁流の中を腰まで浸かりながら河の向こう岸までロープを張り、背中に私をおぶり、先輩を抱きかかえながら河を渡ってくれました。岸辺には数人の米兵がいて、小さなテントが張ってあり、そこが武装解除の地点でした。私たちはまず簡単な身体検査を受け、持ち物は同級生の遺骨の入った袋を鋏で切ってまで中身を検査され、めぼしいものは全部没収されました。激しい雨が降る中、先輩と私は用意された担架に乗せられ、トラックでソラノまで運ばれました。屋根がないので、担架は水溜りになりましたが、それでも自分の足で歩かなくてもよいので助かりました。

ソラノからは違う車に乗り換えてバンバンまで行き、バンバンからは無蓋車に乗ったのですが、ここからはたくさんの兵隊さんと一緒でした。山の中に即席で作られた鉄道なので、部落の中をカタコト、カタコトとのんびり走っていきます。現地の大人と子供が傍に寄ってきて、「ジャパニーズ、バカヤロウ、ドロボウ」と繰り返し罵声を浴びせながら、私たちを目掛けて石を投げつけました。私たちは負けたのですから、しゃがんだままで抵抗することができません。後ろには米兵が銃剣を突きつけて監視をしております。そんな状態でしばらく乗っているとサトウキビ畑が広がり、その真ん中に収容所がありました。

一般邦人の女性、子供、私たち看護婦を収容する婦女子収容所が一つ、そのまわりには兵隊さんの収容所がいくつもあり、山下閣下の収容所もありました。私と先輩はすぐに病室に入れられまして、先輩は翌日、私は翌々日に退院しまして、埼玉班のいる収容所に入って、班の人たちに再会することができました。

幸いなことに、私たちは看護婦として技術を持っていたので、収容所の中でも米軍のドクターの指示の下に病棟勤務を致しました。ここでは病棟といっても全部テントの病棟でした。私は親や兄弟を亡くした小さな子供たちが収容された孤児収容所を担当しました。

一年半年ぶりに帰国、家族と再会

確か、復員は激戦地から順に始まったと記憶しております。大陸や南方に従軍した救護班は一個班ずつまとまって復員したのですが、フィリピンだけは大勢の看護婦が戦死したので、一艘の船に看護婦は一人だけしかいませんでした。一〇月の半ばから患者護送が始まり、埼玉班のひとりが患者護送員として復員されました。その方が日赤埼玉支部へ戦時中の出来事、収容所の中の様子を報告して下さったことにより、支部から私の両親へ「娘が無事保護されている」旨を記した手紙が送られました。

一二月一九日の朝、突然、私は残った班員一〇名中七番目に復員命令を頂きました。将校一名、軍医一名、衛生兵二名、看護婦一名が一、〇〇〇名の兵隊さんの護送員として編成され、マニラ港から内地へ向けて出港いたしました。一二月二五日に広島の大竹港に着いたのですが、この日はクリスマスだったので上陸できないということでした。目の前に日本を見ながら一夜を過ごし、翌二六日の朝、やっと上陸して大竹引揚援護局に入り、書類の手続きを済ませて援護局を出たのは二七日夕刻でした。列車で大竹から広島へ出て、南方へ派遣されたのは関西方面の部隊が多かったので、ここでそれぞれの故郷へ向かう兵隊さんたちとお別れをしました。私もその日のうちに東京方面の列車に乗りたかったのですが、この夜の列車は闇屋の人たちで溢れ乗車できませんでした。

常夏の国から帰ってきたばかりの着たきり雀の格好のまま、荒廃した広島駅のホームの地下壕で震えながら真冬の一夜を過ごし、次の日に高崎へ向かう兵隊さんとふたりで東京直行の列車に乗りました。

二九日午後三時ごろ、高崎線大宮駅のホームに降り、徒歩で埼玉赤十字病院へ参りまして、婦長殿に復員の申告をした後、浦和の日赤埼玉支部へ向かい、ここでも先ず復員の申告をして、同級生ふたりの遺骨をお渡しいたしました。このとき、私はほっとして、背負っていた肩の重荷を下ろしたような気持ちでした。

書記殿が制服を出してきてくれたので、それに着替えると、もう嬉しくて、嬉しくて、じっとしていられませんで

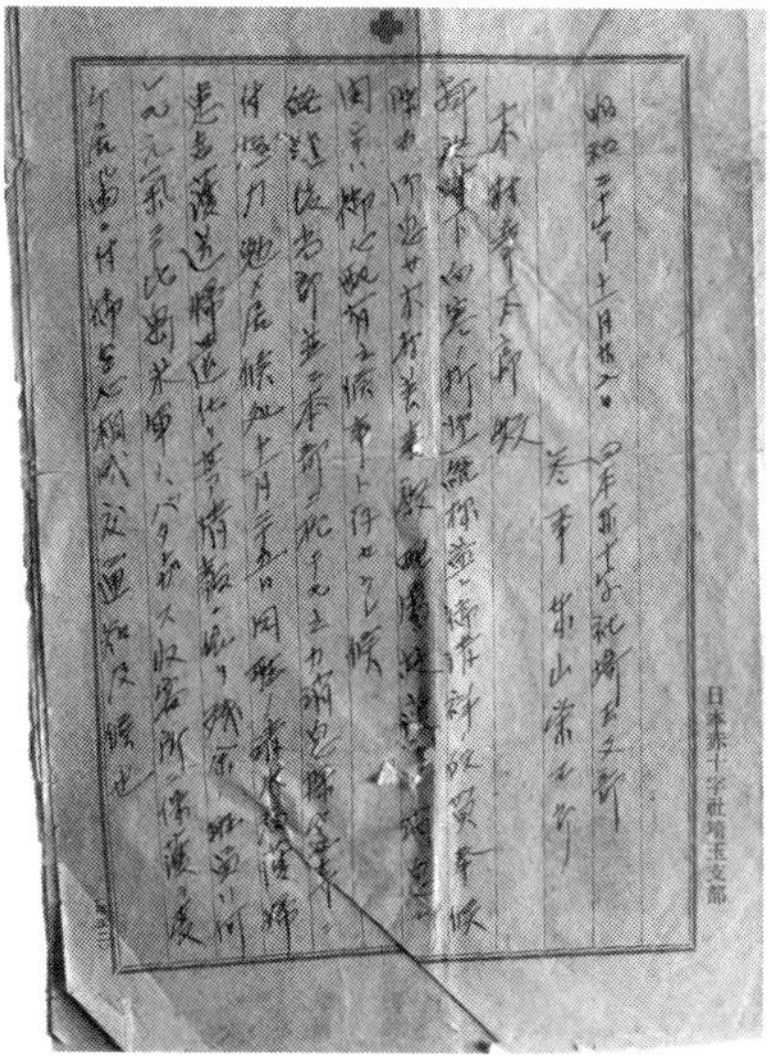

埼玉支部から救護員の父親あての手紙
昭和20年11月 収容所で生活する
娘の無事を知らせています。

した。支部を出るときには日が落ちていて、所々に灯りが点っていました。浦和から列車に乗って桶川駅に着いたときはもう真っ暗で、ホームの向かい側にある改札口は遠くて誰が出迎えに来ているのか、全く見えません。降りたホームから改札口へ行くには階段を昇らなくてはいけないのですが、どうやってそこを歩いていったのか全く覚えておりません。駅員さんに「もしもし、切符は?」と尋ねられたとき、私は母に抱かれておいおいと泣いていたのです。とても嬉しかったです。あのときの感動は生涯忘れることはありません。召集で出てきた時と同じように、駅前通りから中山道に出て我が家に帰って来ました。玄関で父がにっこりと迎えてくれました。

この体験、二度となきことを祈って

皆さん、戦争はとっても怖いんです。恐ろしいです。命はかけがえがありません。ひとつしかありません。私のような苦しみを皆さんには味わわせたくありません。しかし、現在でも世界中のどこかで戦争や内戦、また自然災害などで人々が苦しんでいると思います。どうか、命を大切にしてください。そして、安全で安心して暮らすことのできる社会、家があって、灯かりが点いて、足腰を伸ばして寝ることができる幸せな暮らし、二度と従軍看護婦が要らないように、世界が平和になってくれることを心から願っております。

最後になりましたが、今年は終戦七〇年になります。亡くなった先輩や同僚も草むす屍となり、永遠の眠りに就くことができました。残された私もだいぶ髪も白くなり、足も思うように歩けませんが、これから命ある限り、戦地での経験を土台にして、これからも頑張っていきたいと思いますので、どうかよろしくお願い致します。

また、日本赤十字国際人道研究センターの益々のご活躍、そして、皆様のご健勝をお祈りいたします。下手なお話でしたけれど、最後までお聴きいただきまして、本当にありがとうございました。これをもちまして、私のお話を終わりにさせていただきます。

【質疑応答】

木村氏の講演後、質疑応答が行われ、聴講者からは、ジュネーブ条約や捕虜体験などについて質問がなされた。

質疑に対する木村氏の応答は以下の通りです。

質問　救護看護婦はジュネーブ条約について、どの程度教育を受けていましたか。

◎　養成所で勉強はしたけれども、詳しくは覚えていません。赤十字マークの病院が爆撃されたのは、「日本の部隊（山下大将）が赤十字マークの病院の中で指揮を執っている」という情報がスパイから敵軍に伝わっていたようだということを聞きました。それで赤十字マークの付いた施設ばかりが狙われたようです。

質　問　捕虜になったことをどう思いましたか。

◎　自分たちは常に部隊と共に行動していたので、部隊ごとに収容所へ入れられました。部隊が捕らえられればそれに従うしかありませんでした。もう、兵隊も救護員も死の寸前で、抵抗などできない状態でした。

質　問　日付を正確に記憶されているのはなぜですか。

◎　昭和二〇年一二月二九日に復員し、助産婦学校へ入学するまでの約半年の間は、自宅でゆっくり過ごしていたので、その期間に戦地での体験を文章にまとめました。まだ帰って来たばかりで記憶がしっかりとしていたので、日付も正確に記録できました。

協力：日本赤十字社看護師同方会 埼玉県支部長

大澤 ヨシ子氏

講演会会場

特集2：戦後七〇年―元従軍看護婦たちの証言　インタビュー：いま振り返る〝戦地の日々〟①

使命感に燃え大陸を流転する

元日本赤十字社宮城支部第五四七救護班・齋田トキ子氏に聞く

制服姿に憧れ養成所を受験

私は宮城県角田市で養蚕農家を営む両親の下、九人兄弟の長女として育ちました。

祖母は花嫁衣裳などの仕立てを生業としており、自宅に開設した和裁塾で大勢の塾生に教授を行っていました。私はその凛とした姿に大きな魅力を感じ、自分も将来、職業婦人として社会のために尽くしたいと思うようになりました。

高等女学校卒業後の進路を模索していた頃、近所に住んでいた日本赤十字社救護看護婦養成所に進学した先輩が紺色の制服を着て颯爽と歩く姿を見て、自分の進路はこれだ

齋田トキ子氏

齋田トキ子氏　プロフィール

一九二五年（大正一四年）三月二九日　宮城県角田市生まれ
一九四一年（昭和一六年）四月　石巻赤十字甲種救護看護婦養成所入学
一九四三年（昭和一八年）一〇月三一日　石巻赤十字甲種救護看護婦養成所卒業（六カ月繰り上げ卒業）
一一月　仙台赤十字病院勤務
一九四四年（昭和一九年）二月　第五四七救護班として派遣上海第一陸軍病院勤務
一九四五年（昭和二〇年）七月二三日　上海南市第一七三兵站病院勤務
一九四六年（昭和二一年）五月三日　召集解除
戦後は看護婦、保健婦として活動、創設間もない県看護行政、二七年間の看護管理業務、看護教育などに尽力
二〇〇九年（平成二一年）第四二回フローレンス・ナイチンゲール記章受章

と気付き、石巻赤十字甲種救護看護婦養成所に進学を決意しました。

一九四一年（昭和一六年）四月、石巻甲種救護看護婦養成所に第一二回生として入学。宮城支部二四名、栃木支部二一名（委託生）で編成された計四五名の大所帯でした。三年次には戦争が激化し太平洋戦争に発展したので、本来の修業三年制が六カ月短縮され、昭和一八年一〇月に繰上げ卒業となりました。これは赤十字だけではなく、文部省の省令により国全体で戦時特例として行われていました。養成所では、県知事指定の養護訓導の教育課程も修得し、免許申請により資格を得ました。

教育内容は看護学教程に基づき、基礎科目・専門科目・実習に分類されており、一年時から三年時まで修身および訓話、躾・作法、赤十字事業要領などが基礎科目として継続実施されていました。

救護員十訓を朝礼で唱和

赤十字の理念は博愛・人道主義を基盤にしているので、救護員十訓が書いてある救護員手帳を持って、毎朝朝礼で暗記するくらい唱和しました。とにかく、日々研鑽するこ

とが求められました。

専門科目では一学年第一学期で解剖生理学、衛生学総論、細菌学及び消毒法、包帯法、患者運搬法、看護法、治療介補、急性伝染病および一般主要疾患、あん摩法などの科目を習得しました。

外国語は当初の計画では英語でしたが、敵国の言葉であるとのことで廃止され、代わりにドイツ語を習得することとなり、三学年まで学習しました。二学期では、一学期から継続して行われる科目もありましたが、それに加えて新しく陸海軍制規、衛生勤務要領、病理学と精神衛生、患者運搬法、手術介補、急性伝染病と一般主要疾患、慢性伝染病と寄生虫病予防法、外傷、栄養大意と食餌法を学びました。三学期には継続受講した科目に新たに医療器械解説、救急法、薬物調剤、看護歴史も加わりました。

二学年の一学期では修身、公民科、教育学、手術介補、母性、乳幼児衛生大意、臨床検査法などのほか学校衛生も学習しました。二学期では修身、公民科、教育学、学校衛生などのほかに、環境産業衛生、社会事業、社会保険、統計学などのカリキュラムが組まれていました。三学期には修身訓話、教育学、心理学、学校衛生、学校衛生実技練習、看護法、消毒法、体操の実技などの科目を修得しました。

三学年の一学期になると、修身訓話、躾と作法、陸軍衛生勤務要領、海軍制規や衛生勤務要領、包帯法、手術介補、栄養大意、食餌法、医療器械解説、救急法、消毒法、薬物調剤、看護歴史など色々なカリキュラムが組まれていました。また二学期、三学期のカリキュラムも設けられていましたが、二学期に入ると間もなく一〇月末には繰り上げ卒業になりました。

一九四三年(昭和一八年)一〇月三一日に繰り上げ卒業となり、四五名全員で卒業式を迎えました。新人看護婦として仙台赤十字病院に配属され、内科外来勤務となりました。

行き先を知らされない移動

病院での診療介助業務を何とか滞りなく行えるようになった一九四四年(昭和一九年)二月のある日、ピンク色の封筒に入った戦時召集令状が届きました。とても名誉なことだと思いました。

出発の三日前に角田市の生家にお別れの挨拶に行くと、両親は出征する私に言葉は少なかったのですが、静かに見守るように送り出してくれました。家業が忙しい両親に代わって祖母が見送りに来てくれました。バス停で祖母と涙を流しながら手を振って別れたこの時のことを今でも思い出すことがあります。

二月二四日、グリーンの救護用カバンとトランクに身の回りのものを揃えて持参し、紺の赤十字救護看護婦の制服に身を包んだ私は、大勢の方々の見送りを受けながら軍用列車で仙台駅を出発しました。仙台から福岡県の門司駅まで列車での長旅でしたが、門司から再び山口県の下関に引き返し、二月二九日に下関港から旅客船に乗りました。船中では救命道具を着用し、甲板で避難訓練に参加したりし、やがて船は釜山港に入港しました。後で聞いた話ですが、機雷が浮遊していたので掃海艇による駆除を行い、安全を確認して運行したそうです。

釜山からは軍用列車で朝鮮半島を北上して京城駅（現ソウル駅）、平壌駅（現平壌駅）、鴨緑江を通過して満州に入り奉天駅（現瀋陽駅）に着きました。そこからは南満州を南下し、現在の中国と朝鮮の国境にある山海関を越え、塘枯駅、徳県駅を通って済南駅に着きました。徳県を通過するときにけたたましい銃声がして警備兵から「窓を閉めろ、カーテンを下ろせ、床に伏せろ」と命令が下り、身の危険を感じ息を殺してじっとしていました。済南駅で栗の入ったお弁当とお茶が配られたのを覚えていますが、味を思い出すことができません。

しばらくして徐州駅に着くと、ここで降車して対岸の南京市まで船で渡りました。濁流の揚了江はまるで海のようでした。南京の日本陸軍輜重隊の空室で休息を取りながらその後の命令を待っていると、上海登一六三一部隊への派遣を命じられました。この時までどこに行くのかは知らされていなかったのです。

南京から上海までは再び汽車の旅で、沿線の鎮江、無錫、蘇州など有名な都市を通って翌日の早朝、上海北但停車場に到着、江湾鎮に向かいました。更にそこから三キロほどの道程を歩いてやっと部隊に辿り着きました。この日は三月三日、雛祭の日で、仙台駅を出発して一〇日以上かけてやっと目的地に到着したのです。ここまでの移動は本当に大変だったので、はっきりと覚えています。

初めて見る上海の街は平穏で華やかで、人々が洋車に乗って街を走り抜けていくのを見て、これが戦争をしている国なのかと驚きました。目の前に見えるのは、戦時色の強い日本とは全く違った光景でした。日本国内では国民総動員、竹やりの練習に真剣に取り組んでいた頃ですから。

上海第一陸軍病院での勤務

登一六三一部隊は、みんなに青葉部隊と呼ばれていて司令官は宮城県の方でした。私たち第五四七救護班は上海第一陸軍病院へ配属になりました。一時は一万人の傷病兵が入院していた大病院でした。しかし、一九四五年(昭和二〇年)三月五日には第一五七兵站病院と呼ばれるようになりました。

私は一年三カ月の間、五病棟(外科・内科の混合病棟)、九病棟(収容病棟)、四病棟(精神・内科・結核の混合病棟)、七病棟・八病棟(伝染病棟)の順で五つの病棟で勤務しました。

看護体制

宮城班の編成は婦長一名(病気のため内地送還となり途中交代)、看護婦二〇名(新卒者六名、他は経験一年目から六年目の看護婦)、書記一名、使丁一名でした。病棟編成は完全看護体制で、傷病兵の入院患者二百名(過半数は重症患者)に対し、二十名で看護を行いました。勤務体制は一勤務一二時間勤務の交代制で、日勤六名、夜勤二名体制でした。

病棟勤務の状況

五病棟は外科・内科病棟で二カ月間勤務しました。外科・内科に分かれ、それぞれに診察室、病棟、管理(被服)などに分かれた勤務体制でした。私は診察室で診療介助の補助的な業務を行いました。

九病棟では二カ月間勤務しました。就業当時は開放性結核患者が入院していたが、次々と内地還送となり、その後は湖南戦争の傷病者が大勢入院してきました。アメーバ性赤痢、マラリア三日熱の患者が多く、氷枕の入れ替えや便器の世話、食事の世話と息つく暇のないほどの多忙さでした。

最も大変だったのが伝染病棟勤務でした。病院の奥まったところにある七、八病棟で、病棟脇にはクリーク(堀)が走っており、満開のカンナの花やねむの木が咲き誇り小さな花が心を癒してくれました。病棟は平家建ての東西に長い建物でベッド数は二百床あったと記憶しています。腸チフス、パラチフス、赤痢、アメーバ赤痢、コレラなどの患者がほぼ満床で、更に毎日軍用トラックで運ばれてくる患者の収容などで繁忙を極めました。配置看護婦は総数二二名で日勤七、八名、夜勤は二名、二交代体制で想像を遥かに超えた激務でした。

上海第一陸軍病院（収容病床１０，０００床）

　何度も下痢を繰り返して苦しむ人、高熱に呻く人、脳症を併発して病棟や病舎外をうろうろ徘徊する人など、まるで生き地獄のようでした。日勤も夜勤も累々と積まれた便器の洗浄と消毒、ベッドサイドへの配達に追われた。煮沸消毒後、担架に乗せて、「ふかしいもですよ」などと冗談を言って、少しでも傷病兵の気持ちを和らげようとしながらベッド下に置いて回りました。排尿介助も一苦労で、百人ほどの排尿介助なので尿器の始末は並大抵の大変さではなかったと記憶しております。また、排尿介助後は針金で持ち手をつけた石油の空き缶に尿を集めて歩きました。

空襲の下で続く激務の日々

　注射は毎日百人ほどにリンゲル液の皮下注射をしましたが、両下肢の大腿部に注射針を刺し、スムーズに液が落ちるのを確かめ、大腿部に温湿布しながら液の吸収をよくするようにしました。その他身の回りの世話は同室の軽傷患者さんに手伝ってもらったこともありました。洗顔、シーツ交換、便器の世話、リンゲル液注射の温湿布などみんな協力してくれました。

　夜勤のときは、顔や体にぶつかってくるような蚊の大群の襲撃に耐えながら六時間立ち通しの看護で、特に脳症で行方不明になった患者の捜索をしたときは、精魂つき果てて倒れてしまったことや、様々な極限状態を克服した思い出が尽きません。勤務を終えてやれやれと思った頃、足は練馬大根のように膨れ上がり、その足を引きずりながら一キロも離れた院外にある宿舎に帰り、倒れるように眠ってしまいました。

それでも、瀕死の重傷患者が回復して原隊復帰を命ぜられ退院してゆく日の晴れやかな顔を見ると看護婦としての喜びを感じました。見送りに力が入ったことなど様々な情景が走馬灯のように思い出されます。一〇カ月の伝染病棟勤務を終え、翌年（昭和二〇年）四月には四病棟勤務を命ぜられました。

四病棟は、内科・精神科・女子軍属などの混合病棟でした。戦局がだんだん険悪になり、沖縄本土からのアメリカ空軍の飛行機B29の空襲も日増しに頻繁になりました。度々空襲を受けて、部隊も益々緊張の度が加わり、あわただしさが増していく中、私は看護業務の傍ら「伝令」の役割を命ぜられました。「伝令」は本部から受けた情報をできるだけ早く病棟勤務の救護員に伝える役目です。本部から五百メートルぐらい離れた四病棟まで空襲の状況や対策などの指令を伝えるのですが、メモ用紙と鉛筆を持参し一人で重責を担ったその緊張感は忘れられません。特に精神科の患者をどのように避難させるかが病棟では大きな問題となりました。沖縄に上陸したアメリカの敵機は無差別に爆弾を落とし、兵站病院のあちこちに被害が出ていました。特に女子軍属病棟は連日空襲を受けて避難は困難を極めました。また、空襲警報が鳴り響いていても長い廊下をひたすら走って伝令の責任を果たさなければならなかったので空襲で死ぬことも覚悟していました。

戦争とはいえ、赤十字条約も何も無視されている状況で、それには憤りを感じました。

南市陸軍病院へ転属。そして撤退。

一九四五年（昭和二〇年）七月二三日、突然、上海地区南市第一七三兵站病院への転属命令が下り、私たちは青葉部隊を後にしました。

日増しに激しさを増す米軍機の空襲を避けるために、租界の方に分散して被害を少なくする方策を取ったとのことでした。慌ただしい出発となり、手荷物を持って軍用トラックの荷台に乗車し、久しぶりに上海の街並みを眺めながらガーデンブリッジを渡りました。ジスフェルド公園を右手に展望しながらフランス租界に入って、その夜は震旦大学に宿泊することになりました。さすがに国際都市上海の租界は近代的なビルが立ち並び、震旦大学もそれに違わず、病棟の廊下の床はコルクが敷き詰められ、シャワー室やトイレは水洗式で近代的設備が整っていました。その夜は久しぶりにベッドで熟睡できました。

七月二七日、南市第一七三兵站病院に到着し、直ちに勤務に就きました。しばらくした八月一五日「部隊長殿から重大な話があるので中庭に集合せよ」とのおふれがあり、私たちの班も中庭に全員集合して天皇陛下の「終戦の詔勅」を直立不動の姿勢で伺いました。「やっぱり日本は負けたのだ」みんな肩を寄せ合って号泣しました。

八月二六日、いよいよ撤退の日がきました。日本租界の上海第一中心区にある上海第一女学校と同商業学校に部隊ごと移動し、更に傷病共の救護活動を続けるようにとの部隊長命令が下りました。それから数日間に亘り、傷病兵の輸送、食糧品、医療器材、器具、医薬品などの引っ越し作業があり、軍医、衛生兵、赤十字救護看護婦、陸軍看護婦など、みんなが協力して行いました。

敗戦〜投石を受けながら

九月一日には撤収作業がすべて完了し、二つの学校は兵站病院へと変貌を遂げました。病院設営は部隊あげての大変な作業でした。

私たち宮城班は一袋二〇キログラムもある米袋、薬袋、砂糖袋、医薬品などの積荷を肩に背負ってトラックの荷台一杯に積み上げ輸送にあたりました。赤十字の制服を着用し荷物の上に「伏せ」の姿勢で衛生兵と共に乗り込み、幾多の危険も顧みず夢中になって任務に従事しました。兵隊は銃を捨て、身を守るものは何も無い状態、赤十字救護班も赤十字の旗の下と云っても安全な筈はなく、傷病兵の輸送中も現地人から罵声やツバを浴びせられ、また投石や銃撃などの仕打ちを受けながら、いわば死の危険に晒されながらの作業でした。

二つの学校の教室は机や椅子を全部戸外に運び出し、清掃してから藁布団を三列に並べてぎっしりと敷き詰め、列と列との間を三〇センチ開けて通路を作って、ベッドメーキングを行い、立錐の余地のない程詰め込んだ病室となってしまいました。

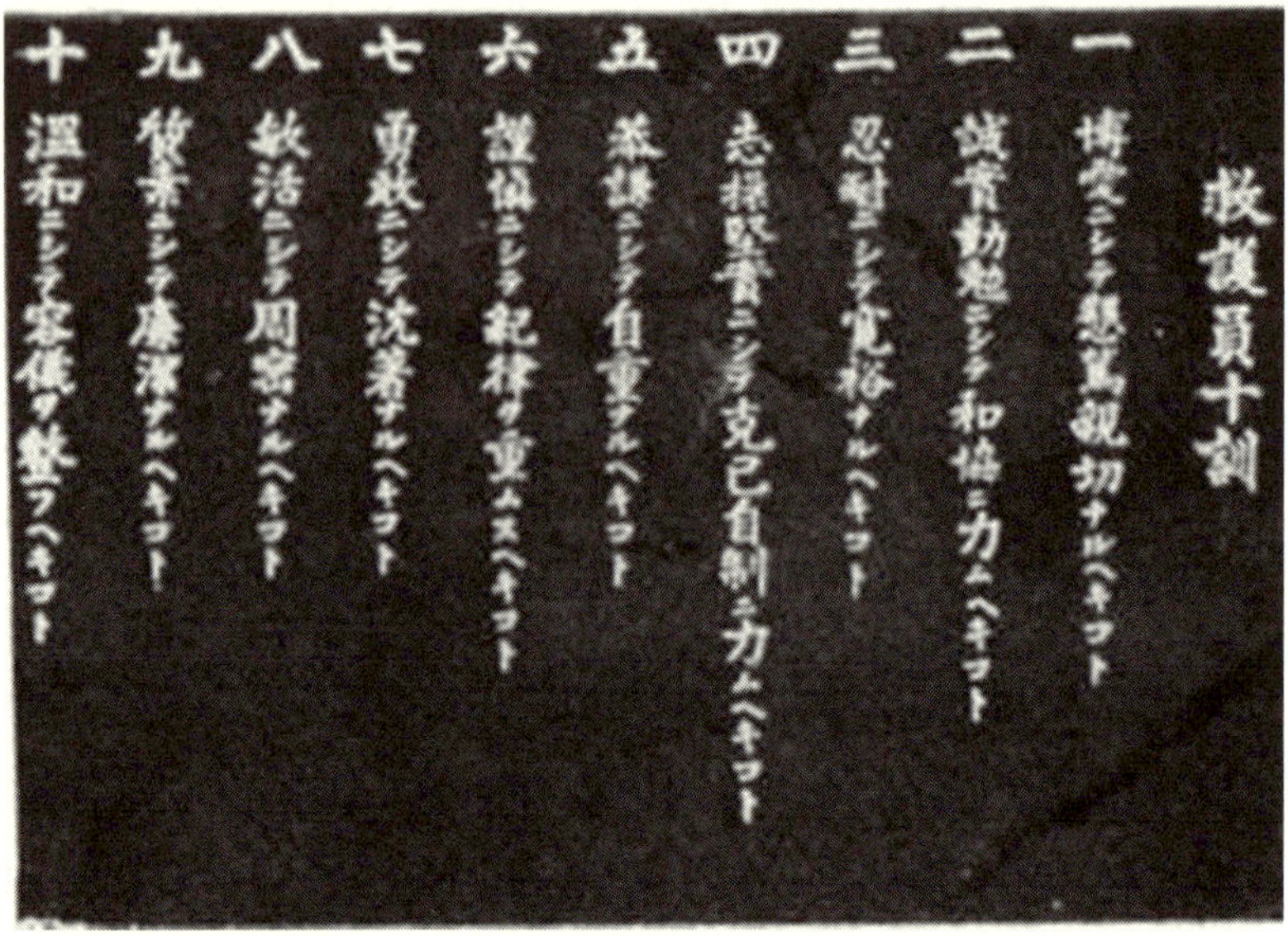
救護員十訓
一 博愛ニシテ懇篤親切ナルヘキコト
二 誠實勤勉ニシテ和協ニ力ムヘキコト
三 忍耐ニシテ寛裕ナルヘキコト
四 志操堅實ニシテ克己自制ニ力ムヘキコト
五 恭謙ニシテ自重ナルヘキコト
六 謹愼ニシテ紀律ヲ重ンスヘキコト
七 勇敢ニシテ沈着ナルヘキコト
八 敏活ニシテ周密ナルヘキコト
九 質素ニシテ廉潔ナルヘキコト
十 温和ニシテ容儀ヲ整フヘキコト

救護員十訓

出典：「道」日本赤十字社宮城県支部従軍救護看護婦の記録

また、トイレが少ないので校庭に穴を掘ってトイレ作りの作業もしました。急ごしらえの病室作りもようやく完了し、第一五七兵站病院として敗戦後の救護活動を開始したのです。翌日から早速傷病兵の収容作業が始まり、漢口・武漢・南京などの前線部隊が続々と撤退し傷病兵は過酷な退却行軍で栄養失調となり、また極度の衰弱状態に陥り兵站病院前で息を引き取る傷病兵もいました。白衣は泥にまみれて黒衣となり、ノミ・シラミ・南京虫などの巣となった体で収容されるとか、収容業務も困難を極め、一日五、六百名の傷病者の収容業務を何日か続けたような思い出があります。広大な元学校の講堂でまず収容患者の汚れた病衣を脱衣し、全身を清拭し次に身体検査の上、軍医の診察を受けて入院病棟を決定するのですが、それを手際よく短期間で終えることが大事な作業でした。

また、その後始末は大変なもので講堂は病衣に付着していたノミ、シラミ、南京虫などが這いずり回っており、大きなごみ取りにかき集めるのですが、ごみ取りに二、三杯あったのではないでしょうか?それを戸外で焼却するわけですが、その弾ける音が今でも耳に残っています。業務を終えて重い足を引きずりながら宿舎に帰ってからも、みんな裸になり、下着に付着したノミ、シラミ、南京虫の駆除を行いました。シラミが媒介しパラチフスなどに催患した同僚が三人もいました。

蒋介石軍の進駐

わが班の担当病棟には栄養失調にアメーバ赤痢の併発、肺結核・肋膜炎、腸チフス、パラチフス、コレラ、ペスト破傷風などの重症者が三百人ほど収容されていました。

ある日、各病棟から四、五人の看護師が使役に集合するようにとの命令が下りました。

私も集合した一人で、何事かと不安を感じながらの集合でしたが、国府軍（蒋介石の率いる軍隊）が進駐し、私たちの第一五三兵站病院を監視することになった。そこで元学校の同窓会館（日本家屋）を使用するので、国府軍兵士のベッド作りやその他の兵舎作りを遺漏ないように準備をするようにとの命令でした。ちょうど作業の終了間際に国府軍が進駐してきた初冬の頃だったと思いますが、綿入れの軍服に鍋・釜や傘を背負い、青龍刀を手にした兵士が五〇人ほどいました。

赤十字の旗の下、彼我の別なく傷病兵の看護に当たるのが赤十字の基本でもあり、当然のことですが、撤退に次ぐ撤退で身の危険に曝されながら、無念さと惨めさを十分過ぎるほど味わった身にとって、追い打ちのように押し寄せる敗者の立場は屈辱感でいっぱいでした。それらの監視兵が時折青龍刀を持参して病棟巡視に訪れることもありました。ある時などは酒気を帯びて暴れ出したので、夜勤の看護師がたいへん困ったことがあり、夜間の巡視は中止してほしいと申し入れしたこともありました。

私は病室の担当と兼任で被服係を命ぜられ、被服倉庫の管理や病衣の着脱の世話、汚れた病衣を洗濯場に輸送し、綺麗な病衣を被服倉庫に保管するという業務を行っていましたが、ある日病棟の事務業務係を命じられました。従来から事務業務は衛生兵の担当でしたが、その衛生兵が本部勤務を命ぜられたのでその後任にとのことでした。

火葬場も接収され土葬に

事務係の業務は病棟事務管理業務と死亡した傷病兵のお葬式の段取り、遺骨の保存などでした。不慣れでかつ未経験な業務を必至の覚悟で日々行いました。病棟事務管理は傷病兵の動向や勤務者の動向などを管理日誌に記載するとか本部に報告するなどの業務でしたが、死亡した傷病兵に対する対策は容易なことではなかったです。元々日本軍の火葬場は設置されていましたが、中国軍に接収されたため、死体は土葬による埋葬になりました。各病棟では毎日冷たいベッドで息を引き取る傷病兵が後を絶たず、週一回行われる葬儀は部隊長閣下、関係者が出席し、僧侶経験のある衛生兵によって読経が行われ、参加者の焼香を終えた後、私はお葬式の段取りと埋葬、遺骨の保管など一切の行事を行う役割を与えられました。

夜勤の看護師は死体処置の後、親指を手根中手関節から、示指は第三関節から外し、二本の指を紙に包んで死体の病衣の懐に安置するという申し合わせ事項が作られ、ご遺体は急ごしらえのバラックの遺体安置所に移送して、ささやかな病院葬を行いました。その後土葬による埋葬となったのですが、私は予め病棟内の傷病兵の中から一、二等兵で軽傷の人を選び、穴掘りの使役として協力をお願いしました。敗戦後の遺体処置は土葬となったので、大きな穴を掘って幾体も一度に埋葬しましたが、五、六人の使役傷病兵と一緒になって泥と汗にまみれながらシャベルを使って穴堀りに熱中しました。

無事に埋葬が終わり、仕事が終わったところで、みんなで手をきれいに洗い、傍らの草地に腰を下ろし休憩を取りました。休憩用のおやつは、給食場から特別に頂いた残飯で作ったおにぎりと残りもののおかずでした。常日頃お腹を減らしている若者はお腹一杯に食べて楽しいひと時を過ごしました。

私には更に重要な業務があり、それは予め格納していた栂指と示指を焼いて遺骨にする作業でした。埋葬した墓地の近くで病棟から離れた寂しげな場所に防空壕が一基あり、その近くに炉が設置されていました。衛生兵に依頼して、そこに「網渡し」を置いてもらい、薪を炉に燃やして遺骨を作りました。小さな遺骨箱にひとりひとりの遺骨を丁寧に入れて、氏名や隊名を記入し、防空壕の祭壇に保管する作業をやりました。

それぞれのご遺族の心情を思いながら、人の終末期に係わる重要な任務と心得て行っていましたが、なにしろ初めてのことばかりで、そして誰もが多忙で、未経験のことを教えてくれる人もいないという状況の中、思索しながらやっていたことが良かったのかどうかと未だに思いに耽ることがあります。

喜びの帰還命令。二年ぶりに日本の土……

一九四六年（昭和二一年）四月、部隊の引き上げが決定しました。何度か糠喜びした後の確定だったのでみんなで大喜びでした。私は本部に呼ばれ、何事かと怯えながら出頭したところ、「傷病兵が日本に到着したところで渡す給金の計算をするように」との指示でした。それからが忙しく、毎日事務室で徹夜作業同様な業務に従事しました。慣れない仕事で不安でしたが、三百人余りの兵士ひとりひとりの軍歴調査をして、単価を掛けて金額を出し書類を整える事務作業だったのです。本部の上司に計算書を提出した後でも尚、計算間違いがあったら、兵士に損失を与えてしまうと思うと常に仕事のことが頭から離れませんでした。

内地送還の日、身の周りの物をトランクに詰めて上海市の旧市政府の広場に集結し、国府軍の大尉の検閲を受けました。目ぼしい品は取り上げられ、僅かの持ち物を掻き集めて包み、アメリカ兵の運転するトラックの荷台に積み上げられた荷物の上にうつ伏せに乗り、飯田桟橋に向かいました。飯田桟橋からアメリカのＬＳＴ（上陸用舟艇）に乗船し、いよいよ日本に向けて出発しました。ＬＳＴの船倉には私たちの他に立錐の余地のないほど傷病兵や中国奥地から帰還した兵士や軍属が乗船していました。

みるみる遠くなる中国大陸、春まだ浅きウースン沖を小船に乗って別れを惜しんでくれた残留日本兵士の姿が今でも瞼に浮かびます。玄海灘にさしかかった辺りで、大きな音がして突然足元に兵隊が落下してきたのです。私と同僚二、三人は怪我をして大騒ぎとなりました。私の両下肢は二〇センチほどの皮下出血がおき、疼痛に悩まされるようになりました。船の甲板を散歩していた兵士が甲板の大きな穴に吸い込まれ船倉まで落下したらしく、本当にお気の毒でした。

下肢の傷が良くなりかけた頃、友人と共に甲板に上ってみると、偶然、角田小学校の同級生で家も近所の兵士と出会い、両人共に驚き、無事を喜び合ったというひとこまもありました。

いよいよ五島列島が見え、日本本土が近づいてきました。山陰沖を通り、桜が満開の四月中旬、舞鶴港の平桟橋に入港しました。先ず、傷病兵をＬＳＴから移送し、国立舞鶴病院に送り、衛生兵が大事に持っていた遺骨は駐在していた厚生省援護院の係官に無事手渡されたと聞き、私はようやく肩の荷を下ろしました。また、規定に沿った給金は心配していた計算間違いもなく、関係したすべての帰還者へ無事支給されました。私は心の底からやれやれと安心しました。私達も壱千円の給金を受け取り、故郷に帰還する旅費にしました。検疫所で検疫を受け、更に消毒ということで全身にＤＤＴの粉末を散布され、ＤＤＴ散布を受けたのは初めてだったのでびっくりしました。その後入浴し、一泊して翌日故郷の宮城県に向けて出発しました。

足の踏み場のないほどの満員列車の通路に座り、上野駅を通過して懐かしい仙台駅に到着しました。二年五ヶ月振りに降り立った仙台の街並みは見渡す限り焼野原となり、慙愧に堪えない心境でした。まず日本赤十字社宮城支部に挨拶へ伺った後で角田市の実家へ向かいました。後日、借用品すべてを持参して赤十字支部を訪問、丁寧にご挨拶を申し上げ、衣服類の借用品を返還しました。すべての手続きを終了し、昭和二一年五月三日、正式に召集解除となりました。

いま思う七〇年前の日々

赤十字救護看護師として約二年三カ月戦塵渦巻く戦場で、または敗戦による抑留の身になっても、傷病者の看護活動に挺身しましたが、日々押し寄せる苦痛や不安感を乗り越えて活動できたのは、赤十字の思想である人道博愛の精神が根幹にあったからだと思います。振り返ってみると、繰り上げ卒業で満一九歳一〇カ月という新卒の看護活動で、すべてが初めての経験だったのです。

今、考えてみると、若さゆえの感覚なのか、苦労したというマイナス思考よりも、創造的に考えながら、直面した問題を解決していくエネルギーを身に着け、解決する術を獲得したのではないかと思っています。また、戦前は多少の給金が支給されたが、戦後は皆無でした。舞鶴港入港時に壱千円の給金が支給されただけでした。これは命を賭したボランティア活動であったといえるのではないかと思います。従軍した大勢の赤十字救護看護婦は総理大臣から感謝状をいただき、それを心のよりどころとして、青春時代に御国のために尽力した日々を誇りとしているのではないかと思っています。

七三年前の戦時救護活動を振り返ってみると、すべて初めてのことばかりで初心者の域を出ていなかったのではないかと思います。目の前にある仕事を片付けるだけで、看護の質を考える余裕もなかったことが悔やまれます。マネジメントの問題点はなにかを考え、改善策を検討するなど後世に残す対策は残念ながらなかったのではないかと思います。

フローレンス・ナイチンゲール女史の戦時活動は軍医ら

の反感や嫌がらせをものともしないで、傷病者中心の看護に重点を置き、死亡率などの様々な統計を駆使しながら看護の質を上げる研究をして戦時救護を実施されました。このエピソードはたいへん参考になると思います。

振り返ってみると、自分の知識と技術、マネジメントを最大限発揮しましたが、未熟ゆえの不完全な点は多々あったのではないかと思っています。今こそ、戦時救護のすべてを振り返って検討する必要があるのではないかと思います。

先の東日本大震災の救護活動では、「ＤＭＡＴ」を代表する救護指針が作成され、神戸の大震災から更に検討が加えられているとのことですが、多様な自然災害の発生に悩まされている我が国においては必須な対策ではないでしょうか。

私は七三年前の戦時救護活動の折、救護指針のようなものがあれば更に質の高い効率的な活動ができたのではないかと思っています。また、養成所で教育を受けていた頃は毎日宿舎で夜の点呼があり、「救護員十訓」を唱和しましたが、難解な言葉とそれを日常の行動に移す場合の認識が必ずしも十分とはいえないと感じていました。

「救護員十訓」を歴史上の教訓としてしまうのか、また、更に倫理規定として活用するのか分かりませんが、救護員十訓を継続して用いる場合は、一項目ごとに説明が必要ではないかと考えています。

特集2：戦後七〇年―元従軍看護婦たちの証言　インタビュー：いま振り返る〝戦地の日々〟②

ソ連軍の進駐―緊迫した満州の地で

元日本赤十字社和歌山支部第六三九救護班・阿部恵子氏に聞く

姉に受験を勧められるままに

一九三八年（昭和一三年）三月、世の中は戦時色が強くなっていった時期で、古座（現和歌山県東牟婁郡串本町）の女学校を卒業した後の進路をどうするか、姉に相談したところ、和歌山赤十字病院看護婦養成所への受験を勧められました。地元で日赤に行っている人は全くいなかったし、日赤の看護婦が救護員として戦地へ赴任する制度があることもその時まで知りませんでした。当時、和歌山市へ出るには陸路だけでは行けなかったので、養成所受験のために古座から和歌山まで船と陸路を乗り継いで試験に臨み合格しました。

養成所の一クラスは一二名と少人数で、その他に奈良県

阿部恵子氏

阿部恵子氏　プロフィール

一九二一年（大正一〇年）五月一八日生まれ
一九三八年（昭和一三年）三月　和歌山県立古座高等女学校卒業後
四月　和歌山赤十字病院看護婦養成所に入所（一六歳）
養成期間：三年間
一九四一年（昭和一六年）三月　卒業（一九歳）
四月　和歌山陸軍病院赤十字病院へ勤務
八月　日本赤十字社救護班要員として、天津及び香港陸軍病院勤務（昭和一八年五月まで）
一九四三年（昭和一八年）五月～一〇月和歌山陸軍病院赤十字病院へ勤務
一一月　日本赤十字社看護婦長候補生として日本赤十字社中央病院に入学
一九四四年（昭和一九年）六月　同校卒業（繰り上げ卒業）
七月和歌山第六三九救護班の婦長として満州牡丹江第一陸軍病院勤務
一九四五年（昭和二〇年）　終戦後、遼陽第二陸軍病院及び海城陸軍病院勤務
一九四六年（昭和二一年）六月復員、召集解除

支部からの委託生がいた。同級生は女学校を出て入ってくる同年齢の人が多かったが、中には四、五歳年上の人もいました。同じクラスだった人たちは後にインドネシアやビルマなど南方へ派遣され、とても苦労することとなりました。

全寮制で学内でも寮内でも上下関係が厳しく、先輩と気安く話をするということはなかったのですが、そんなに辛いと思うことはありませんでした。他に自分の地元から来ている人はいなかったので故郷は恋しく、一週間の夏休みに古座へ帰って実家でのんびり過ごせるのがとても嬉しかったのを思い出します。私たちの学年はきっちり三年間の養成があったので、二〇歳前に卒業し晴れて看護婦になった。

天津の陸軍病院へ配属

一九四一年（昭和一六年）四月、養成所を卒業すると和歌山陸軍赤十字病院の勤務に就きました。八月になり、既に天津に派遣されていた和歌山の救護班に一人内地へ戻る方がいて欠員が出た為、その交替補充員として召集令を受けました。その時分は戦争へ行くのは当たり前だったので、戦地へ赴任するのが怖いとは全く思わず、むしろ幸い

だと思いました。日赤の看護婦養成所へ入った時から戦争へ行くものだと思っていたし、戦争がなかったら、日赤には行かなかったと思います。

たったひとりで門司港から客船に乗って赴任地を目指しました。下船して次は列車での移動でしたが、駅で切符を買う際に中国語で地名を上手く発音できなかったせいか、行先とは違う駅行の切符を受け取ってホームに立ちました。日赤の制服を着ていた私は目立っていたのでしょう。大陸にはたくさんの日本人がいたので、列車待ちをしていた私に日本の方が「どこへ行くのか?」と声を掛けてくださり、天津へ行く列車を教えてくれました。それから間違って買った切符をもう一度買い直して列車に乗り、親切な方のお蔭で天津の陸軍病院へ到着できました。

一個班の看護婦は大体二〇名くらいで、婦長が二名、ほかに男性の書記、使丁とで構成されていました。派遣された班の中に知っている人は誰もいなくて、だいたいが四、五歳年上、婦長さんもだいぶ上でした。当時は階級制がはっきりとしていたので、上の方たちとはあまり話をしたことがなく、一番年下の自分は肩身が狭かった。

この病院では一階と二階の病棟を和歌山班が受け持ち、急性伝染病の患者さん、通称「急病」ばかりが収容されている病棟で、排泄や身の回りのお世話と治療の手伝いをしていました。その頃は看護婦が静脈注射を打つことが許されていなかったので、リンゲルの筋肉注射を脚に打つ皮下注射をしていました。患者さんたちがとても痛がるのがかわいそうで、温かいタオルを当て丁寧にマッサージを施しながら、痛みの緩和に心を配りました。

赴任したての頃に担当を割り当てられたのは、「一報患者」と呼ばれる患者さんが収容された病室でした。「一報患者」というのは「病重し」と内地の留守宅へ電報が届く患者さんのことです。電報には三段階あって、二報目が「危篤」、三報目が「死亡」の報せになります。五人部屋に二名の「一報患者」がいて、そのふたりは重症で全く動けなかった。看護婦になってまだ半年も経っていなかったので、その患者さん達を目の前にどう対処してよいのか分からなくなり、トイレでひとりになると自然と涙がこぼれてくることもありました。「一報患者」を担当すると、勤務の終わりに報告のための業務日誌を付けなければならず、その業務も苦手でした。それでも毎日忙しく勤務していると段々と環境に慣れ、先輩たちにも可愛がっていただけるようになって、無理せずとも患者さんたちに落ち着いて対応できるようになりました。

私が天津に来てから四カ月経った一二月末、和歌山班は南方へ転任する命令を受けました。行き先が何処なのかは知らせてもらえず、上海や台湾の高雄に移動した後に到着したのは香港でした。香港の陸軍病院でも伝染病棟に勤務し、隔離病棟の患者さんのお世話をしていました。ここには一年あまり勤務して、再び元いた天津の陸軍病院に戻りました。一時期、病院を退院した兵隊さんたちが過ごす保安隊に勤務したことがありましたが、保安隊では看護婦の仕事はそんなになかったので、患者さんとテニスをして余暇を過ごすなど楽をさせていただきました。

内地へ帰還。震災救護も経験

この時の班の派遣期間は二年と決まっていたので、一九四三年（昭和一八年）五月、班全員で凱旋し、私は籍が置いてあった和歌山の陸軍日赤病院に戻りました。日赤は戦時救護だけでなく平時救護の活動もするので、この年の九月一〇日に発生した鳥取地震の救護活動では被災地に一週間くらい滞在して、日夜負傷した人々の手当てにあたりました。同じ頃、日赤和歌山支部からは多くの看護婦が南方軍への派遣要請に応召し、看護婦養成所で同級生だった人たちの殆どがビルマへ向かった。私は同級生の中でただひとり満州へ派遣されたため、その後も同級生と一緒の班になることはなかった。

帰還してから一〇月までの半年間を和歌山で過ごし、一一月になると婦長候補になるように命じられたので、学年が一つ上の方とふたりで東京の日赤中央病院に置かれてあった婦長養成クラスへ入学した。本来ならば養成期間は一年間でしたが、戦争がどんどん激しくなり、繰り上げの八カ月間で卒業となりました。

この養成クラスでは、婦長としての在り方や心構えなどを習いましたが、そんなに難しいことはしていなかったと思います。看護婦養成所で「赤十字とは」、「敵味方の差別なしに」と頭にたたきこまれていたので、ここで改めて赤十字について勉強することはありませんでした。

「敵味方の差別なしに」――軍隊に行ったら、そんなのは〝綺麗事〟で全然関係なく、入隊したら兵隊と同様に、「部隊として戦争に行け」だったのです。

婦長として再び満州へ

一九四四年（昭和一九年）七月、東京から戻るとすぐに召集状を受け、第六三九救護班の婦長として再び満州へ向かいました。三年前の召集時は婦長二名体制で班には男性の書記と使丁が付いていましたが、今回は婦長一名、看護婦二〇名から成る看護婦だけの班編成となりました。

東和歌山駅から山口県へ向かう列車の中で、日赤の紺色の制帽・制服姿の私たち救護班一行は乗り合わせた人々の注目を浴びました。山口から出港して満州へ渡り、数日後、関東軍管下の牡丹江第一陸軍病院へ到着した。ここには赤十字の看護婦以外に陸軍看護婦も配属されていました。

私はずっと内科勤務で、ほとんどが伝染病棟での勤務でした。赤痢の患者さんが一番多く、他には腸チフス、流行性脊髄膜炎の患者さんが収容されていた。同時に結核も流行っていたので、看護婦の間でも結核感染者は多かった。この頃はまだ病院に充分な食糧があったので、病気で痩せ細っていく患者さんはいましたが、栄養失調で亡くなることはありませんでした。

しかし、一九四五年（昭和二〇年）八月九日、突然、ソ連軍が満州へ侵攻してきた。牡丹江はソ連との国境が近かったので、早急に患者さんたちを撤退護送することになり、看護婦は患者さんを連れて分散し、それぞれ何処に向かう列車かわからなかったが、最後の列車に乗った。

終戦は列車の中で知りました。このときの分散護送でわが第六三九救護班はばらばらになり、しばらく消息がわからなくなった者もいました。私は遼陽で降ろされ、小さな三等病院だった遼陽第二陸軍病院で一カ月ほど伝染病棟の看護に専念していましたが、ここもソ連軍に接収されたため、今度は鞍山まで歩いていくように移動命令が出ました。

私たち女性は襲われないように頭を丸坊主にし、赤十字の救護服を脱いで兵隊の格好をしました。軍は看護婦を守るために、兵隊が私たちのまわりを取り囲みながら行軍した。食べるものはほとんどなかったので、ろくに食べていない空腹の状態です。九月の残暑が厳しい中、一日中歩いて移動し、途中で何人もがバタバタと倒れましたが、歩ける人たちが道端に倒れ込んだ人を引き摺って引率し、なんとか鞍山に辿り着きました。ここには大勢の日本企業の方々が駐在しており、その中に和歌山県出身の方がいた。同郷のよしみで「皆で来なさい」と班全員を自宅に招いてご馳走して下さり、時には泊めていただくこともありました。鞍山では海城陸軍病院に勤務し、収容所に入るまでの七カ月を過ごしました。

ソ連兵に追い詰められて

当時、ソ連兵のことを「露助《ろすけ》」※と呼んでいましたが、露助が一番怖かった。ある夜、露助が宿舎の小窓に銃を突き付けて、「開けろ」と迫ってきました。恐ろしくて身動きできなかったのですが、「開けろ、開けろ」としつこく突き続けられ、私は仕方なく扉を開けました。彼らは部屋の奥まで上がり込んでくることはなかったが、入口に立って、私たちに外へ出て来るように要求した。連れて行かれたら辱めを受けるので、何としても帰ってもらわなければと交渉しようと思うけれど、足が、口が、震えて、言葉にならない。他の看護婦たちは恐ろしさのあまり、私の傍で一列に座り込んで泣いていました。

みんなを守らなければ。露助を中に入れてはいけない。私は戸口で彼等を遮り、拝んで、拝んで、「帰ってくれ、帰ってくれ」と懇願した。恐怖と緊張で立っている足に力が入らなかった。すがるように懸命にお願いして、ようやく彼らが去っていくと即座に扉を閉めたが、しばらくすると、隣の部屋では大連班の看護婦がひとりで部屋を飛び出し、連れ出されそうになっていた。

彼女は私たちの部屋の扉をバンバン叩き、「開けて、開けて」と泣き叫んで助けを求めてきた。この扉を開けたら、今度こそ連れて行かれてしまうかもしれない。だけど、放っておけない。再び扉を開けると、銃を持った露助が彼女の後ろにぴったり付いて、部屋の中へ入って来ました。もう駄目かもしれない。追い詰められ、息が止まりそうだった。

相手に言葉は通じないけれど、私は皆を守り抜かなければと必死の思いで「帰ってくれ」と訴え続けました。長いやり取りの後、やっと帰ってくれたからよかったけれど、あの時はもう、本当に辛かったです。ソ連兵は荒くれ者で柄が悪く、方々で繰り返し女性を襲っているという噂を聞いていましたが、私たちは一人も犠牲にならず難を逃れました。

※露助：ロシア人に対する当時の蔑称。

死を覚悟した収容所の日々

一九四六年（昭和二一年）五月、復員待機で瀋陽の収容所に入りました。収容所は普通の民家が並ぶ中に固まってあった。収容所に入ってもなかなか帰国の連絡が来なかったので、私は日赤本社から頂いていた前渡金で食べ物を買って皆で分け合いました。このままここで死ぬかもしれない、どうせ死ぬならお金はもう必要ないと思い、所持金の半分を他の班の看護婦さんたちにあげました。この人たちは日本に帰ってから連絡をくれ、貸したわけではないのに渡したお金を返してきてくれた。

六月、瀋陽から引揚船に乗り、博多港に上陸、二年ぶりに日本に帰還した。救護看護婦として、最初に満州へ行ったときは一番下っ端で上の方々に可愛がっていただき、二回目に婦長として赴任したときは何もできなかったけれど、皆さんに助けてもらいながら、運良く帰って来られた。自分は大きな組織の中で守られていたのだと思います。

インタビュー協力：
和歌山赤十字看護専門学校
副学校長　高岸壽美氏
専任教師　宮田優美氏
専任教師　畑下眞守美氏
日本赤十字社和歌山医療センター
看護部長　中尾ひろみ氏

特集2：戦後七〇年――元従軍看護婦たちの証言　インタビュー：いま振り返る〝戦地の日々〟③

友と生き抜いた敗戦後の中国

元日本赤十字社愛媛支部第五三五救護班　武田金子氏・人野和枝氏に聞く

「女性が役に立つ仕事がしたい」

【武田】将来の進路を考えたとき、技術を身に付け女性が役に立つ仕事に就きたくて看護の道へ進むことを考えるようになりました。当時は戦争中だったので社会情勢は理解していましたが、看護婦として戦地に赴くことまでは考えていませんでした。

両親は看護婦養成所への入学に反対し、高等女学校に家政科があるからそこに行くようにと勧めてきました。それで一旦は親の思いに従って家政科に進学し、作法、生け花、茶道、園芸、歩き方など女性としての嗜みを身に付けることに専念していましたが、一年経ってもやはり看護婦になる希望を持ち続けていましたので、両親とじっくり話し合って承諾を頂き、日赤の救護看護婦養成所の入学試験に臨みました。受験科目には面接と作文があったほか、家庭環境の調査もありました。

厳しく躾けられた養成所生活

【武田】養成所の教科は茶道、生け花、なぎなた、音楽、数学、国語、歴史などの一般教養があった。音楽は各校の校歌を作っていらっしゃった清家先生という有名な先生に習いました。合唱などはみんなに合わせれば良かったが、

武田金子氏・大野和枝氏　プロフィール

武田金子氏一九二三年（大正一二年）一月一〇日生まれ
大野和枝氏一九二三年（大正一二年）四月　七日生まれ
一九四〇年（昭和一五年）四月　日本赤十字社救護看護婦養成所
（養成期間：三年間）
一九四三年（昭和一八年）三月　卒業
四月　香川県善通寺陸軍病院勤務
一九四四年（昭和一九年）三月　第五三五救護班救護員として
遼陽へ赴任
（満州第七九四部隊・遼陽第二陸軍病院勤務）
一九四六年（昭和二一年）三月　召集解除

独奏しなければいけないオルガンの授業は苦手だった。また、生理学など医学系の科目は外科の医長殿に教鞭をとっていただき、修学に勤しみました。

　実習は一年生の二学期から始まった。朝六時に起床して身だしなみを整え、まず実習先の掃除、それが終わってから朝食をとった。食事当番が決められており、当番になると食事の準備もしていた。お櫃に入ったご飯と美味しいお漬物が出ていました。三年生には美味しい身の部分を、一年生にはしっぽの部分が配られていましたが、時折しっぽが上級生のところに紛れ込むと「こんなものが入っている」とわざわざそれを押し付けてくる先輩もいました。

　とにかく上下関係が厳しくて、上級生と廊下ですれ違う時は一五度の停止敬礼をしなければならなかったし、「お整列」といって二年生が並んで一年生にあれこれと指導を行っていました。言葉遣いと礼儀作法は徹底的に矯正されました。失敗したら、「失礼いたしました」で、「すみません」は使わない。鈴《リン》の振り方も余韻が残ってはいけないと指導されました。

　洗面所でもお風呂でも上級生は排水口から離れた上座、下級生は排水口近くの下座にいました。一番苦労したのは朝のトイレです。朝、六時の起床とともにトイレに向かい、先にトイレに入っていても、上級生が来ると譲らなければならなかったので、起床時間前までに済ませていました。

　学期末試験は厳しく、結果が至るところに反映された。食堂の名札は成績順に掛けられ、座る位置まで成績で決められていた。

【大野】試験の前夜はみんな、消灯後も廊下や階段の薄暗い電燈の下で教科書を広げ、部屋でも布団を被って懐中電灯の灯りで勉強していました。

「鬼の善通寺」陸軍病院へ

卒業の一週間後、ふたりは救護班の補充要員として召集された。この救護班はベテラン、中堅層、新人の組み合わせで編成されていた。

【武田】高等小学校を卒業して二年間の養成を受けられた乙種の方、既に有資格者で三カ月養成された臨時生の方と一緒になりましたが、その人たちの根性の入り方は私たちとは別格でした。最初に派遣されたのは「鬼の善通寺」と云われ、規律が厳しいことで有名だった善通寺陸軍病院。バラック建ての病棟で、主に戦地から帰られた傷病兵を看ていました。

この時、吉田軍医殿が「患者さんは戦地で肉体だけではなく、こころが傷ついている。そのことを忘れずに看てほしい」と仰っておられたのを今でも思い出します。

この病院には各日赤支部から約一、〇〇〇人の救護看護婦が派遣されていました。手術が頻繁に行われ、お亡くなりになる方も多かった。

【武田】宿舎は院外にあった中屋敷で、毎朝七時に制服を着用して隊列を組み病院に向かいました。門の前には衛生兵が立っており、「頭右《かしら》」の敬礼をして院内へ入る。支度場所でユニフォームに着替えて病棟に向かうのですが、そこから病棟までが遠かった。

院内は外科、内科、重症病棟に分かれていて、私は外科、大野さんは内科に配属されました。外科では手術室勤務もあり、夜中でも呼び出しがありました。昼は週に一回、軍医殿の包帯交換の補助に付いて回ったが、その他の日は、私達（手術室勤務者）が二人で外科病棟全部を回り、包帯交換を行っていました。夜勤は二交代制で夕刻を過ぎると大量の蚊が発生したので、病室には一晩中大きい蚊帳を吊った。

結核、カリエス病棟にも回っていましたが、包帯交換時の臭いがあまりにきつくて、その後に食事をとるのが辛かったです。私自身もここで細菌性赤痢に罹って伝染性病棟へ入院し、大きな輸液（生理食塩水）を皮下注射されたことがありました。

第五三五救護班救護員として遼陽へ

一九四四年（昭和一九年）二月半ば、第五三五救護班の交替要員として召集を受け外地へ。婦長以下一一名、半個

班の編成だった。高浜→呉→玄界灘→釜山→支那→満州→奉天→大連→遼陽の行程で赴任地へ到着した。

【武田】遼陽には第一、第二陸軍病院があり、私たちが赴任した第二は小規模な病院だった。ここでは赤十字の救護看護婦のほかに陸軍看護婦が勤務に就いていた。二宮軍医殿の下、私は外科、大野さんは内科に配属されました。内科では医師の診断を口述筆記する「診療介助」という役割があって、大野さんはとても上手にこなしていました。私は外科で手術室勤務もしておりました。

病院から少し離れたところにあった宿舎には、一階に娯楽室、二階に居室があった。書記殿と使丁殿の部屋があり、婦長殿は個室、他は三人部屋でどの部屋にもペチカが設置されていた。ペチカはとても暖かかった。二重窓の間にリンゴを入れて凍らせ、ひんやり、しゃきっとした歯ごたえのリンゴをかじるのが楽しみでした。酒保※に買い物に行くと、栗饅頭や白砂糖が置いてあったのを見て驚いた。持ち出しは禁止されていましたが、羊羹も買えました。ここでは食事に白飯の混ざった麦ご飯が出ていたので、食糧難だった内地に比べ、ずっと恵まれていたと思います。

愛媛県庁での出発式（愛媛県庁前にて）

昭和 19 年 3 月半ば召集令状が届き、外地勤務となる（満州第 794 部隊・遼陽第 2 陸軍病院勤務）

※酒保《しゅほ》とは、軍隊の駐屯地・施設・艦船内等に設けられ、主に軍人や軍属たる下士官兵、同相当官を対象に日用品・嗜好品を安価で提供していた売店。

敗戦の屈辱

【武田】この頃、B29の空襲はなく、近いところを飛んでいるのを一度見たきりでした。八月一〇日頃、部隊長殿からソ連・満州国境周辺での不穏な動きを聞かされ、「転地するから身の回りのものを整理するように」と命令が下り、いよいよ身に迫った〝戦争〟を感じました。

一九四五年（昭和二〇年）八月一五日、院庭に召集がかかり、ラジオの玉音放送を聞いて敗戦を知った。「直ちに宿舎に戻り二時間以内に所持品を整理してくるように」と命令があり、緊張しながら慌ただしく身の回りのものを整理した。

【武田】書記殿から「持っている写真は焼くように」と命じられてためらっていると、「大事な写真が敵の足に踏まれて、どうされてもいいのか」と怒鳴られ、仕方なくいろんな物を焼きました。その後は病院内の被服庫の一部が仮の宿舎となった。部隊長の家族も一緒に集まっていたが、家族は部隊とは別で移動していった。

敗戦を境に、満人は手のひらを返したように私たちを蔑み、取り囲んで馬鹿にするような言葉を浴びせるようになりました。

「看護婦さん、アメリカが来るから三つ揃えの洋服を買い揃えた方がいいよ。」

お前たちは負けたのだから、勝った国に敬意を示せという意味だった。

置き去りにされた傷病者たち

満州北部に居た日本人を遼陽で受け入れることになり、駅まで出迎えに行ったが、移動の汽車の中で亡くなった方や傷の周りが蛆虫だらけの重傷病者が大勢いた。この頃は二四時間勤務をしており、軽傷病者の助けに支えられた。

【武田】間もなく遼陽にもソ連兵がどっと押し寄せ、街には銃声が鳴り響いた。夜になると婦女子の逃げ惑う叫び声が院内にも聞こえてきて胸騒ぎがしました。さすがに衛兵が立っている病院には入って来ませんでしたが、私たちも凌辱されないようにと男装することになりました。「髪を切らんと連れて帰らん」と言われて、女性にとって髪は大切なものなので、誰もが言いえぬ感傷に胸が詰まりました。緊張しながら傷病者の方に散髪していただき、頭髪の後ろは短く刈り上げられました。軍帽・軍服を着け、股下（ずぼん下）まで兵隊同様の身なりで〝俄か男装の兵隊〟となった私たちはこの頃から部隊の中で勤務するようになりました。食事は一日二食の雑米が八分目、時にはタロイモやジャガイモでした。

程無く、とうとう院内にもソ連兵が入ってきました。無秩序で、汚く、酒を飲んで入って来ては、時計や万年筆など目に付く物は何でも掠奪して行った。終戦直後に満州に入ってきたソ連兵は、急遽、囚人たちを動員して編成した部隊だったと後で聞きました。一度夜に私たちがいるのを嗅ぎ付けて侵入してきたことがありました。夜勤をしているとソ連兵がやって来たので、傷病者に「ベッドの下に隠れろ」と匿っていただきました。誰の命令だったのかはわかりませんが、私たちは青酸カリを持たされていました。

夜間の手術室でソ連兵の切断手術に付きましたが、手洗いをしながら、軍医殿に「武田、声を出すな」と言われました。声を出すと女性であるとわかり、危険なことが起こる可能性を案じてくださってのことでした。

そうやって私たちを守ってくれていた軍医殿と衛生兵たちもいつの間にか、ソ連軍に連行され、傷病者と看護婦は置き去りにされました。出張に出ていた薬剤中尉殿と経理中尉殿は辛うじて連行から免れ、この二人が指揮を執って残された者たちで病院を維持していました。時々、民間の邦人医師に診察に来ていただき、私たち看護婦が眼内注射をしたこともありました。

しかし、在庫薬品にも限度があり、軍医のいない病院ではいくら看護婦が働いてもどうにもならない状況でした。毎日何人もの傷病兵が亡くなられました。それまでしていたように、ご遺体を敬いながら手厚く葬ることが出来なくなり、中尉殿からは「自由にしていい」と告げられました。担架に担がれたご遺体は防空壕の中に掘られた穴の中へ積み重ねられるように葬られた。もうそうするしか他に方法

武田氏　男装姿

がなかったのです。

現地邦人に助けられ

やがてソ連軍は引き揚げて行ったが、その直後、今度は八路軍（中国共産党軍）が入ってきた。八路軍は軍律が厳しく婦女子には手を出さなかった。彼等は病院を存続させる交換条件に看護婦五名の同行を要求してきた。

【武田】これは今でも自分の恥であり、語ることは大変つらいことですが、この時、私と大野さんはシーツを被ってトイレの窓から真っ白い雪景色の中へ飛び出しました。雪の中、方向もわからぬまま歩き続けてよく行き着けたと思いますが、現地邦人の北中さんという未亡人のお宅へ身を寄せました。北中さんは瘰癧《るいれき》を患い包帯交換のために病院へ通われていた患者さんで、かねてより「何かの時は、私の家へ来なさい」と気にかけて下さっていました。北中さんのお計らいで、私が男役、大野さんが女役の夫婦の振りをしてそこで暮らし始め、満人の新聞社で電気を起こすアルバイト（一食付で一〇円）をしたり、コーリャンと粟で作った安倍川餅を売って生活しました。私たちの作った安倍川餅は一個一〇円でよく売れました。他の傷病者たちも私たちのために色々なものを持ち寄って助けてくれました。

ある日、蒋介石軍（国府軍）がやって来て、大野さんを連れて行くと言ったので、私は彼らに「酒一升を飲めば、連行しない」という約束を取り付けて、一升酒を飲み干しました。不思議と酔いはしませんでした。同じ頃、お風呂に入っている時に急に家の中に入って来られて、浴槽に蓋をしてその中でじっとやり過ごしたこともありました。

復員後も白衣の日々を

一九四六年（昭和二一年）三月、内地への引き揚げが決まり、葫蘆島から駆逐艦「ゆきかぜ」に乗って博多港へ帰還した。

【武田】石炭運搬列車に乗り込んで葫蘆島に向かいましたが、車中ではトイレに困りました。初めは途中停車した時に飛び降りて用を足していましたが、高いところから飛び降りるのが怖かった。最後の方は皆で協力して毛布などで囲いながら用を足していました。

松山へ戻ると町の半分は焼け野原で、松山赤十字病院も焼失していました。日赤愛媛支部にご挨拶に行って召集解除となりましたが、この時は「白衣は二度と着まい」と思っていました。軍病院というところの考え方、やり方に不満を持っていたことも確かです。

家族は新居浜から西条へ移転していた。再会したとき、父は「金子」と名前を呼びながら抱きしめてくれました。

復員後は何かしなければいけないと思い、高松にあった四国電力株式会社の診療所に勤務して保健業務に従事していた。その後、恩師の誘いで松山赤十字病院へ勤務することになり、松山赤十字高等看護学院教務部長、松山赤十字病院看護部長を勤めました。

自分のやりたいことはやったと思っています。

【大野】苦労はしたけれど、今思えば感謝です。いい友人に巡り合いました。日赤を出たことは誇りです。学ぶことが出来て、いい経験でした。

インタビュー協力：

松山赤十字病院副院長兼看護部長

小椋　史香氏

特集２：戦後七〇年―元従軍看護婦たちの証言　インタビュー：いま振り返る〝戦地の日々〟①

引き揚げ支援でラバウルへ

元日本赤十字社第六一一班、第八四八救護班・佐藤トシ子氏に聞く

佐藤トシ子氏

姉に倣い看護婦に

私は六人姉弟の二番目で、上に姉が一人、下には弟と妹がそれぞれ二人いる、たいへん姉弟仲の良い和やかな家庭で育ちました。当時、矢板には農家が多く、私の家も農業の傍ら精米業を営んでおりましたが、元は裕福だった父方の祖父が贅沢に遊び過ぎたせいで我が家の家計は次第に厳しくなり、父は大変な思いをしました。そのため、私と姉は経済的な理由で尋常高等小学校を卒業した後は上の学校に進めませんでした。

姉は東京・板橋の産院で働きながら看護学校へ行かせて

佐藤トシ子氏　プロフィール

一九二六年（大正一五年）一月二日　栃木県矢板市（旧塩谷郡泉村）生まれ
矢板市の泉尋常高等小学校卒業
一九四一年（昭和一六年）九月　東京産婆看護婦学校看護学科卒業
一一月　栃木県看護婦資格取得
一九四四年（昭和一九年）一月〜三月　前橋赤十字海軍病院で救護看護婦養成の研修を受け、四月より日赤救護班第六一一班に臨時救護看護婦として応召
終戦まで宇都宮陸軍病院分院に勤務した後、同病院本院に勤務。
一九四五年（昭和二〇年）九月　日赤栃木県支部第八四八救護班に補充編入
病院船勤務
一九四六年（昭和二一年）七月三一日　召集解除

もらい、助産婦の資格を取りました。私も姉に倣い、叔父の世話で東京・椎名町にある村井耳鼻咽喉科に勤務し、午後から東京産婆看護婦学校看護学科に二年間通学して勉学に励みました。

一九四一年（昭和一六年）に栃木県の看護婦資格試験に合格して資格を取得した後は宇都宮陸軍病院で看護婦としてお勤めを始めました。この時代は女性が外で働くのは珍しく、矢板にいた同級生のほとんどは学校を卒業すると家業の農業を手伝っておりました。

臨時救護看護婦養成の研修へ

一九四四年（昭和一九年）、日毎に戦争が激しくなっていく中、私も〝お国のため、傷病兵のお役に立てる仕事がしたい〟と思うようになり、日赤の救護班へ入るため、前橋赤十字海軍病院へ三カ月間の研修に行くことを決意しました。そこでは、新しく救護看護婦を志願した人達のために海軍病院の士長さんたちから直接教育・訓練が行われていました。私達は軍隊式の礼儀作法を仕込まれ、厳しい規律に従いました。

一月から三月までの厳寒期に田んぼの中で担架訓練もしました。寮では水道ではなく、凍るような冷たい井戸水で洗濯をし、入浴は先輩が先に入り、その背中を流してから自分は隅っこの方に入って、先輩より先に出なければいけないので、温まるどころではありませんでした。

防空壕内での献身看護

　三カ月間の研修を終えた四月からは、前橋や水戸の日赤看護婦養成所で教育を受けて卒業した人達と共に第六一一救護班で仕事をすることになりました。若かったので、やはり「外地で勤務したい」という気持がありましたが、六一一班は外地への派遣はなく、ずっと同じ内地の陸軍病院での勤務でした。

　患者さんが次から次へと運ばれてきて、本院の病棟だけでは収容できず、宇都宮市御幸ヶ原町の防空壕の中に三病棟くらいの分院を作り、そこにベッドや治療道具を置いて、七、八〇名くらいの重傷患者が収容されました。

　外科の患者さんは長野県の上山田温泉病院へ転送され、外傷のひどい患者さんが御幸ヶ原の防空壕内分院で治療を受けていました。医療物資は不足しており、抗生物質も無かったため、傷口から蛆が湧いているのを水道の水で流して消毒し患部を清潔にしました。今ならガーゼは使い捨てですが、当時は材料がなかったので、ガーゼや包帯をクレゾール石鹸液で煮沸した後に手洗いし、乾燥させて再利用しました。不潔でしたが、物資が無かったのでそうするしか手立てがありませんでした。

　運ばれてきた患者さん達は外地で人怪我を負っても治療を受けられずに日本へ送られ、そのままここへ運ばれてきたのだと思います。皆外傷を受けてかなり日数が経っていたので傷がひどく容態も悪かった。休むことなく患者さんたちへの看護にあたりましたが、尽くしても、尽くしても、手当ては追いつきませんでした。光の見えない防空壕の中で連日連夜、重傷患者の回復をひたすら祈りながら懸命になって働きました。その間、日本の戦況は悪化の一途をたどり、終に敗戦の日を迎えた。

　戦争が終わると、今度は本院への移動を命じられました。終戦後の本院には結核、栄養失調の患者さんが溢れていた。

病院船内での弔い

　一九四五年(昭和二〇年)九月二五日、外地引揚者のための病院船へ乗る救護班へ転属することになりました。もう「召集令状」はありませんでしたが、代わりに「救護員手帳」を持たされました。三井造船の貨物船を病院船に改築している間は勤務がなかったので、岡山県の病院施設で出港日まで待機しており、その間に、日赤栃木支部が広島見学

救護員手帳

の機会を設けてくれました。車の中から見た広島市の焼け跡は〝街全体が燻られたような〟風景でした。

一二月になって船の改築が完了し、日赤栃木支部第八四八救護班の救護員として赤十字の腕章を付けて病院船に乗り、先ずはラバウルへ向かいました。日本から向かう時は、私たち栃木班の他に東京班、大阪班、日赤以外の一般の看護婦の方々、衛生兵、三、四名の医師、青木婦長、久保田中尉、佐藤中尉(外科医)と一緒でした。

往きは患者さんが乗っていないので楽でしたが、日本海は波が高く、船酔いで気分が悪くなって食事も取れない看護婦もいました。患者さんを乗せる前に衛生兵たちが船内で肝試しのような催しをやっていて、そういうのを見てぞっとすることはありましたが、内地で重傷の患者さんをたくさん見ていたので、帰りの船内でひどい状態の患者さんを見ても怖いと思ったことはありませんでした。

島の港へ着くと、ジャングルなのに道が舗装されているのを見て驚きました。寄港のために兵隊たちが島内の道を整備したそうですが、この頃は矢板辺りでも道路はでこぼこしていました。「危険なので看護婦たちは下船しない方がいい」と言われて船内で待機しておりますと、やがて、衛生兵たちが小船で患者さんを運び込み、一回に千人近くの患者さんを病院船に乗せました。

外傷のひどい方、栄養失調の方が多く、みんな長い間何も食べていなかったので、食事を出しても身体が食べ物を受け容れられず、流動食を与えても下痢が続きました。病院船には点滴を用意してあったのですぐに投与しましたが、結局は駄目で、毎日一、二名は船内でお亡くなりになりました。患者さんが息を引き取られると、衛生兵が片手や髪の毛を切り、ご遺体を毛布に包んで船尾の方から海へ葬りました。船でラバウルから日本へ到着するのに大体一二、三日くらいかかり、亡骸をそのまま船に乗せておくことはできなかったのです。日本へ持ち帰れるのは船上で火葬された片手のみでした。

私は病院船の中でも日勤・夜勤の区別なく、ほとんど休まずに患者さんの治療と世話にあたりました。外科の先生も乗っていたので、船内で手術も行なわれていました。ガーゼや包帯は海水で洗いましたが、飲み水や食事に使う水はたくさん積み込んでいたので不足はありませんでした。終戦直後の内地は深刻な食糧難でしたが、船には医師、看護婦、衛生兵、患者のために充分な食糧と飲み水の用意がありました。

日本へ到着すると、横須賀の海軍病院へ患者さんを収容し、そこで一カ月間くらいお世話をした後、再び病院船に乗ってブーゲンビルへと出発し、敗戦で心身共に傷を負った患者さんたちの看護に尽力した。

一九四六年(昭和二一年)七月三一日に召集が解除されると、故郷へ戻り近所の食糧配給所で事務員の仕事に就きました。戦争で疲れてしまい、その後四年間は看護の仕事からは遠ざかっておりましたが、一九五〇年(昭和二五年)九月から看護婦として再始動し、七〇歳になるまで地域の患者さんのために献身しました。

今、救護看護婦だった頃を振り返ると、とにかく必死だったと思います。若くて健康だったから頑張れたのでしょう。

インタビュー協力：
芳賀赤十字病院看護部長　河原美智子氏
那須赤十字病院看護部長　髙橋美知子氏
日本赤十字社栃木県支部参事　浅賀昌代氏

赤十字条約に守られてビルマからインドへ

元日本赤十字社和歌山支部第四九〇救護班・平井越子氏

昭和二〇年四月のある日、突然転進命令があり、背中に白い布を垂らし、兵隊さんが先頭、中央が私達救護員、後方が兵隊さんと並んで山道や小川を歩きました。ほとんど夜に行軍し、昼は休憩をしていました。ある日の午後、空き家で休憩していると急に転進命令があり、裸足で石ころ道やいばら道を歩いて、やっとシッタン河畔に辿り着きました。

「こんな大きな河をどうやって渡るのか」と思いました。死を覚悟して泳いでいると、向こうから丸木舟に乗った現地の方が手を振って近付いてきたのでその舟に乗せてもらい、向こう岸に着きました。

民家の中に入らせていただき、濡れた衣服を脱いでビルマの衣服に着替え、夕食を頂いた後、休ませていただきました。朝起きると、乾かしていただいた衣服に着替え朝食を頂いて、厚く〳〵御礼を申しました。

外に出るとジープが置いてあり、それに乗せられてイギリス軍の事務所に連れて行かれ、通訳を通して質問されたことに答えました。初めは嘘ばかりついていると、「あなた達は日赤のナースでしょう。赤十字の条約を勉強していないからこんな不幸な目に遭ったのです。私たちは赤十字条約により、あなた達を保護します。」と言ってくれました。昼食を頂いたその後は応答に正直に答えました。

イギリスのドクターが「日用品も要るでしょうから、通訳を通して言って下さい」と言ってくれました。頼んだ品

平井越子氏　プロフィール

一九二〇年（大正九年）七月二四日生まれ
一九四〇年（昭和一五年）一一月三〇日　看護婦養成所卒業
一二月七日　日赤和歌山支部第二三七救護班応召
　天津陸軍病院、香港陸軍病院勤務
一九四三年（昭和一八年）五月二九日　召集解除
一一月一日　日赤和歌山支部第四九〇救護班応召
一二月五日　南方第三陸軍病院（マレーシア）援助勤務
一九四四年（昭和一九年）二月二五日　第一〇六兵站病院（ビルマ・ラングーン）ローガ分院勤務
一九四五年（昭和二〇年）一月二一日　第一一六兵站病院配属
　四月二七日　状況悪化の為、ペグー山系を進む
　救護班員戦死、班員四散後、同僚と共にペグー英軍病院に収容（看護婦六名）
　その後、インドの英軍ラレラジブタナン砂漠日本人拘留所内病院勤務
一九四六年（昭和二一年）七月七日　召集解除

は早速持って来てくれて、パラシュートの生地で肌着を作り、復員後もそれを大切に使いました。私達専用のテントも建ててくれました。その後、日本人が収容されている捕虜収容所でイギリスのナースの助手として看護をする仕事をしました。

ある日、インドにある日本人収容所へ派遣する医療班の看護婦として、山下さんと私が指名され、船でラングーンからカルカッタまで行きました。次に汽車に乗ってデリーに着き、日本人が多く住んでいるところに行って、インド人のナースの助手をして日々過ごしていました。

そこへ、山本さん、森下さん、道北さんが来て、山中での悲劇を話してくれました。中尾婦長さんが「私はもうあなた達の面倒は見られません。捕虜にだけはなってはいけません。」と言われ、「天皇陛下万才」と言って腰のベルトで首を絞めて亡くなられたことを聞き、泣き崩れました。中尾婦長さんは、美人で賢く大変責任感の強い立派な方でした。私達（辻さん、児玉さん、私）が傍にいたなら、いろいろとお話もでき、このようなことにはなっていなかったでしょうに。中尾婦長さんは昭和一五年三月卒業、私達三人は昭和一五年一一月卒業で、常時仲良く過ごしておりました。

また、道北さんが弾に当たって重傷を負った時に、イギリス軍の方が早急にヘリコプターを出してくれ、軍の病院に連れて行って手当てをしてくれ、本国（イギリス）から良薬や必需品を手配して送ってもらい、輸血までしてくれたと聞きました。敵味方の差別なく赤十字の博愛の精神を強く感じました。その後、道北さんは病棟に入り、山本さん、森下さんはインドのナースの手伝いをして、イギリス軍の病院で過ごしました。院内は大変清潔でハエ一匹もいなかったほどです。

昭和二一年五月のある日、日本へ帰国できることになり、カルカッタ港より復員船に乗って日本に向け出発しました。六月下旬に大竹港に着いて、身体消毒や復員手続きを済ませ、復員列車に乗り、和歌山駅に着きましたが、市内を眺め寂しくなりました。復員後、日赤支部や日赤病院に出向き、山下さんは紀南方面、私は紀北方面の亡き方々のお家を訪問し、葬儀にも行かせていただきました。（道北さんは後日、病院船で帰国しました。）

その後ビルマの病院で勤務していた山野さん、岩本さん、辻さんも一〇月初旬に無事帰国しました。二八名中、生存者は八名でした。

行軍中に「水を下さい」と言っていた兵隊さんに、軍医さんが「小水でもやっておけ、毒にならないから。」と言っている声も聞きました。また、木の上からハゲタカが兵隊さんが死ぬのを待っていたり、骸骨になっている兵隊さんも見ました。大変悲しい光景を見ました。

以上、乱文乱筆でございますが、思いつくままに記させていただきました。

今後、天災や疫病の救護には積極的に活動にあたられ、国と国との戦いには話し合いによって平和的に解決できるように願っております。戦争に参加することは絶対反対です。

二〇一五年六月

平井越子

協力：和歌山赤十字看護専門学校副学校長　高岸壽美氏

日本赤十字社和歌山医療センター看護部長

中尾ひろみ氏

寄稿

流動する二〇一〇年代の世界の構図――難民問題の政治的背景

墓田　桂
（成蹊大学文学部国際文化学科教授）

世界は変動期にある――。世界の動きに敏感な者は誰しもすでにそう感じていることだろう。

冷戦終結期はいくつかの危機に見舞われながらも新たな秩序への期待があった。これに比べると、二〇一〇年代の世界は、先行きが不透明ななかで危機が発生するという混迷の時代にある。だが、それこそが世界の新しい常態なのだろう。そして不幸にも、漂流する世界を象徴するかのように難民が生まれている。国外ばかりでなく、国内での難民化の現象も止むことがない。世界各地の情勢が流動的になるなか、その原因が簡単に解決するとは考えにくい。難民の流出は古代より現在まで連綿と続いてきたし、強弱の差はあれ、今後も続くのだろう。

では、難民現象をどう捉えるか。世界の構造的な動向に着目せずには、この現象は十分には理解できない。問題の解決を考えるにしても、国家や国際社会という要素は切っても切り離せない。そうした問題意識から、本稿では二〇一〇年代の世界情勢に焦点を当てて、難民現象を取り巻く政治的背景を見ていくことにする。

混沌とした二〇一〇年代の世界

変化が激しく、複雑な時代である。国際政治の主体も多様であるなら、主体間の争点も多様である。力関係の変化は大国間のみならず、さまざまな次元で生まれている。それは時として激しい暴力となって表れ、人々に甚大な被害をもたらす結果となっている。まずは具体的な事例をいくつかあげながら、世界情勢の潮流を概観したい。

二〇一〇年に北アフリカで始まった「アラブの春」は、その帰結として、中東での政治的混乱を引き起こした。民主化運動が進み、いくつかの強権的政権は崩壊したものの、多くの国々で国家という枠組みが揺らぐ事態が起きてしまう。強権政治の退場と相俟って台頭してきたのがイスラム過激思想であり、これを唱える勢力である。今に始まった動きではないが、これらは国境を越えて急速に拡散し、局地的に暴力的事象となって結晶した。二〇一四年六月の「イスラム国（IS）」による「カリフ国」の建国宣言は、二〇〇一年九月の同時多発テロ事件以降に露わとなったイスラム過激主義の一里塚と言えるだろう。ISによるシリア・イラク国境の物理的破壊も象徴的な出来事であった。

国家の揺らぎは中東だけにとどまらず、アフリカも席巻している。植民地支配の境界線を利用しながら独立に至ったアフリカの諸国家は、その擬制的な性質をより強く表出している。国家の求心力の低下に加えて、内乱やクーデターによる統治不全など、アフリカ国家の擬制性を浮き彫りにする場面は数多い。そのようななか、とりわけサヘル地域において、擬制的で脆弱なアフリカ国家はイスラム過激主義の拡散に対して有効な手立てを見出せないままでいる。

他方で、ロシア、中国という、国際連合（以下、国連）において強大な権限を与えられている国々が力による現状変更を試みている。国際法秩序の維持にとっては危機的事実である。ソビエト連邦崩壊の後に凋落傾向に歯止めがかからなかったロシアは、二〇〇八年八月のグルジア戦争を経て、再び国際政治の主役を演じている。力を誇示することを躊躇しなくなったロシアは、二〇一四年三月、ウクライナのクリミア半島を巧妙な手法で併合する。さらにアジアに目を向ければ、中国の膨張指向は憂慮すべき規模となっている。南シナ海での人工島の造営と軍事拠点化は、中国による周期遅れの帝国主義を物語るものであるが、東シナ海、特に日本の尖閣諸島周辺での挑発行為もその文脈で理解できよう。

二〇〇一年九月のテロ事件で受けた衝撃の反動だろう、アメリカがアフガニスタンとイラクという、自国から遠く離れた二つの前線で「勝てない戦争」を戦ってきた一方で、ロシアと中国は力を温存しつつ、政治・経済・軍事の資源を効果的に運用しているようにも映る。「超大国であったアメリカが自ら衰退の道を用意した」と二一世紀の政治学者は振り返るのだろうか。

さまざまな次元で見られる簒奪と群雄割拠、そして無秩序の様相は、「乱世」という言葉さえも彷彿とさせる。世界を動かす主役が入れ替わり、国家・非国家のさまざまな主体が入り乱れる。それぞれが勢力を維持し、拡大しようと行動する。現状を説明するにも、現状に対応するにも、地政学的な視座は不可欠となる。常識であったはずの価値と規範は自明ではなくなり、既存の秩序は所々で動揺する。世界の各地で起こる人道危機は、以上の文脈に照らし合せて見ていく必要がある。

人道危機の時代

「今世紀最悪の人道危機」[1]とされるシリアを筆頭に、さまざまな国で息のつまる悲劇が起きている。人々の普通の生活が失われ、無辜の人命が失われる苛烈な状況である。国内外で安全を求めて逃げる人は後を絶たない。国家が揺らぎを経験し、政情悪化に直面するなか、人々の生活もまた大きな揺らぎに遭遇するのである。

安全を求めて国内外で流動する人々は、動揺と漂流を経験する国家の「映し絵」である[2]。もちろん人の移動（human migration）は今に始まった現象ではない。紛争や災害、気候変動という人間生活への脅威に対し、人々は避難し、移動

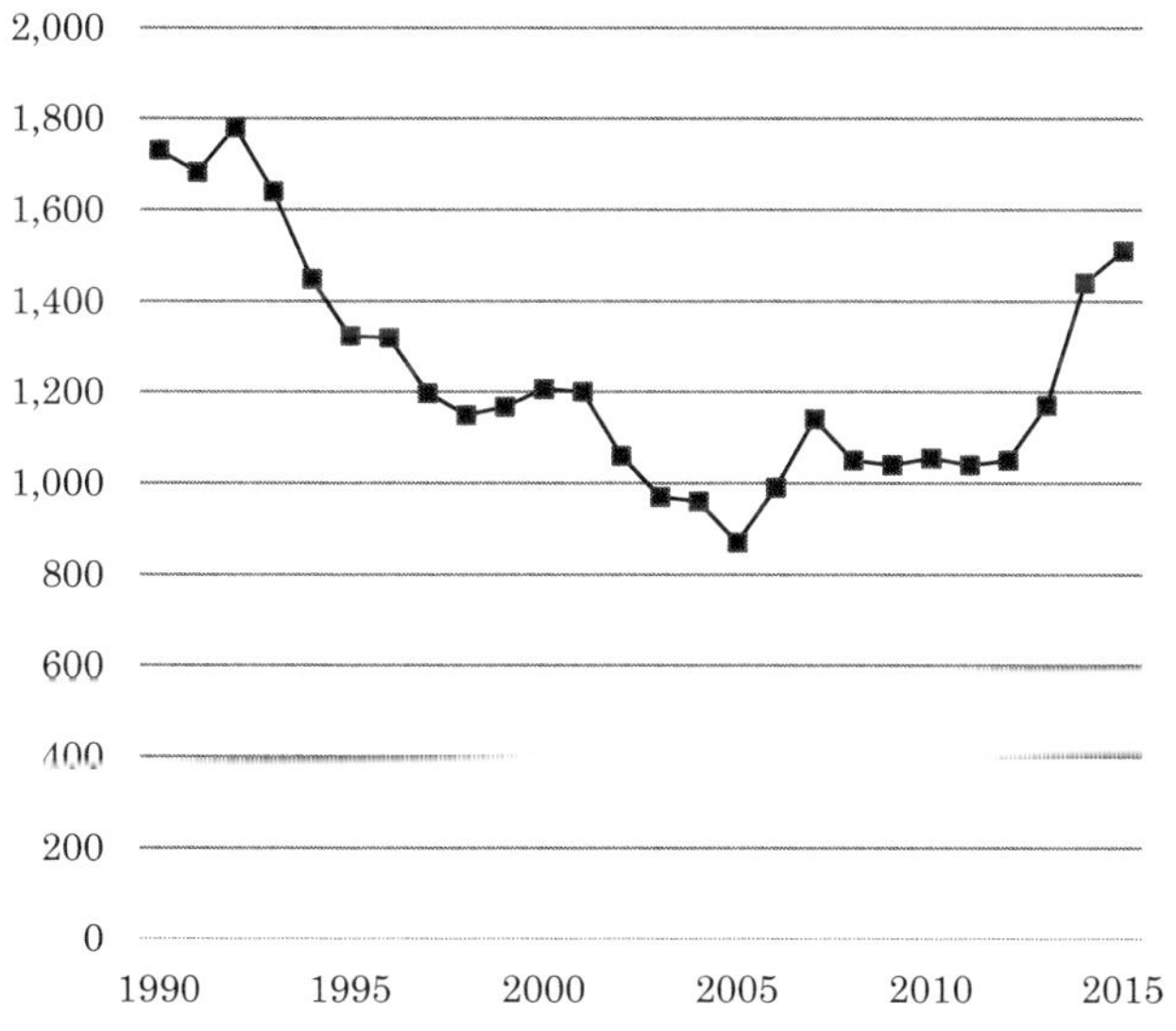

図　難民の数の推移

（population of concern to UNHCR、1990 ～ 2015 年、単位は万人）

注：UNHCR の Statistical Yearbook (Overview) を基に作成。

することで対処してきた。人口移動は昔から繰り返されてきた世界史的現象であり、何も目新しいことではない。ただ、各地で起きている人道危機は、さまざまな異変を確実に映し出している。

二〇一五年六月の時点で世界での難民の数は一、五一〇万人に上る。[3] 二〇一〇年代、その数は著しく伸びた(図を参照)。その一方で、国内で避難する「国内避難民(internally displaced persons)」の数は二〇一四年末の時点で三、八〇〇万人と推定される。[4] 逃れられる人はまだ幸いである。移動することもままならず、現地にとどまり、危険と恐怖にさらされている人は数多い。難民や国内避難民に比べれば可視化されない存在であり、その数を正確に算出することは困難である。

人道危機では人々が難民化するのみならず、人々の命が深刻な危機に直面する。二〇一〇年代、紛争の犠牲者は後を絶たない。直接的に武力攻撃や人権蹂躙の危険にさらされることもあれば、紛争にともない食糧生産や経済活動が困難となり、飢饉の状態が生じることもある。基本的医療を受けることも難しくなり、感染症を始めとする病気の罹患率も自ずと高まる。武装勢力が跋扈するかたわらで、市井の人々の安全はかくして脅威にさらされる。

例えば、二〇一三年一一月、世界食糧計画(WFP)は「武力衝突が続く中央アフリカ共和国で、一一〇万人の人々が飢餓に見舞われるリスクがある」と警鐘を鳴らした。[5] その数カ月後、WFPは中央アフリカの首都バンギに向けて食糧の空輸を行い、一、八〇〇トンの食糧を提供するのだが、人々の厳しい生活条件が根本的に解決されたわけではない。

人道危機は現地の人々が直面する危機的状況を指すものだが、その影響は本国だけにとどまらない。人の移動にともない、人道危機は広域にわたって影響をもたらす。故郷を離れた人々は、国内で、あるいは国外に逃れ、さらには遠く離れた国々にも移動する。交通・航路網や情報伝達手段の発達によって、移動の規模と範囲は大きく広がった。さまざまな拠点を渡り歩くといった形で、二次的、三次的な移動を行うケースは多い。近年、欧州連合(EU)に流入した難民・移民の多くはそのパターンである。

故郷を逃れ、安全な土地を求めて人々が移動する一方で、移動する人々は、その先にある社会に負担と軋轢をもたらす。平穏に暮らしたいと願う地元住民にとってもまた危機的状況が生じるのである。東欧のスロヴェニアでは人口一七六人のリゴンツェ村に七万人の難民・移民が通過したと伝えられる。[6] 美しい村として名高かったリゴンツェ村は、移動者が残したペットボトルや丸めた紙、毛布やコートが道端に散乱する状況となった。大量の人の流入による喧噪化や荒廃化は深刻である。地元住民は語る。

「移民の数があまりにも多いので、彼らを迎え入れる国々の平和が破られるのではないかと不安です。このことがきっかけで、将来、ヨーロッパによくないことが起こるかもしれません。とにかく数が多すぎるのです」[7]

難民・移民の大量移動はリゴンツェの村民にとっても災難であり、危機的事態をもたらした。難民問題を論じる際、とかく論者は「難民中心主義（refugee-centrism）」に陥りやすいが、地元住民の感情や地元社会が置かれた状況は、決して軽んじてはならない論点である。

負担と軋轢は、場合によっては、移動先の社会に変容を促す要因ともなる。シリア難民の受け入れをめぐって、欧州の統合や人権・人道といった基本理念に疑念が生じ始めているＥＵの状況はその一例である。ＥＵ諸国においても、これまでのような難民の受け入れ政策に限界が出始めており、「善意の上限」が露わとなっている。負担と軋轢は、国内政治にも変化を促す。左派勢力への支持低下と右派勢力の台頭は、すでにいくつかのＥＵ諸国で見られる傾向である。

人道危機は紛争国とその周辺で起きる人々の安全を大きく揺るがすが、そればかりか、世界の諸国にも影響を与える。人間という、我々の社会の根源的存在をめぐる問題だけに、人道危機の扱いは複雑であり、人々に葛藤や亀裂をもたらす。

国家の異変と国際社会

すべての紛争や人々の苦境が国家に起因するものではないとしても、各地で起きている紛争と人道危機の背景に、国家の「異変」が見え隠れすることがある。国家の存在が揺るぎないと見るような通俗的な理解とは裏腹に、その擬制性と脆弱性が露わになる事例が増えている。

企業や団体と同じく、国家も人間が織りなす組織体だが、人間社会において、国家には特別な地位が与えられている。その地位は、国民を統治し、領土を支配する政府が存在し、それらの政府が独立を認め合う事実から導き出されるものである。誰しもが国家を創設できるわけではなく、

「新参者」を容易に認めようとしない点において、国家間の関係は保守的である。住民・領域・政府からなる国家同士が半ば排他的に認め合い、国家間の関係を築き、international community、日本語で言うところの「国際社会」を形成してきた。その象徴的存在が主権国家で構成される国連である。一九四五年に五一カ国で発足したが、二〇一六年時点での加盟国は一九三カ国を数える。国連の加盟国の変遷には、諸国家の共同体の変遷が確実に映し出されている。

保守的性向が強い国家間関係だが、こうした変遷に示されるように、決して静的なものではない。そこには動的な側面さえも見てとれる。同じく、国際社会の基本的単位である国家も静的な存在ではなく、動的な存在として生き長らえている。有為転変の姿こそが世界の実相なのだろう。

その国家に異変が起きている。「動的な存在」と言うなら、異変は以前から起きていたのかもしれない。それが明るみになっただけなのだろう。さらに言うなら、「異変」の芽であるさまざまな限界と矛盾を宿しつつ、国家はたえず存在してきた。その表れ方が国によって大きく異なるということだろう。

国家には「物語」が必要である。企業にも経営理念や沿革があるように、国家にも建国宣言や憲法に示される理念、さらには人々が紡いできた歴史がある。これらを国家的物語とするならば、国家の人工性はそれぞれの物語によって美しく包み込まれる。国歌や国旗も物語に華を添える。国家はあたかも自明の存在であるかのように語られ、語り継がれる。擬制性はいつの間にか薄らいでいく。

ところが、いくつかの国において、その種の擬制性が瞭然たるものとなり、瓦解の進行が抑えきれないものとなっている。さまざまな差異はあるだろうが、それらを「限界国家」と総称できるだろう。その顕著な例がシリアであり、すでに国土の分断を経験しているイラクである。アフリカにおいても国家の擬制性や脆弱性が顕在化している。アフリカの大国、ナイジェリアも例外ではない。全体が瓦解しているわけではないが、同国は過激派組織ボコ・ハラムの台頭によって部分的に統治の困難を経験している。あるいは、その実直な国名にもすでに人工的な香りが漂う中央アフリカ共和国は、慢性的な統治不全に見舞われてきた。同じく実直な国名の南アフリカ共和国とは異なり、中央アフリカは「幽霊国家(phantom state)」との評価が定着している。[8] 民主主義の優等生であったマリ、独裁政権にあって安定を保っていたリビアにおいても、それぞれに異なる形で統治困難の領域が生まれている。マリは直線的で奇怪な国境線が特徴的な国だが、二〇一二年には同国の北部で分離独立運動（「アザワド共和国」の建国）が勢いを増した。

　国家が困難に直面するなかで、紛争の解決は当該国家の枠組みを前提に図られる。国際社会の常道の手法と言っても良い。保守的性向をもち、現状維持の力学で動こうとする国際社会は、瓦解した国家でさえも再生しようと試みる。「平和構築」の名のもとに、紛争に見舞われた国家を建て直そうとする試みは、そうした力学の発露である。もっとも、外部からだけではなく、国民和解や暫定的な連立政府の樹立という形で、内部からも国家再生の動きが生まれることがある。だが、内に異変が生じているにもかかわらず、既存の外枠を維持しつつ、紛争の解決や平和の定着を図ろうとするような場合、そこには根本的な難しさが潜んでいると言えよう。

中世化する世界と「階層」の発生

　こうした諸々の現象が起きている現在の世界をどのように分析するか。ニコライ・ベルジャーエフ（Nikolai Berdyaev）を皮切りに、ヘドリー・ブル（Hedley Bull）、アラン・マンク（Alain Minc）、田中明彦といった論者が示した「新しい中世」[9]の概念を援用するなら、それは中世化（medievalization）が進む世界である。その世界では複雑な諸現象が起きるのだが、その一つが階層化の現象である。これは田中が示した「圏域」[10]の見方にも似ているが、ここでは「階層」の概念を用いたい。

　大胆かつ大局的に分析するなら、中世化する世界にあって、大きく分けて三つの階層が生まれている。すなわち、《第一層》部分的な揺らぎがあったとしても、既存の国家が引き続き意味をなす国々、《第二層》国家の意味が薄れ、全体に揺らぎを経験している国々、そして《第三層》既存の国家が瓦解し、新たな秩序・無秩序が生まれている国々、である。主権国家体制は諸国家の併存を前提とするものだが、階層化はその体制のなかにある複雑な現象に着目する観点となる。

　似たような議論は、ロバート・クーパー（Robert Cooper）というイギリスの元外交官が著した『国家の崩壊』（原題は The Breaking of Nations）でも示されている。クーパーは、世界を「プレ近代」「近代」「ポスト近代」の三つに分けた[11]。これは「先進国」「途上国」といった経済的な基準ではなく、進化や成熟度の観点で各国を分類したものである。用いる概念や分類方法は異なるが、階層化という点では理論的に共通する部分も少なくない。

世界の階層化は、複数の差異化された「世界」の存在を意味している。ちなみに、階層化現象は人間社会にはつきものであり、同じ国内や都市においても、あるいは同じマンションや公園、教室のなかでも起こりうる。こうした現象が国家間で起きたとしても何ら不思議ではない。

ただ、国家間の「階層」といっても、緻密な類型化に必ずしも適した議論ではなく、特徴をつかむための雑駁なものにすぎない。一九〇余りの国家の分類を行うつもりはないが、イメージをつかむため、いくつかの事例をあげておきたい。日本やアメリカ、EU諸国は上述の第一層に属すると言って良い（ただし、国内に分離独立運動を抱えた一部のEU諸国は第二層にも差し掛かっていることになる）。中国は、共産党体制の動揺が仮にあったとしても、国家自体の意味が消失することはないだろう。その点では、第一層に含めて構わないが、チベットやウイグルの状況に着目すれば異なる評価もありえよう。ロシアも部分的な揺らぎを力で抑えつつ、第一層の地位を保つだろう。動揺する中東にあって比較的安定しているトルコも第一層の国家と言えるが、クルドという揺らぎの要因を抱え込んでいることは言をまたない。

国家が瓦解してしまったシリアは第三層に属する。イラク、イエメン、リビアといった不安定な諸国は第二層と第三層との間をさまよっている。ソマリアは旧来の国境線に沿ったソマリアを指すのなら第三層ということになるかもしれない。ただ、旧ソマリアから分裂したソマリランドについて言えば、国家であることに意味を求めようとする構成体である。比較的安定した「非承認国家（unrecognized state）」であり、少なくとも第三層の存在ではない。世界に階層化現象が起きているとしても、ソマリランドの場合のように、すっきりとした類型化は難しい。

多様な現象が同時進行する世界

中世的な世界は階層によってのみ彩られるのではない。国際政治における多極化の動きは二〇一〇年代に強まっているが、これも現在の世界の様相を映し出している。多極的な世界は、「中心のない世界」（アラン・マンク）[12]であり、「覇権なき世界」（廣瀬陽子）[13]である。イアン・ブレマー（Ian Bremmer）の「Gゼロ」[14]もこれに通じる。アメリカの指導力の低下とともに既存の国際秩序に対して異議が申し立てられ、主要国間で熾烈な覇権争いが生じているのは周知の事実である。もっとも、多極化は単純な対立構造で説明できるものではなく、対立していると思われる国家間であっても、協調や対話を模索する動きは同時に起こりうる。国際政治がたえずそうであったように、現実はより複雑である[15]。

多極化に加えて多主体化も現在の世界を象徴する流れである。階層化の議論で言うところの第二層と第三層にかけて、国家の存在が著しく相対化され、国家以外の多様な主体(actor)の存在が顕著となる。「非承認国家」と呼ばれる、国際社会から承認されない国家的な構成体の出現も、この文脈で捉えて良いだろう。ただ、多主体化の現象は、非承認国家や武装非国家主体(armed non-state actors)ばかりか、堅固な国家にさえも影響を与えるような企業や民間団体によってももたらされる。多様な主体には、内外の社会運動や場合によっては個人を含めても良い。国家をジェネラリストとするなら、非国家主体はさしずめ特定の範囲で行動するスペシャリストである。スペシャリストである非国家主体がジェネラリストである国家を超越する場面は数多い。

さらに、諸国家の集団化の動きがあげられる。興味深いことに、グローバルな次元での多国間主義と並行する形で、地域内で、あるいは利益や価値を共にする国同士で集まる動きが進んでいる。相互依存の象徴でもあるが、結集は諸国家にとっては互助であり、「保険」となる。世界貿易機関(WTO)の役割が後退するなかで、二〇一五年一〇月に環太平洋パートナーシップ(TPP)協定が合意されたのは示唆的な動きである。同年末の東南アジア諸国連合(ASEAN)共同体の発足も集団化の潮流の一端である。近年顕著になった、アメリカ、インド、オーストラリア、日本の間での安全保障の緊密化の動きもこの関連で指摘できよう。

現在の流動的な世界情勢は、紛争の多発に加えて、階層化、多極化、多主体化、集団化といった多様で複雑な現象が同時進行する状況にほかならない。国家や近代国家体系の揺らぎ、さらにはアメリカの秩序維持機能の減退にあって、国々は現状に適応しようとしている。リスクが多い時代だから、掛ける保険もいきおい多くなる。ただし、体力の弱い国家は、状況に適応するにも手段に乏しく、諸国の勢力争いや多主体化に翻弄されることになる。そのうちのいくつかは躓き、倒れていく。

現在、局所的ながらも、一七世紀以前の世界が再現されている印象を強くする。無論、現代文明の利器は存在し続ける。先端技術の開発が止むことはない。破綻する国家がある一方で、多くの国家は揺らぎを経つつも生き残るだろう。価値観や利益を共有する国家間での協力関係も深化する。帝国主義も生き続ける。そうした意味では近代的世界の延長線上にあると言えるだろう。

しかし、同時に、諸国家の階層化、国際政治の多極化、そして世界を動かす主体の多様化が進行する。田中明彦の表現を借りれば、「多元主義の極地」[16]に向かうのだろう。その過程では多種多様な越境的関係が進んでいく。国内秩序の揺らぎとともに、主権国家体制が揺らぐ場面がいくつも生まれる。それらの側面を捉えての局所的な中世化、あるいは「ウェストファリア以前」の再来である。

各地で多発する紛争は、大きく変動する時代に、進行中のさまざまな変化が暴力的な症状として表れたものである。中世化する世界にあって、特に混乱状況にある国々においては、既存の国家は形骸化し、混乱とともに人々が難民化する。国家という外枠が社会的事実に合致せず、既存の国家には国民を守る能力もない。そうであるならば、人々は移動という手段を通じて状況に適用し、身を守ろうとする。至極妥当な判断と言わざるをえない。

国連の機能不全

二〇一〇年代の象徴的な出来事に、国連の機能不全があげられる。各地で武力紛争やテロが多発し、難民や国内避難民が発生する状況にあって、国連は危機的状況に対して解決策を見出せないままである。

もっとも、国連はさまざまな機関からなる集合体である。国際の平和と安全に主要な責任をもつ安全保障理事会（以下、安保理）もあれば、難民の国際的保護を担う国連高等弁務官事務所（UNHCR）も存在する。当然のことながら、国連のすべてが機能不全に陥っているわけはない。紛争解決を担う安保理や、仲介努力などを行う事務総長といった国連の主要機関が、期待された役割を果たせていないまでのことである。UNHCRやWFP、国連児童基金（UNICEF）といった技術的機関は、むしろ政治機関の機能不全を補うかのように、より大きな役割を果たしている。

とは言え、国連安保理の機能低下は深刻である。安保理の常任理事国の間での利害対立が紛争の解決を妨げる場面はこれまでにもあった。混迷するシリア情勢の解決においても、和平のあり方をめぐってロシアとその他の常任理事国間で立場が調整される様子はない（二〇一六年初頭の時点において、アサド大統領が率いてきた体制を維持する方向で収斂している印象は受ける）。

ただ、常任理事国制度にだけ非があるのではなかろう。外交官を長年務めた色摩力夫が述べたように、「主権国家の手にあまる紛争を国連に持ち込まれても、必ずしも抜本的な名案があるはずはない」[17]のである。現在、安保理の議題リストには多くの破綻国家が名を連ねるが、そもそも安保理の手にかかるようでは、国家の運営と安全保障は失敗したも同然である。安保理を病院の「集中治療室」にたとえるなら、国内紛争を解決しようと安保理が国家の延命手術をしたとしても、その処置は暫定的なものであるかもしれない。紛争や緊張の発生は、当該国に固有の社会構造に端を発する場合も多い。あるいは世界の恒常的な問題といっても差し支えない。そうした構造的な問題は、国家間協調の進化形たる国連をもってしても容易に解決しうるものではない。仮にある事案を巡って常任理事国間での対立が解け、調停案の提示が可能となったとしても、根源的な問題が残ることもある。さらには、多極化の時代にあっては、常任理事国同士が合意したとしても、力を増した地域大国の意向を抜きにして問題を解決するのは難しい。

国連に対する過度な期待は禁物であるが、まったくの無用の長物というものでもない。不完全ながら、国際協調の議論の場、あるいはその実現の担い手として、国連は相応の役割を果たしており、これからも果たしていくと考えられる。また、主権国家体制が揺らぎを経験している時代だからこそ、その象徴的存在として存続が求められていくことだろう。

しかしながら、安全保障の領域では、国連という「公助」が有効に機能しない場面は数多い。どの国家も国連の限界を織り込んだ上で現実的に行動せざるをえなくなる。公助が不在となれば、各国にとって「自助」と「共助」、つまり自衛と同盟が自らの安全を保つための有効な手段として認識されることとなる。それは自然な流れだろう。冷戦期もそうであったように、とりわけ自国の平和と安全の維持において、諸国はすでに「脱国連」、あるいは「ポスト国連」の段階にあると思われる。

国家と国境の復権

さまざまな国において国家が限界を示しているなかで、逆説的ながら、国家、そして国境の復権という現象が起きている。人道危機、とりわけ難民問題への対応を考えるとき、この現象は大きな意味をもつ。

挑戦を受ける国々や国境がある一方で、国家や国境が復権に向かう。この現象をどう見るべきか。国家が内外からさまざまに挑戦を受けているからこそ、国家と国境の復権を通じて、喫緊の課題に向き合おうとするのだろう。それは人の生存本能にも似た、共同体意識の自然な反応と解釈できる。苦境にあって高まるスポーツチームの結束や、台風到来に備えた家の戸締りも、おそらく同種の行動である。

国家は多かれ少なかれ擬制的なものである。人間が作るものである以上、性質上、人工的な存在である。それゆえ、国家が荒波に遭遇した際、瓦解のプロセスに委ねるのではなく、強固なものにしようと人々は動くのだろう。ある国においては国家分裂という遠心力が働き、国家の擬制性は覆いつくせないものとなる。その一方で、別の国においては国家の復権という形で求心力が働く。それは何ら不可解な現象ではない。「右傾化」とされる諸々の現象は、国家の求心力の高まりのなかで、人々が国家に対する帰属や愛着を再確認する動きにほかならない。共同体たる国家に人々は寄り添い、あるいはすがろうとする。盤石に見える大国も例外ではない。右傾化の是非はともかく、国家という存在を中心に人々が軸足を移している事実は無視しえない。

国家への回帰傾向は、すでに統合を図ってきたEU域内で顕著に表れている。EUからの脱退に傾斜するイギリスの姿勢はその好例である。また、国家の復権にともなう形で、世界各地で国境線の堅固化や出入国管理の厳格化が進んでいる。難民流入にともない、EU諸国が域内の国境管理を復活させた事例は、統合の理念に逆行する動きではあるが、国家の再登板を示唆するものである。あるいは、既存の国境線に沿って壁やフェンスが各地で建設され始めているのも時流を印象づける出来事である。リビアとの国境に壁を建設しているチュニジア政府の行動も、不透明な時代にあって、国家が自らを守り、存立を図っている現象と見ることができる。

国家の役割の再確認

たしかに「壁」には否定的なイメージがつきまとう。ただ、国家の復権という現象、あるいはその背後にある国家主義(Statism)やナショナリズムの高まりは糾弾されるべきものなのだろうか。

社会党政権時代にフランスの外務大臣を務めたユベール・ヴェドリーヌ(Hubert Védrine)は、著書『「国家」の復権』(原題はContinuer l'Histoire)のなかで国家の役割の重要性を説いた。ヴェドリーヌは「国家には国家固有の役割があり、その役割に関しては、国家は相変わらずなくてはならない存在なのである」[18]として、「国家以降」、すなわち国家に取って代わる存在を安易に求める傾向に警鐘を鳴らした。国際協調主義を是認しながらも、国家の役割を再確認するヴェドリーヌの論調は「新しい国家主義」と言いうる思想だろう。それは過去に見られた好戦的な国家主義、あるいは排他的なナショナリズムとは一線を画しつつも、行き過ぎた欧州統合やグローバル化のなかで、国家の役割をあらためて重視しようとするものである。厳しい国際環境を背景に、今後、一つの政治的潮流をなしていくように思われる。

国家が復権するとともに、国境も復権する。国境の復権は国境管理という国家の役割の顕在化そのものだが、より内向きな自衛的理論に裏打ちされたものである。上述のように、一旦は域内の国境を撤廃したEU諸国が、域内における移動の自由を見直そうとしているのはその一例である。アメリカにおける入国審査の厳格化は二〇〇一年の同時多発テロ事件以降、特に進んできているが、二〇一一年以降にシリアやイラクなどに渡航した者への厳格な審査措置(二〇一六年一月に導入)も、国境の復権として論じることができる。先に述べたチュニジアに加えて、EUの加盟国であるハンガリーによる国境沿いのフェンスの建設、さらにはケニアによるソマリアとの国境沿いのフェンスの建設など、こうした事例は枚挙に暇がない[19]。国境を監視するドローン(無人飛行機)の増加も本質的には同じ現象である。

もっとも、脆弱な国々には国境を管理する手段さえないかもしれない。人の移動は人類史においても延々と繰り返されてきた行為であり、せき止めるのが難しい現象に違いない。国境強化の試みは「最後の悪あがき」という見方もできるだろう。国家の擬制性が明らかとなり、もはや後戻りできない状況にあるとき、国境の強化を図ったとしても内部崩壊は防げない。

「良き壁は良き隣人を作る」という古い格言に従えば、境界線が確定し、それぞれの領域が守られてこそ、安心できる隣国関係が築けるのだろう。人間社会において分断は必ずしも否定的なものではなく、合理的な棲み分けを意味することも多い。ただ、自助を基本とする国際社会にあっては、誰も自国を守ってくれない。だから自らの力で自国を守るしかない——。国境沿いに作られる壁やフェンスには、切実な国家的決意さえも読みとれる。国境管理を通じて国家と国民を守るという、自らに課された役割を国家が果たしているとするならば、その行為は第三者が軽々しく批判できるものではない。激動する時代にあって、分断の象徴たる壁やフェンスは、諸国家が自助に努め、自衛に励む姿を雄弁に物語っている。

しかし、強化された国境は、越境する者を阻む存在でもある。完全に阻まないとしても、そこでは移動者に対して厳しい選別がなされる。経済的な貢献が期待される観光客は歓迎される一方で、社会的な負担となりうる難民は「歓迎されざる客」となる。難民の国際的保護にとっては冬の時代の訪れである。

むすびに

混迷の時代にあって、誰もが安寧を求めている。難民のみならず、国家も自身で歩み、活路を見いださなければ生き残れない。公助が有効に機能しないとき、誰しも自助か共助に頼って進むしかない。その道は決して易しいものではない。生存のための格闘はさまざまな場面で顕著である。

だが、難民保護の問題に限らず、自助に努める諸国が内向きの姿勢を強めるならば、人道危機の解決はますます難しい。人道行動に関する諸々の課題は、このような時流を背景に考えなければならない。人道危機の「不解決性」、つまり容易には解決できないという厳しい現実を前提に、種々の政策を構想することがますます求められていくのだろう。

注

1 UNHCR「五年目に突入するシリア危機　国際社会へ更なる支援を要請」(プレスリリース)二〇一五年三月一二日。
2 拙著『国内避難民の国際的保護――越境する人道行動の可能性と限界』勁草書房、二〇一五年、八頁。
3 UNHCR, *Mid-Year Trends 2015*, December 2015.
4 Internal Displacement Monitoring Centre, *Global Overview 2015: People internally displaced by conflict and violence*, May 2015, p. 7.
5 国連WFPニュース「中央アフリカ共和国、紛争で一〇〇万人以上が飢餓のリスクに見舞われる」二〇一三年一一月一三日。
6 ナショナル ジオグラフィック日本版「七万人もの難民が押し寄せた一七六人の村の現実」二〇一五年一一月二日。
7 同上。
8 ニューズウィーク日本版「「幽霊国家」が崩壊？　中央アフリカの異常事態」二〇一三年一二月一一日。
9 「新しい中世」は次の文献で提示されている。ニコライ・ベルジャーエフ(荒川龍彦訳)『現代の終末』社会思想研究会出版部、一九五八年、ヘドリー・ブル(臼杵英一訳)『国際社会論――アナーキカル・ソサイエティ』岩波書店、二〇〇〇年、Alain Minc, *Le Nouveau Moyen Âge*, Editions Gallimard, 1993、田中明彦『新しい「中世」――二一世紀の世界システム』日本経済新聞社、一九九六年。
10 田中、前掲書、一九一頁。

11　ロバート・クーパー（北沢格訳）『国家の崩壊――新リベラル帝国主義と世界秩序』日本経済新聞出版社、二〇〇八年、四七―七一頁。

12　Minc, *op. cit.*, p. 44.

13　廣瀬陽子『未承認国家と覇権なき世界』ＮＨＫ出版、二〇一四年。

14　イアン・ブレマー（北沢格訳）『「Ｇゼロ」後の世界――主導国なき時代の勝者はだれか』日本経済新聞出版社、二〇一二年。

15　高坂正尭『国際政治――恐怖と希望』中央公論社、一九六六年、七頁。

16　田中、前掲書、一七一頁。

17　色摩力夫『国際連合という神話』ＰＨＰ研究所、二〇〇一年、三三頁。

18　ユベール・ヴェドリーヌ（橘明美訳）『「国家」の復権――アメリカ後の世界の見取り図』草思社、二〇〇九年、九九頁。

19　Economist, 'More neighbours make more fences', Daily Chart, 7 January 2016.

寄稿

原発事故から五年
――福島から見えること

小林　洋子
（毎日新聞福島支局記者）

はじめに

東日本大震災と東京電力福島第一原発事故から二〇一六年三月で五年を迎える。この間、新聞、テレビによる日々の報道から、書籍による記録、検証など様々なことが伝えられてきた。一つ一つの課題や専門的なことはここでは触れず、それらを追ったり、俯瞰したりした中で見えてきたことを書きたい。

私は二〇一一年の震災当時、秋田支局で勤務しており、福島県から秋田県内に避難した人に話を聞いたほか、東北の被災地に定期的に短期間出張に行き取材をしたこともある。その後、二〇一四年四月に福島支局に配属された。今回は福島県内で話を聞いて回った中で感じたことを中心に記したい。なお、ここに書くことは個人の見解で、会社の見解を代表するものではない。

福島を切り取ることの難しさと多様性

皆さんは福島に対してどのようなイメージを持っているだろうか。直接行ったことのある人もいれば、メディアを通じて映像や記事を見た人、避難者や専門家の話を講演会で聞いた人などさまざまだろう。

その時々に感じたことや見聞きしたことは、「一つのパーツであって、必ずしも全体ではないのではないか」。このような問いかけを、自分自身にしてほしいと思う。

たとえばジグソーパズルを思い浮かべてほしい。一つ一つのピースに描かれているものと、ピースをつなぎ合わせ

2011 年３月福島第一原子力発電所３号機

（東京電力（株）ウェブサイト）

ていった時に最終的に浮かび上がる絵から読み取れるものとは必ずしも一致しないかもしれない。

なぜこのようなことを言うかというと、福島の場合、それぞれの立場や考え方、置かれた状況によって、ものの見方が全く変わってくることが多いからだ。誰が正しくて、誰が間違っているとか、どの意見が多数派でどの意見が少数派だというのではなく、一人一人の思いを受け止めることから始めることが必要だと思う。取材する中で、避難している、していないにかかわらず、「それぞれの環境によっても、個人によっても抱えている悩みはさまざま。多種多様だ」という声を何度も聞いたことがある。

そのような中で、ある人の声を伝えることが、他の人の声を否定していないのに、そう受け止められてしまうこともあるように感じている。原発事故で事業を再開できずに困っている人の声を取り上げることが、行政に今の政策の不十分さを指摘して改善につながる可能性がある半面、苦労しながらも立ち上がって事業を再開している人、復興が進んでいる側面を見えにくくすることもありうる。原発事故が与えた被害というのを住民に話を聞いて伝えていくことももちろん重要なのだが、私自身、福島である人から「報道ではつらい声ばかり聞くが、福島はそのような人たちだけじゃない。もっと復興に向けて立ち上がっている人の声を取り上げることで、復興に向けて、県民の背中を後押ししてほしい」と言われたこともある。

放射能への不安を抱えて自主避難している人の声を取り上げることが、福島で暮らしている人の気持ちを逆撫でしたりすることにもつながりかねない。

長引く避難生活の中、住民が復興を実感できないと、行政が批判の矢面に立たされがちだが、避難自治体の職員も厳しい状況に置かれている。自身も避難生活を強いられている中で、通常の業務に加えて、膨大な復興業務を抱えてストレスを抱えているという場合もある。行政を批判する必要がないというわけではなく、復興を最前線で担う自治体職員への支援・フォローといった視点も欠かせない。

また、統計は全体の傾向をみたりする上で参考になるのだが、枠にはめたり、それだけにとらわれると見えてこないこともある。

避難指示が出されている区域の人に対して帰還する意思があるかどうかを尋ねる意向調査を政府は定期的に行っていて、私たちも何%の人が戻る意思があると伝えている。それはそれで一つの側面ではあるのだが、避難者の一人から「あんな質問は愚問だ。心の底から帰りたくないなんて思っている人はいない。自分たちの古里だから帰りたいんだけど、帰れないと感じている人も多いんだ」と聞いて、数字だけ見ていても見えてこないことがあると改めて感じたことがある。単純に「帰る」「帰らない」ではなくて、その言葉の裏側にある思いをくみ取ることが私たちには求められている。

また、福島県外からは「震災の報道を見る機会が少なくなった」という声を耳にすることがある。私たちの課題であるかもしれないが、福島県内にいると、「震災」「原発」「復興」の関連のニュースを、地元紙やローカルニュースで見ない日はない。福島県内にいると、復興に向けて着実に物事が進んでいることや、抱えている課題が、時間がたつにつれて変わってきている部分がみえてくる。除染は着実に進んでいるほか、福島第一原発の廃炉に向けた研究施設が開設されるなど、一つ一つは小さなステップかもしれないが、全国的に「大きく」取り上げられないことから、福島の震災直後のイメージと現状とのギャップが広がっていっているのではないかと思う。また、仮設住宅での避難生活や、数十年かかるといわれる廃炉作業は、「大きな変化」が見えづらいことから、「非日常が日常化」して当事者以外に現状が伝わるのを難しくしている側面もあるのではないか。

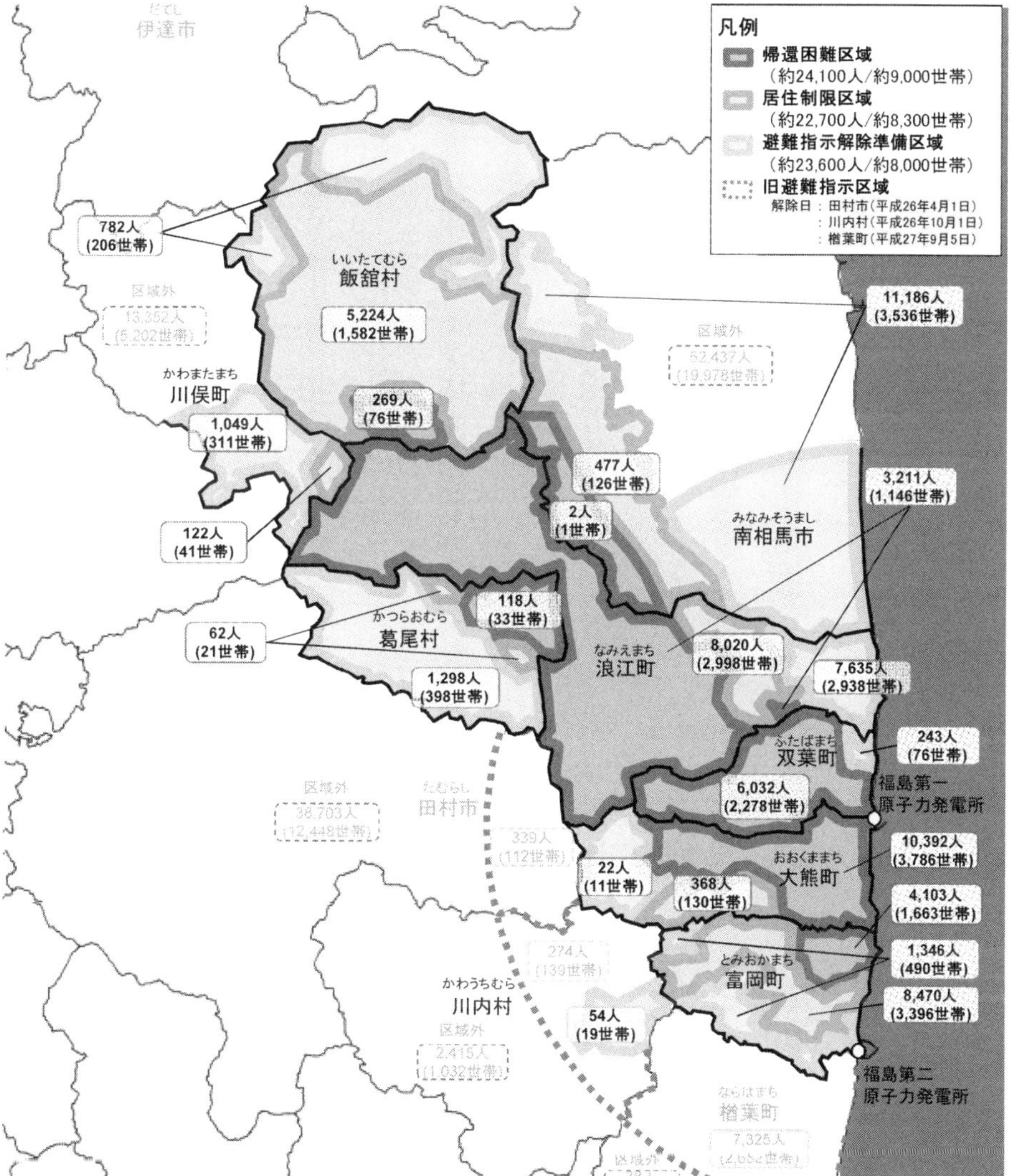

※市町村から聞き取った情報（平成27年9月5日時点の住民登録数）を基に原子力被災者生活支援チームが集計。

避難指示区域の概念図と各区域の人口及び世帯数（平成 27 年 9 月 5 日時点）

（経済産業省ウェブサイトから転載）

2015 年 9 月 5 日時点で、福島県の 9 市町村（計約 7 万 400）に避難指示が出されている。国の指示で強制的に避難を強いられた人と自主的に避難している人を合わせると、福島県内外に約 10 万人（2016 年 1 月時点）が避難している。

〝分断〟

原発事故で全村が避難指示となった飯舘村の菅野典雄村長は、原発事故について「心の分断の連続だ」と指摘する。国が作った制度によってもたらされた分断もある。通りをはさんで、避難指示の指定の判断が分かれたり、同じ自治体の中でも賠償の額に差がついたりしているところもある。避難先の住民と避難者のあつれきや、放射能を巡る家族間の考えの違いもある。三世代が同居していた世帯が、高齢夫婦と息子夫婦、孫など、何カ所にも分かれて避難生活を余儀なくされているところも少なくない。復興には欠かせない廃炉作業や除染作業に携わる作業員と、もとからその土地に暮らす住民とのあつれきもある。

だから福島はバラバラだと言いたいわけではない。分断や対立を招きかねない要素が、原発事故後の福島ではより多くあるということだ。

原発事故で全町避難となった浪江町から二本松市の仮設住宅で避難生活を送る島田龍郎さん（六二）＝浪江町商工会事務局長＝は、浪江の自宅の近所の人たちは、九州に避難した人もいれば、県内の復興公営住宅に入居した人、福島県いわき市に家を建てた人もいるなど、県内外にばらばらとなっているという。震災前のコミュニティーを元通りに戻すことは非常に困難な状況だ。島田さんは「将来が見えない不安は震災から五年を迎えようとしている今もある」と打ち明ける。浪江町に戻りたい思いと、戻った時に安心した暮らしができるのかどうかの不安との間で揺れ動く。時間がたってインフラなどハード面が整っても、心をはじめソフト面の復興は一筋縄ではいかない。島田さんは「今回の原子力災害は私たちの心をむしばんでいる」と語気を強める。

〝分断〟を超えて

分断を防ぐための手法の一つとして、リスクコミュニケーションに注目したい。リスクコミュニケーションとは、住民や行政、専門家らが、さまざまな「リスク」に対しての情報を共有して、互いの理解を深め意思疎通を図ることだ。この時、結論ありきに、一方が都合のいい材料のみを示すのではなく、ある「リスク」に対して、個々人が考えを整理したり、物事を判断したりできるように、必要な材料をわかりやすく示すことが重要となる。「リスク」は危険か安全か二分しきれないところもあり、程度や様々な条件によって左右されるので、同じ材料から導き出される回答が一つとは限らない。

今回の震災では、行政や専門家、マスコミに、住民への情報の伝え方に課題があることを突きつけた。それが、今でも払拭し切れていない住民の政治不信や専門家不信、住民間の分断につながる一因となっている。

さまざまな立場を取材していて、最終的に目指していることや共通している考えもあるのに、話がかみ合っていないと感じる時がある。それぞれが持っている情報の違いやイメージや思い込みなどで、議論する前からスタート位置がずれてしまっているのだ。スタートがずれていると、ボタンの掛け違いのように、話が進んでいってもかみ合うことはない。

ある人にとっては、「正しい」「当たり前」のことでも、別の人にとっては違う受け取り方をする場合もある。一方的に考えを押しつけ、反論には耳も貸さないというのは避けられるべきだ。

ここでは、住民同士のリスクコミュニケーションを実践している団体をいくつか紹介したい。

一つは、福島市など県内五カ所で定期的に開かれている「ままカフェ」。福島から一度避難した人が福島に戻ってきた後に、周囲とのギャップや考え方の違いに戸惑う人が少なくないことから、子どものいる母親同士の思いや悩みを共有してもらおうと、二〇一三年六月から始まった。月一回、集まった人でテーマを決めてお茶を飲みながら自由に日頃の思いを語り合えるようにしている。運営する「ふくしま子ども支援センター」の担当者、松村美保子さん(四七)

は「意見が違う人がいても、それぞれを否定しないように心がけている」と話す。

さらに、さまざまな立場の人が集まれる多世代が交流できる場をつくろうと、避難から帰還した人だけではなく、避難せずに福島にとどまった子育て世代や高齢者ら老若男女が集える場所「みんなの家」が二〇一五年三月に福島市の空き家を活用してオープンした。運営するＮＰＯ法人ビーンズふくしまの事業長、富田愛さん（四六）は「お互いの気持ちは話してみないとわからない部分もある。それぞれが考えていることや、それぞれの選択を認め合うことが大切」と話す。みんなの家は、一世帯五〇〇〇円（年間）の会員料を払った人に平日開放されていて、中高生の保護者向けや、小学生の保護者向けの利用日を設けたり、季節に応じて行事を開いたりするなど、さまざまな人が利用しやすいようにしている。

富田さんは、「福島の人は、それぞれが震災で何らかの傷を負って、一時的に多くの子どもや子育て中の親が避難して、コミュニティーがバラバラになった。だからこそ、同じ世代の横のつながりだけではなく、世代を超えた縦のつながりを通して、新しいコミュニティーを築いていくことが必要」と訴える。

もう一つの取り組みは、市民団体「三ａ（スリーエー）！郡山」。名前の由来は、「安全・安心・アクション」。子育て中の母親が集まって二〇一一年一〇月に発足し、放射能の不安や分からないことに対して、自分たちで行動、確認して、安全・安心を判断していくことをモットーとしている。二〇一一年一二月からは住民が持ち込んだ食べ物の放射性物質の測定をできるようにした。代表の野口時子さん（五〇）は「疑わしければ自分で確認しようと提案しています」という。事故直後は測定する人が多くいたが、震災から三年を過ぎると測定する人は減った。だが数字を確認しても、不安を解消しきれない人もいる。そのような人のために団体では、関西の野菜を仕入れて定期的に販売している。メンバーの一人、鈴木洋平さん（五〇）は「心配な人には寄り添うことが大切。そうしないと、疎外感を強めたり、孤立感をあおるだけだ」という。

鈴木さんは小・中学生の保護者らでつくる「行健（こうけん）除染ネットワーク」の代表として、子どもたちの通学路や人の出入りが多い場所などの空間放射線量を測定して、線量に応じて色分けした地図をホームページで公開している。「危険や不安をあおるためにやっているんじゃない。まずは実態を把握することが必要」と話す。そうすれば、高い線量の場所を子どもたちが避けて通ることもできるし、高い線量の所を集中的に除染するといった対策をとることもできる。情報を見て、どう判断するかはそれぞれにゆだねられている。

今回は住民間のコミュニケーションにフォーカスをあてたが、このような住民一人一人に寄り添った取り組みが、行政による住民懇談会や専門家による説明会など、様々な領域で広がっていくことが必要だ。分断を深めないための取り組みが行政にも専門家にも報道にも求められている。

それぞれの立場を越えて話し合い、思いを共有する取り組みは、世界で起きている宗派対立や移民、難民の問題、紛争の問題にも通じるところがあると思う。

枠に押し込んで相手を判断するのではなく、互いに歩み寄り、それぞれの立場を慮ることが問題解決の一歩につながるのではないだろうか。それぞれを批判したり、排除したりするだけでは負の感情しか生まれない。

最後に

福島で起きていることは、日本で過去にないことだが、だからと言って福島で起きていることを国内の他の問題と切り離すことは別だと思う。

もちろん、福島で起きていることを見る上で「放射性物質」は切っても切れない。だが、それだけを見ていると、他の要素を見落としかねない。また、震災前から抱えている問題が、震災を契機に顕在化している場合もある。少子高齢化はその最たるものだ。もともと日本、地方が抱えている問題を解決できる術がなければ、福島の抱えている問題を解決するのは一層困難だろう。原発事故前から抱えることに目を向けなければ、今の状況を切り開く道は見えてこない。その意味で、福島に対してそれぞれの立場から関わることはできると思う。災害の支援にあたってきた人から「当事者に風化はない、風化していくのは周囲だ」と聞いたことがある。

福島では今も避難指示が出された区域があり、原発事故からの復興はまだまだこれからだ。福島で起きた原発事故からの教訓を得るためにも、当事者ではない人が関心を持ち続けることが重要だ。

立場や考えを超えて、多様な価値観を認め合い、一人一人が生きやすい社会が福島からつくられていくことを願ってやまない。そのために、報道に携わる一記者として、これからも一人一人の声を丁寧に拾っていきたい。

《ポエム・フクシマ》

嘆きの海（東日本大震災）から

藤田　伸朔
（日本赤十字社福島県支部賛助奉仕団）
嘆きの海から聞こえる慟哭
あの日を境に
滂沱の涙を笑顔に替えて
「わたし生きるよ」と
母をさらった海を背に
祖母の手を握った子

あの日を境に
一木一草
すべてに降り注いだ危難が
別世界の恐怖に
ワープ
初耳のシーベルトや
ベクトル

とまどいと
故郷を遠く離れて
ストレスをためる子
嘆きの海の序曲

嘆きの海の向こうから
あの日を境に届いた支援
励ましや救援善意の数々
どこかでお返しせねばと
心に刻む子どもたち

嘆きの海の混濁に
あの日を境に届いた別便
豊かな自然が誇りの郷土
本当の空があると
智恵子がうたった故郷の里山

キノコや筍
果物や米野菜など全てが
風評の波をかぶる
だから
大人も子も混乱する

嘆きの海から紡ぐいのち
あの日を境に
生きてこそ輝けると
詩をよむ子に励まされる
「いのちは一つしかない」と
ことばに魂を吹き込み
ストレートに表現する

嘆きの海から聞こえるうたは
あの日を境に
『花は咲く』
万感こめて花よ咲け

嘆きの海から
嘆きの海から

あの日は遠い昔のことと
崩れゆく記憶に
竿をさし
いのちの詩をうたう
故郷と向き合う子らがいる
未来を託す子らがいる

二〇一五・秋
日本赤十字社福島県支部平成二七年度事業
私たちの青少年赤十字『詩・一〇〇文字提案作品』
いのちの詩・愛の詩の応募作品を読んで
その感想詩

寄稿

厳冬期！ 大規模災害にどう立ち向かうか

――積雪寒冷地の冬期被災を想定した災害対策

（日本赤十字北海道看護大学教授　災害対策教育センター
成人看護学領域災害看護学）
尾山　とし子
（同大学准教授　災害対策教育センター
看護薬理学領域薬理学・寒冷地防災学）
根本　昌宏

冬の災害史

東北、北海道の過去一〇〇年を振り返った時、厳冬期に大規模災害（地震）を経験したことはない。自然災害を考える上で、これは偶然である。さらに、日本国内に電気が灯り、生活必需品のほとんどが電化されてからの歴史はわずか五〇年であり、この間の厳冬期（一二月〜二月）に長期間の停電を伴う生活を強いられた被災経験は存在しない（表1）。

平成五年の釧路沖地震は唯一厳冬期に生じた大地震であるが、震源が一〇〇km以上と深かったことから、人的被害は少なく、生じた停電も二四時間後にほぼ復旧している。

本州で厳冬期に発災したのが一九九五年一月一七日の阪神淡路大震災である。二六〇万戸が大停電した状況で、ピーク時に約三二万人が避難した。翌日朝の神戸の気温は氷点下〇・五℃となる中、暖房のない避難所で寒さをしのいだ。一人当たりの避難所収容面積はわずか一・〇〜一・七平方メートルであったとされ[1]、この震災では災害関連死としてインフルエンザに起因する肺炎が数多く発生した。

表1　東北・北海道地方の震災史[1,2]

発生年月日	震源もしくは地震名	概　要
昭和8年3月3日	昭和三陸	【M8.1】津波が太平洋を襲い三陸沿岸で被害は甚大. 死者・不明3,064人.
昭和15年8月2日	北海道西方沖	【M7.5】津波:3m(苫前町), 死者10人, 負傷者24人.
昭和27年3月4日	十勝沖地震	【M8.2】太平洋一帯に大被害, 大津波. 死者28人, 不明者5人, 負傷者287人.
昭和35年5月23日	チリ	【Ms8.5】日本全体で死者・不明142人.
昭和37年4月30日	宮城県北部	【M6.5】死者3人.
昭和39年6月16日	新潟	【M7.5】津波が日本海沿岸一帯を襲来. 死者26人.
昭和43年5月16日	十勝沖	【M7.9】死者52人, 負傷330人. 青森県下で道路破損.
昭和53年6月12日	宮城県沖	【M7.4】死者28人, 負傷1,325人.
昭和58年5月26日	日本海中部	【M7.7】秋田県、北海道、青森県を中心に被害。死者104人, 負傷163人.
平成5年1月15日	**釧路沖**	**【M7.8】釧路、十勝地方を中心に被害、死者2人, 負傷者966人.**
平成5年7月12日	北海道南西沖	【M7.8】奥尻に大被害、大津波、死者201人、行方不明28人, 負傷者323人.
平成6年12月28日	三陸はるか沖	【M7.6】死者3人, 負傷788人. 道路、港湾の被害も有り.
平成15年5月26日	宮城県沖	【M7.1】負傷174人.
平成15年7月26日	宮城県北部	【M5.3～6.2】負傷675人.
平成15年9月26日	十勝沖	【M8.0】日高、十勝、釧路地方を中心に被害. 行方不明2人, 負傷者847人.
平成17年8月16日	宮城地震	【M7.2】負傷89人.
平成23年3月11日	東日本大震災	【M9.0】死者・行方不明者18,466人. ピーク時避難者40万人以上. 停電世帯800万戸以上.

二〇〇四年一〇月二三日の秋期に発災した中越地震では、最低気温が一〇℃を下回る中で、自宅から避難をして多数の車中泊を生じた。避難所の不便さや余震の不安に加え、暖房や情報（ラジオ）の利用などが要因とされているが、この車中泊がその後に深部静脈血栓症（DVT）を発症した一因と考えられている。

二〇一一年三月一一日の初春に発災した東日本大震災においては、翌一二日から一五日にかけて気温が氷点下一℃、さらに降雪も観測され、四〇万人以上の避難した人たちが大変な苦労を強いられた。東北沿岸地域一帯に押し寄せた津波により衣服が濡れた体は急速に体温を奪われることとなり、低体温症により命を落とした方も報告されている。[4]

北海道全土はもちろんのこと、新潟、盛岡ならびに仙台の一月の最低気温も〇℃を下回る（**図1**）。厳冬期に大規模災害が発災した時に何が起こるのか？北海道・東北をはじめとする積雪寒冷地域は冬期の停電のみで低体温症により命を落とす危険性があるにもかかわらず、防災・減災対策（設備・備蓄・防災マニュアル等）は限られたものしかなく、一般住民の意識も温暖地域とほとんど変わらない。停電時に有効な暖房器具とされるポータブル式ストーブは閉め切った六畳の個室で使用した場合、建築物衛生

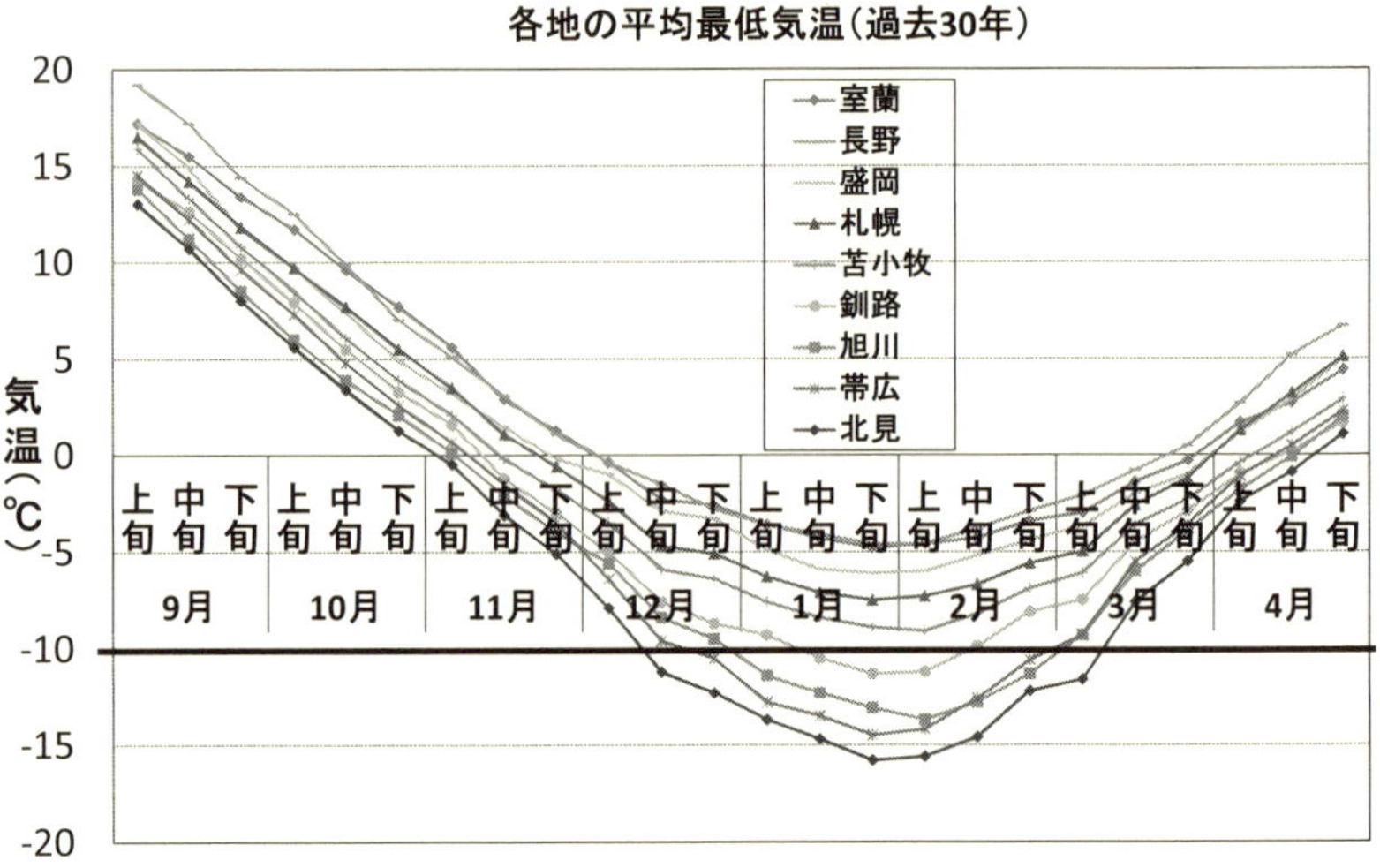

図１　東北・北海道各地における平均最低気温

法で一、〇〇〇ppm以下としている二酸化炭素濃度がわずか六〇分で一〇、〇〇〇ppmにまで到達することが報告されている。[5] またそれ自体使用禁止としている貸家やマンションも少なくない。行政が設定している指定避難所においては、天井高が一〇メートル以上ある体育館の暖房設備として、ポータブル式ストーブが数台のところがほとんどであり、室内温度を上昇させることは不可能である。先進的な取り組みを進める札幌市は寒冷地型の寝袋を備蓄することで冬期災害へ対応している。[6]

毎年各自治体等で行われる総合防災訓練は避難順路の確認や急性期のみの医療救護体制の確認が主であり、その後につづく被災後生活、避難所生活を考慮した検証はごくわずかである。さらにその訓練が行われる時期は防災の日（九月一日）を中心としており、厳冬期の災害を想定した訓練は稀である。東日本大震災以降、津波対策等は意欲的に進められているが、災害の経験がない地域での防災計画は想定自体が難しく、実践的な災害マニュアルや災害備蓄となっていない場合が多くみられる。

防災政策は人命に関わる大きな災害が起きなければ進まないとされる。前例のない東北・北海道地域の冬期災害を想定し、防災意識の向上を図ることが重要であろう。

冬期仮想避難所の展開演習と検証

　私たちは、冬期被災に対応する命を護る技術、設備そして知恵を集約する目的で二〇一〇年秋から実証型の検討を行ってきた。構造物の高気密化など、費用や時間の面で自治体としての取り組みが難しい課題は排除し、現存施設・設備を最大限活用し、備蓄可能な廉価資材を用いて、冬期被災に耐えうる仮設設備の検証を進めている（写真1、2、3）。

　通常避難所として使用される体育館は、バレーボール等のスポーツ施設であるため天井が高い（平均一一メートル）。この広大な空間を加温するためには膨大なエネルギーを必要とするとともに、灯油等の化石燃料を排気設備なしの室内で炊いた場合には大量の二酸化炭素と水が発生することになる。

　これまでの検証結果の詳細については、私たちの論文を参照していただきたい[7・8・9]。これらの取り組みで明らかになったことは、①広い体育館に天井高の低い閉鎖的空間を生む必要性、②床面から来る冷気の遮断、③停電下でも稼働できる効率的な暖房の選択（二酸化炭素排出量とのバラン

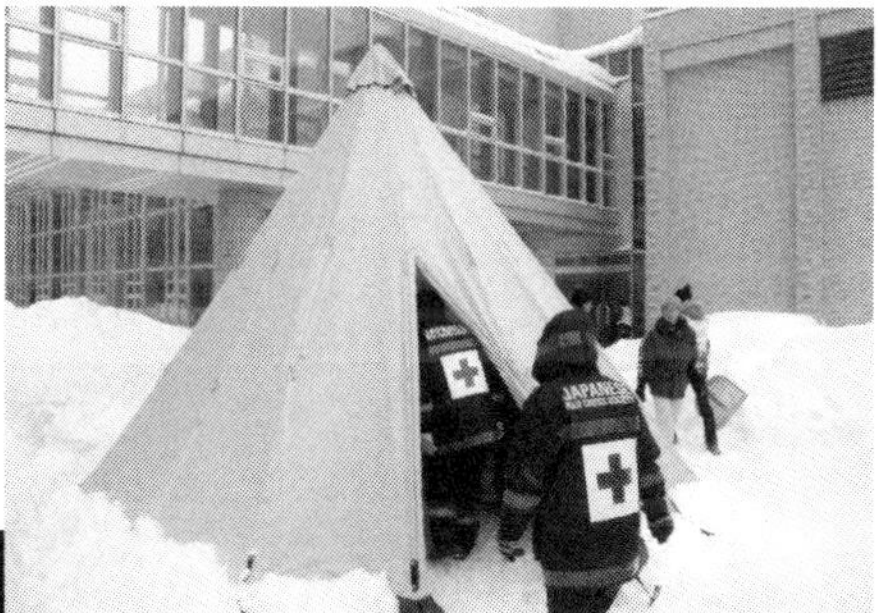

写真1　屋外でのティピと薪ストーブの設営

写真2　暖房シェルターの全景

写真３　体育館内での暖房シェルター設営

ス）、④潤沢な照明の確保（治安）、⑤屋内炊き出し設備の設営である。これらの課題を踏まえて開発・展開した暖房シェルターを用いることで、氷点下一九℃の外気温環境下において加温一時間後に一〇℃、就寝時間の二四時に一五℃の環境を作り出すことができた。しかし、床面から伝わる冷気によって、この環境下でも寝袋なしに就寝することは厳しい状況であった。さらに収容人数、設営時間に加え著しい二酸化炭素濃度の上昇など解決すべき問題が山積しており、今後に向けてさらなる検証が不可欠である。

冬の万が一に備える

発生する確率の少ない災害に対して潤沢な予算を使うことは難しいが、冬期被災に対する最低限の設備の開発実証を推し進めることが防災対策として重要であると考える。

私たちが検証しているジェットストーブは消費電力が低くバッテリーで駆動する。万が一の場合には自家用車を電源としても使用可能である[9]。さらに炊き出し設備としても使用できる薪ストーブやペレットストーブは安価でかつ誰にでも入手可能な機材であり、自治体（公助）に依存せず、自助もしくは共助の観点で有用な手法と考えられる。さらにアメリカの先住民の知恵から生まれているティピーは、冬期の降雪時の屋外においても快適な空間を作りだし、寒冷地域における防災用具としての有用性が期待される。

避難所として想定される体育館に数台のストーブを置いても焼け石に水ならぬ冷気に焼け石である。暖房が必要な時期に体育館を避難所とすべきかの議論や、体育館を使わずに絨毯や畳敷きの施設を先行して提供するなど、冬期に対応する避難所運営マニュアルが必要である。特に床面からの冷気は低体温症や深部静脈血栓症など命に関わる症状を起こす危険性がある。簡易暖房では床面付近を加温することは難しいため、避難所の床面への着座や就寝を避けるべく、簡易ベッド（ダンボールベッド等）の使用や、寝袋の準備、複数枚の毛布の提供が必要となろう。

これらすべての課題を行政に任せることは不可能である。避難行動に時間的余裕がある場合には、自助・共助の観点で避難所に持ち込む物品についても考えたい。さらにこれまでのような避難するまでの避難訓練だけでなく、避難をしてから命を護る訓練（避難所展開訓練）も必要である。

東日本大震災から五年。平穏期の今だからこそ、想定外としている厳冬期の被災を想定内に変え、万が一に対応する知恵を醸成して、人々の安全な暮らしにつなげる検証を進めていきたいと思う。

参考文献

1　北海道、北海道の防災教育・知識編、二〇一四年。
2　理科年表、自然科学研究機構国立天文台、二〇一五年。
3　避難者に係る対策の参考資料、内閣府、二〇〇八年。
4　中川敦寛：東日本大震災の発生七二時間以内の低体温に関する実態調査、大和証券ヘルス財団災害医療に関する調査研究助成、二〇一一年。
5　「石油ファンヒーターによる室内空気汚染」独立行政法人国民生活センター、二〇〇七年。
6　札幌市「札幌市における厳冬期被災時の避難所運営手法に関する研究」二〇一三年。
7　根本昌宏、尾山とし子、高橋修平「寒冷地の冬期被災を想定した実証的災害対策への取り組み」『北海道の雪氷』三二号、二〇一三年、七四—七七頁。
8　根本昌宏、尾山とし子「冬期被災を想定した体育館型避難所演習の実践内容に関する考察」『寒地技術論文・報告集』三〇号、二〇一四年、一二二—一二七頁。
9　根本昌宏、尾山とし子「暴風雪の停電下に暖房避難所を展開するための実践的検証」『寒地技術論文・報告集』三一号、二〇一五年、一七—二二頁。

※本取組みは、日本赤十字国際人道研究センターの研究支援事業です。

寄稿

価値観外交と人道支援の軋み
——日本の国際人道支援への貢献に関する一考察

（ＷＦＰイエメン事務所プログラム・オフィサー）
堀江　正伸

はじめに

国際的な援助の潮流を分析し情報を発信することを業務としているＮＧＯである開発イニシアティブ（Develop Initiative）[1]によれば、二〇一四年、日本は八八二百ドルを国際的な人道支援に拠出した（GHA 2015）[2]。これはアメリカ、イギリス、ドイツ、スウェーデンに次ぐ世界第五位の規模であり、日本は国際的人道支援の資金面で相当の役割を担っている。

日本の国際的人道支援への拠出は、政府開発援助（Official Development Assistance: ODA）の一部として行われている。二〇〇三年より二〇一五年に改定されるまでＯＤＡの基本政策であった「政府開発援助大綱（旧大綱）」は、ＯＤＡの目的を「国際社会の平和と発展に貢献し、これを通じて我が国の安全と繁栄の確保に資することである」（外務省二〇〇三）と説明する[3]。つまり、人道支援を含む発展途上国への開発協力は、慈善事業などではなく外交のツールとして行われているということである。外交史が専門の細谷は、外交という語に定まった定義はないとしつつ「外交とは主権国家が自国の国益や安全そして繁栄を促進するため、また国際社会において国家間の関係をより安定的に維持しその友好関係を強化するため、政府間で行われる交渉あるいは政策を示す」（細谷二〇〇七：一五）としており、前出のＯＤＡの目的に類似している。いずれにしても、日本は第二次世界大戦後目覚しい経済発展を遂げ、発展途上国支援の分野で世界に貢献してきたというイメージは、一般に日本人が持つイメージなのではないだろうか。

ところが、各国からの支援が発展途上国で貧困に苦しむ人々の生活向上にどのような効果を挙げているのかを調べている世界開発センター（Center of Global Development CGD）が発表している二〇一四年国際援助透明性指数（International Aid Transparency Index）は、ＪＩＣＡによる援助が世界三三位、外務省による援助が五三位となっており、それぞれ貧弱、劣悪という評価である。もちろん、これらの順位がどのように付けられているのかということは吟味する必要があるが、人道支援に限っても世界五位の規模の出資を担っていることに鑑みれば、これらの評価は予想外に低い順位と言えるのではないだろうか[4・5]。さらに、これは国際的な人道支援に携わってきた筆者の私観となるが、その出資額や外務省本省、在外大使館職員の努力に比して、日本の国際的人道支援におけるプレセンスは決して高くはない。

既述の通りＯＤＡは外交の一部として行われているため、これら低い評価やプレセンスは、単に支援が受益者の益となっていないのではないかということに加えて、それを手段とした外交が期待されたような成果を上げていないのではないかという疑問に結びつく。

二〇一五年二月、前出の旧大綱は、「開発協力大綱（新大綱）」として改訂された。その中では、積極的平和主義に基づいたＯＤＡということが強調されている（外務省二〇一五）。しかし、ＯＤＡの一部である人道支援には、それが「積極的平和主義」に基づいて行われるがために生ずる懸念もある。それは、「積極的平和主義」がそのまま安全保障と密接な関わりを持っていることに起因する（例えば谷内二〇一五）[6]。

そこで本稿においては、新大綱においてＯＤＡのうち特に人道支援は、日本の外交政策とどのように結びついているのかを検討する。さらに、その結び付きは、人道支援を外交において有効なツールと成らしめているのかについて考察することとしたい。構成としては、まず現在の外交政策を分析、その後外交政策と新大綱の関係、さらに人道支援の変遷を概観した後、結論でそれらの関係につき論じてみたい。

第一章　二〇〇六年以降の外交政策

(1)価値観外交の概要――価値観外交

現在の日本の外交は、価値観外交という基本政策に基づいている。価値観外交は、二〇〇六年一一月、当時第一次安倍内閣において外務大臣を務めていた麻生太郎が、日本国際問題研究所で講演した際に発表された。その講演で麻生外務大臣は、日本は自由、民主主義、人権や法の支配という「普遍的価値」を重んじるという点において世界の先駆者であるとしたうえで、それらを実現しようとしている国々を「伴走者」として支援する姿勢を価値観外交という言葉で表したのである。さらに、価値観外交を展開する地域として、カンボジア、ラオス、ベトナム、中央アジアの諸国、グルジア、アゼルバイジャンなどコーカサス地方の国々、ウクライナなどをあげている[7]。

また、そうした価値観外交は、ヨーロッパ連合、NATO、オーストラリア、インドといった価値観を共有する国々との強固な関係のもと行うとしている。つまり、価値観外交の地域的射程は、日本を起点にユーラシア大陸の南側を通り、中央アジアを経てヨーロッパへ続く地帯となる。麻生外務大臣は、その地帯を「自由と繁栄の弧」と表現した(日本国際問題研究所、二〇〇六)。

(2)価値観外交の目的

麻生外務大臣は前出の演説で、実は日本は人権・民主主義の尊重、法による統治などを既に行ってきたが、内外に日本の外交ビジョンを明確に伝えるために価値観外交や「自由と繁栄の弧」といった言葉を使うこととしたと説明している。では、何故そのような既に行なってきたことを、新たな概念を使い明言しなければならなかったのであろうか。外務省より世界平和研究所へ出向していた星山は、価値観外交の戦略的意味を、情報化時代における日本のイメージとプレセンスの強化、国際秩序の再構築及び日本の安全保障面の強化という側面から分析している(星山、二〇〇六)。

まず、経済は発展したが政治安全保障の分野で国際的な役割を果たそうとせず、歴史を反省することなく民主主義や人権の尊重が不十分である国というイメージを払拭しようとする狙いがあった。さらに、日本が価値観外交によってEU、NATO、オーストラリア、インドといった価値観を共有する国々との連帯しながら、国際社会の不安定化防止にスタビライザーとして貢献することで、国際社会における日本のプレセンスを高めるという期待もあった。

さらに、「自由と繁栄の弧」には入っていないが、価値観外交を明確にした背景にはアメリカとの関係がある。価値観外交を打ち出したことにより、NATOのリーダーであ

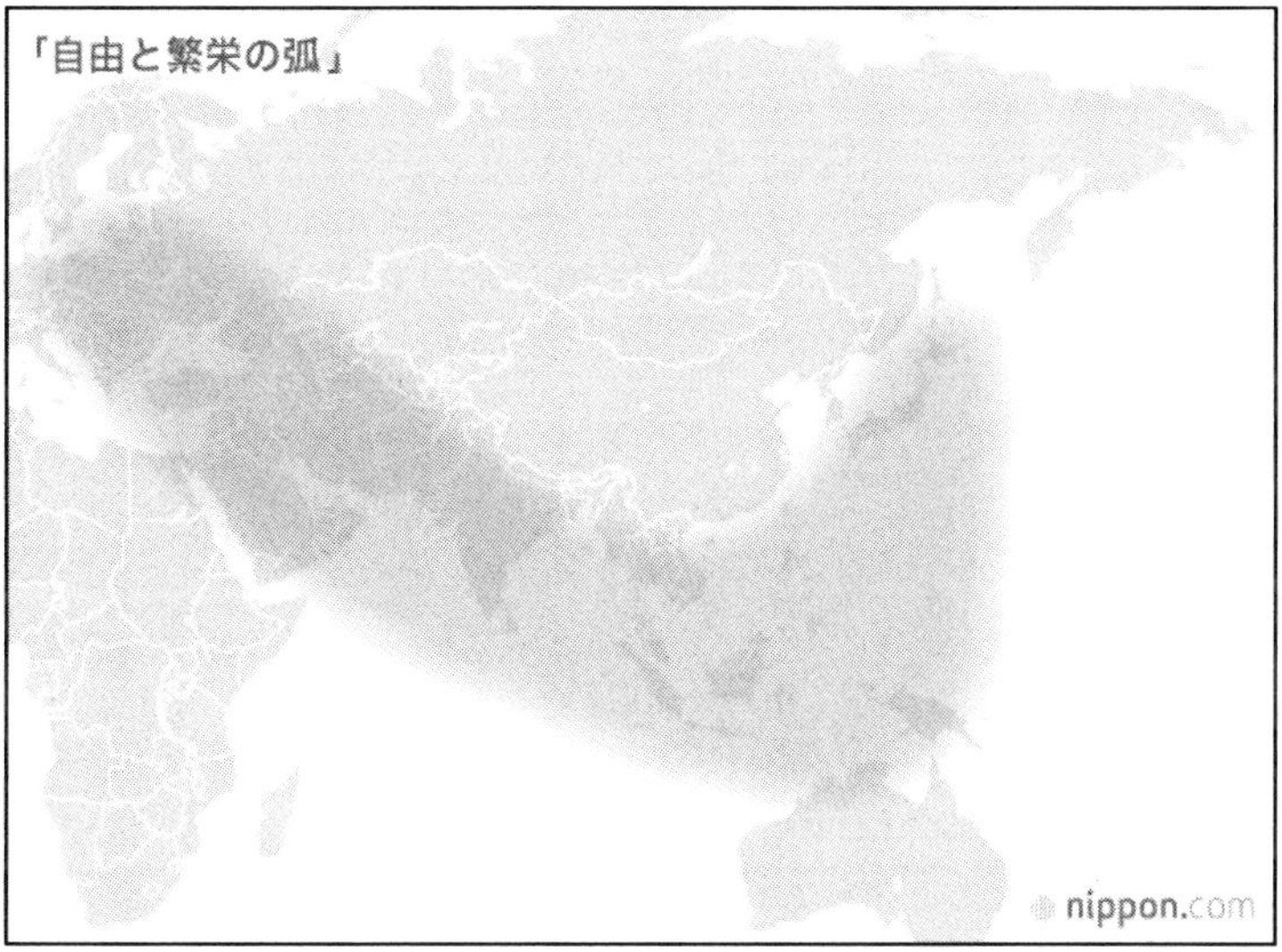

図１　自由と繁栄の弧イメージ

（出典：ニッポンドットコム）

るアメリカとの同盟を強めるという効果が見込まれるからである。日本は、外交姿勢を価値観外交という概念でより明確にすることにより、民主主義、自由主義、人権の尊重といったアメリカと同じ価値観を持ちながら、開かれた国際社会秩序作りに主体的に参加することを明らかにしたのである。

実際、価値観外交発表後には、「自由と繁栄の弧」内、つまり価値観を共有する国々との同盟、安全保障に関する外交がたて続けに行われた。二〇〇七年三月、オーストラリア、ハワード首相が（John Haward）東京を訪問した際には「安全保障協力に関する日豪共同宣言」が採択された。内容には、日本とオーストラリアは文字通り「共通の価値と利益を反映する戦略的パートナーシップを継続的にコミットする」ことが含まれている（外務省、二〇〇七ａ）。また、同年八月には安倍首相がインドを訪問、「新次元における日印戦略的グローバル・パートナーシップのロードマップに関する共同声明」を採択した。共同声明採択後、安倍首相はアジアを代表するもう一つの民主主義国の国民を代表し『二つの海の交わり』と題された演説を行い、「このパートナーシップは、自由と民主主義、基本的人権の尊重といった基本的価値と、戦略的利益とを共有する結合です」と述べている（外務省、二〇〇七b）。加えて、インドは「自由と繁栄の弧」の要所であるという趣旨のことを強調している。つまり、日本は価値観外交発表後、価値観を共有する国々と着々と同盟関係を強化していったのである。

細谷はさらに、次の点を付け加える。すなわち、それ以前の小泉内閣においては東アジアコミュニティ創造が外交政策の主要事項であってそれには勿論中国が入っていたが、「自由と繁栄の弧」には中国は含まれない。つまり、中国の台頭が価値観外交の念頭にあったことは疑いない。さらに、経済協力を持って外交上の影響力を保持してきた日本が、その経済が伸び悩む中、経済以外で影響力を保つ手段として「価値」を採用したのである（Hosoya 2011）。

しかし、二〇〇七年九月に安倍首相が突然辞任すると、価値観外交は一旦下火となった。続く福田内閣は東アジア諸国との連合を強調した外交を展開したし、二〇〇九年九月より政権を担当した民主党も「東アジアコミュニティ」設立を新しい外交の柱としたのである[8]。

ところが、二〇一二年一二月、第二次安倍内閣が発足すると、価値観外交は息を吹き返す。二〇一三年二月第一八三回国会における施政方針演説において安倍首相は、日米同盟を基軸とし、「戦略的な外交」「普遍的価値を重視する外交」「積極的な外交」を展開すると述べている（首相官邸二〇一三a）。

それらの方針は、後述する二〇一五年改定のＯＤＡ大綱の改定や、二〇一五年版外交青書にも色濃く表れることとなるが、次節においてはこうした価値観外交への他国からの見方を検討することとしたい。

(3)国外から見た価値観外交

当節においては、価値観外交が国外から見た場合、どのように見えるのかに関し数例見ておきたい。二〇〇八年に在日本アゼルバイジャン大使館で参事官を務めていたイスマイルザーデ（Gursel Ismaylzada）[9]は、『中央アジアとコーカサス』という学術雑誌に「新しい日本の外交の柱」という論文を発表している。そこで同氏は、日本がこの地域に関心を示したのは、ソビエト連邦崩壊後だいぶ時間が経過した一九九七年頃だったと回想している。それは、当時の橋本内閣がシルクロード外交を打ち出したことで始まった。シルクロード外交は、日本と中央アジアの関係を、中国を経由しつつ結ぶシルクロードのイメージで強化するというものであった。目的はシルクロード域内の国々との政治的対話を即すること、地下資源の開発と経済発展を目的とした

ＯＤＡを拠出すること、さらには民主化と平和の定着に協力することであった。

しかし、同氏は三番目の目的、つまり民主化や平和の定着への支援はＥＵにより行われることが多く、日本の支援はもっぱら経済発展分野であったと述べている。

また同氏は、価値観外交は日本が第二次世界大戦での敗戦後控えてきた国際社会において重要な役割を果たすということを実現させようとするもので、国際連合（国連）安全保障理事会常任理事国入りを目指した政策ではないかと分析している。そのうえで、日本のアゼルバイジャンを含む中央アジアへの関心は従前のシルクロード外交から継続するものであるが、その関心の中心は経済という側面から「普遍的価値」という側面に転換されたと説明している。

ここで気が付くのは、中央アジア、コーカサス地方はシルクロードと「自由と繁栄の弧」の双方に含まれているが、中国は前者には含まれるが後者には含まれていないということである。日本政府は否定しているが、先に参照した細谷の分析と同様、価値観外交においては中国が対象地域外となっていること、あるいは少なくともそのような印象を与えることは明白であろう[10]。

日中関係を専門とする北京外国語大学の邵建国は、価値観外交は「（日本は）軍事力の整備が制限され、経済発展一筋でやってきたが、一九九〇年代以降は経済的停滞と累積財政赤字のために、経済力による世界への影響力が低下し続けている。このような状勢に直面して、日本がソフトパワーを重視しなければならなくなった結果である」（邵二〇一四：二七）と分析する。また、民主主義、基本的人権、法の支配という理念は誰も反対しない理念である一方、価値観外交は日本の周囲に自国と全く価値観が異なり、相容れない国が存在することを前提としなければ成り立たない概念であると指摘する。そのうえで同氏は、冷戦が終結した現在、イデオロギー戦争はもう時代遅れであり、むしろ異なる価値観を受け入れることが課題ではないのかと問題提起している（邵二〇一四：三二）[11]。

⑷小　括

本稿の目的は、日本の国際人道支援への貢献へ一考察を加えることであり、外交政策一般を論ずることではない。しかし、既述の通り人道支援への拠出を含むＯＤＡは外交の一環として行われていることは明らかであるため、本章ではまず現行の日本外交における基本政策となっている価値観外交について概観した。二〇一三年に第二次安倍内閣が発足した後は、「地球を俯瞰する外交」という言葉が使われるようになったが、「共通する価値」や「自由と繁栄の弧」をベースにしている点は共通している。

ここで、本章における価値観外交の考察を、次の二点のように整理しておきたい。まず、第一点は、二〇一五年外交青書にも説明されているように日本の価値観外交が目指すところは、国際協調主義に基づいた「積極的平和主義」を展開することであるということである（外務省二〇一五）。ところが、ここまで見てきたとおり価値観外交は、国際協調と同時に自国及び価値を共有する同盟国の安全確保のための抑止力強化としての意味合いが現れているという点である。

第二点目は、「価値の普遍性」である。邵が指摘するように、民主主義、基本的人権、法の支配などの価値については世界の誰もが共有するものと言ってよいであろう。入江は、七〇年前に採択された国連憲章の中に、「基本的人権」や「人民」という言葉が既に使われ、国家を超越した価値観が存在したことを指摘している（入江二〇〇六：五七）。しかしその後、アメリカとソ連は、冷戦を展開した。冷戦終結から二〇年を経ようとする今日においても、ロシアでは、NATO、EU、アメリカを「西側勢力」と呼び、「西側」が主張する人権、民主主義などは勢力拡大、内政干渉のツールとなっているとの指摘は根強い[12]。つまり、人権や民主主義の普遍性は疑う余地がないにせよ、それが外交政策上の目的になってしまったり、安全保障のツールという文脈で取り上げられたりすると、普遍性を失う可能性があるということではないだろうか。既に見てきたとおり、日本の外交政策の変遷一つを取り上げてみても、刻々と変化する世界情勢と国内情勢が反映されるべき外交政策は普遍ではないからである。

第二章　開発協力大綱

冒頭で紹介したとおり、二〇一五年二月、ODAの基本政策であるODA大綱が改定された。名称も従前の政府開発援助大綱から開発協力大綱へと変更された。本章においては、改定の背景、第一章で議論した価値観外交のODA大綱改定への影響、さらに新大綱のもと、今後日本が国際人道支援へどのような貢献をしていく計画であるのかを見てみることとしたい。

(1) ODA大綱改正の背景

まず改正の背景であるが、新大綱前文で紹介されている事項から次の三点に要約できよう。まず第一点目は非国家主体の影響力や国境を越える諸問題からの脅威の増大に対応し、国際社会と強調して「積極的平和主義」の立場を明らかにすることである。第二点目は、中所得国や小島嶼国に対しては独特の問題に対応した支援をしていくことである。第三点目は、平和・安定や法の支配・ガバナンス、民主化といった面での支援を強化し、包摂的な開発を支援するということである。

これらの背景を和喜多は、国連ミレニアム開発目標の達成期限が二〇一五年に到来し、新たな開発アジェンダが設定されることから、それと歩調を合わせる目的があったことを指摘している。さらに、民間資金など多様な主体が途上国の開発において存在感を増していることが背景にあると考察する（和喜多二〇一五）。

さらに東京財団で研究員を務める西田は、改定の前に策定された「国家安全保障戦略」と「日本再興戦略」が関係していると説明している（西田二〇一五）。もっとも、改定を決定した二〇一五年二月一〇日の閣議決定文章には、「平成二五年一二月一七日に閣議決定された国家安全保障戦略も踏まえて」という一文が入っている。つまり今回の改定においては、国家安全戦略で提示されたODAを通じたPKO等への貢献や、日本再興戦略にて目標とされたインフラ輸出、資源確保のためにODAを活用するということが明文化された格好となっているのである。

⑵改定への反応

次に、改定への反応を数点見てみることとしたい。まず日本経済新聞は、新大綱と旧大綱とを比較すると「国家安全戦略」や「積極的平和主義」が強調される内容となっていることを指摘している。さらに、旧大綱では、軍が関わる支援は軍所管の病院の改修支援などを除き回避されてきたが、新大綱には軍や軍人が関わる民生目的、災害救助等非軍事目的での協力相手国の軍への協力が含まれていることを変更点としてあげている（日本経済新聞二〇一五）。

アジア経済研究所の平野は、やはり日本経済新聞と同様の二点に関連しているが、次のように変更点を分析する。まず、従来避けられてきた「国益」という言葉が使われているが、これは公金を使って行われる支援であるため、国益に貢献するものであることは政策論の基本であるとしている。さらに、他国の軍隊が行う人道的活動に対する支援提供の可能性を開いた点を挙げ、これはこれまでの援助研究に鑑みれば問題ないとの見解である(平野二〇一五)。

一方、特にNGO関係者を中心に、「軍への協力」ということに対して別の反応も見られた。複数のNGOの活動をサポートし、見解の統合などを目的として活動している国際NGOセンターは、新大綱が発表された同日、非軍事目的とはされているが相手国の軍と協力するということは、相手国の軍によって支援が軍事目的に転用される危険もあり歯止めが効かなくなるとの懸念を表明した(国際協力NGOセンター二〇一五)。また、日本国際ボランティアセンターの理事を務める谷山は、軍事目的でなくとも、軍が人道支援の現場で中立性を保持できるということを疑問視している(谷山二〇一五:四―五)。

(3) 新大綱の中の人道支援

人道支援における貢献もODAの一部となっている[13]。このことは既に述べたが、ここでは新大綱のもと人道支援がどのように行われていくこととなるのかということに注目してみたい。

まずは、人間の安全保障の推進である。新大綱は「個人の保護と能力強化により、恐怖と欠乏からの自由、そして、一人ひとりが幸福と尊厳を持って生存する権利を追求する人間の安全保障の考え方は、我が国の開発協力の根本にある指導理念である」と説明している。また、その実現のために一人ひとりに焦点をあて、人間の安全保障の実現に向けた協力を行うとしている。人間の安全保障、特に欠乏からの自由は人道支援が貢献できる分野と言えるであろう。

さらに、人道的視点からの支援に留まらず、発展に向けた歯車が始動され、脆弱性からの脱却を実現するための支援を行うとし、そのためのインフラ整備、法・制度構築の重要性を強調している。また、人道支援、平和構築やガバナンス、地球規模課題への取り組みについては、独自の専門性、中立性、幅広いネットワークを有する国際機関と積極的に連携していくとしている。

これらの点を整理すると、新大綱においては、人道支援をその先にある平和構築、基本的人権の促進、法・整備構築、民主化支援、インフラ整備などへ繋がる一連の支援と組み合わせている。それは、今人々が直面している脆弱性だけではなく、脆弱性の原因となっていることの軽減や除去ということに対しても支援を拡大していこうとする姿勢である。

(4) 小　括

ここまで、二〇一五年二月に改定された新大綱について検討してきたが、それはＯＤＡ大綱の改定に先立つ二〇一四年一二月に発表された国家安全保障戦略を反映するものとなっている。つまり、戦略中の「我が国は、先進自由民主主義国家として、人間の安全保障の理念も踏まえつつ、民主化支援、法制度整備支援及び人権分野での支援にＯＤＡを積極的に活用する」（外務省二〇一三b）という文言に沿ったものとなっている。

旧大綱と新大綱を比較してみると、その重点地域も価値観外交において重要とされる地域にシフトしていることが分かる。両大綱ともにほぼ世界全域を網羅しており分かりにくいところもあるが、旧大綱ではアジア以外は「その他」とされていることからアジアに特に重点おいていたことが分かる。ところが新大綱においては東南アジア、南アジア、中央アジア・コーカサス、アフリカ、中東、中・東欧、中南米、大平州、カリブ諸国と各地域おける支援重点項目とともに並列で並べられている[14]。

このように新大綱は、「価値観外交」と「安全保障戦略」が強く反映されるものとなった。さらに安全保障戦略においては、それら価値観を共有する国々を日本、アメリカ、英国、フランス、ドイツ、イタリア、スペイン、ポーランドをはじめとする欧州諸国と具体的に挙げている。

これらを整理すれば、日本の人道支援拠出の基礎は、次の二つの点に整理されるであろう。それらは、国際的な問題に価値観を共有する国々と歩調を合わせて対応すること、そして価値観を共有できる国々を増加させることである。

第三章　人道支援

第一章、第二章の考察より、人道支援に対する国際的な貢献は、それを内包するＯＤＡ自体が国益を実現させるためのツールである以上、外交政策と無縁でないことは明らかである。それでは、新大綱およびそれが依拠している外交政策と人道支援との関係を考察した場合、整合性はとれるのであろうか。

⑴人道主義の普遍的価値

人道主義は、価値観外交で普遍的とされる価値、すなわち人権、民主主義、法による統治などと並ぶ普遍的な価値である。人道主義が普遍化した背景については、井上が詳しく紐解いているが（井上二〇〇八）、そのプロセスの要旨は次のとおりである。

「人道的な国際法」という言葉は、一九五六年に発行された赤十字諸原則の中でピクテ(Jean Pictet)が初めて使ったとされている(井上二〇〇八:二四)。それは、ハーグ条約及びジュネーブ条約からなる戦争法と、国際連盟及び国連の主催下で制定された人権一般の保護に関する諸規則を含んでいた(ピクテ 一九五六:三六)。「人道」という概念は哲学、倫理的であり法に持ち込むことには批判があったとされるが、その一方、その概念は一九世紀後半よりさまざまな戦時国際法典の中で織り込まれていたと井上は説明する[15]。中でも、ハーグ第二条約の前文九節、いわゆる「マルテンス条項」においては「人道の法則」という言葉が使われ、その後概念の曖昧性とは裏腹にジュネーブ諸条約等[16]にも影響を与え次第に普遍性を帯びるようになった。

その一方、今日まで人道や人道支援に関する明確な定義はないが、その起源的理念は一九二一年に改定された赤十字運動規定に見ることができる。それは規定前文に記された、公平性、政治的・宗教的・経済的独立性、赤十字運動の普遍性、構成員の平等性である(ICRC 一九九六:一)[17]。一九五五年には、前出のピクテがそれら理念を見直し赤十字基本原則として編纂、一九六五年第二〇回赤十字国際会議にて承認された。その中でピクテは活動原則として人道(Humanity)[18]、公平(Impartiality)、中立(Neutrality)そして独立(Independence)を挙げている。

先に述べたとおり人道支援の定義は今日に至るまで各機関により定められており、唯一共通のものはない。しかしながら、赤十字基本原則は、各機関における人道支援の理念に影響を与えている。例えば、国際連合においても、これら原則を人道支援機関が中心とすべき理念として総会にて決議している(UN 1991; 2004)[19]。人道支援は、これらの国際文書や合意形成を経て、脆弱性に基づいて行うべきものであり、非政治的なものであるという普遍性を構築してきたのである。

(2)冷戦後の人道支援

ところがである。普遍性が共有されていると思われた人道主義に、冷戦後質的変化が現れているという議論が人道コミュニティで盛んになされている[20]。変化を遂げた人道主義は新人道主義と呼ばれ、その変化は人道支援が従前それから区別されてきた軍事力、ガバナンス、開発という要素にも資するものと位置づけられたため生じている(山下二〇一四:一四四)。

一九九二年、国連においては当時の事務総長を務めていたガリ（Boutros Boutros-Ghali）事務総長が『平和への課題（An Agenda for Peace）』（UN 1992）と題したレポートを発表したが、そのレポートは既に人道主義の変化を予感させるものとなっている。同レポートは、冷戦の終結でイデオロギーの違いによる安全に対する危機は去り、国境を越えた交易や通信は増える一方、エスニシティ、宗教、社会、文化の違いによる闘争が依然として継続していることを説明し、そのような闘争、紛争の終結に向けた人権や自由の尊重、経済・社会開発を基本とした民主的平和の構築の重要性を説明している。その上で、国連平和維持活動への加盟国の一層の協力、平和構築活動の重要性に言及している。さらに、国家主権の大切さを全般的に述べつつ、過去のような絶対的な国家主権の時代は過ぎ去ったと述べ、国連の国家主権重視の立場は変わらないにせよ、国連の他国への介入を示唆していることは興味深い。

国連ではこの報告に前後して人道支援改革も開始しており、今日までに三回の改革を行ってきた[21]。それら改革においても、やはり人権擁護の促進、NGOや市民社会を含む人道支援機関の協働といったリベラルな民主主義が中心的理念となってきた。また、改革においては「権利ベースアプローチ」ということが強調され、伝統的な人道支援分野である食糧、仮設住宅、衛生・水といった部門に加え、「保護」という分野が人道支援の主要分野の一つとして加えられたのである。

(3) 小　括

冷戦後、普遍的であったはずの人道主義や人道支援は、国際政治における人権、自由主義、民主主義の重要性の増幅とともに変容してきた。しかし、既に述べたとおり非政治性は人道支援の普遍性を担保する根幹的な理念であったはずである。それが何故、国際政治の変化とともに変化してしまったのであろうか。

前出の山下は、人道支援は非政治性ということを謳うことで逆に自らの活動領域を確保してきたため、近代以降の政治を構成する中心的理論をも内在していると考察する。既に見てきた通り、人道支援は非政治的な物として普遍的価値を獲得してきたとの一般的理解がある一方、逆説的に政治的なものでもある。であるならば、新人道主義の出現は、政治的な変化に起因しているとも理解できる。木下は冷戦後の政治的変化を「区別の理論」から「透過の理論」への変遷として説明する。国内紛争に対する国際社会の関与とその正当性（保護責任論など）は、国境を相対化して介入することで安定化や秩序を生み出す意図がある。また、政治活動や人口移動のグローバル化はそれまでの経済圏や生活圏を横断することで新たな価値を生み出すものである(木下二〇一四:一五一)。これは、「平和での課題」で指摘されていることとも重なる。

井上は、現在このような政治的変化により生まれた新人道主義は、様々な局面から人道支援自体の内実が問われる事態を生じさせていると考察する。それは、人道主義は西欧のキリスト教社会の価値観が移植された理念ではないか、新人道主義誕生の背景の一つであるリベラルな民主主義を基盤とする市民社会といったレジームがどれほど普遍的なのかといった疑問である。その一方で、既に見たように人道主義の普遍性はその歴史の中で構築されてきたものであり、人道主義の正当性とその権原を否定する言説は国際社会でほとんど見られない。また、人道主義の実現はリベラルな民主社会に成立しえるものであり、これらの価値と相容れない排他主義的、全体主義的価値観とは共存し得ないものでもある(井上二〇〇八:三五)。

このような現状、つまり人道主義の普遍性が維持されている一方、国際政治の変化とともに新人道主義とも言えるものが出現してきた状況は、国際社会に人道主義の普遍性ということについて再度合意、認識する作業を迫っているのではないだろうか。そんな中、国連事務総長の呼び掛けにより、二〇一六年五月に史上初となる世界人道サミットが開催されることとなりその準備が進んでいる。世界人道サミット開催の目的として、人道性(Humanity)と人道原則の普遍性に対する我々の誓約をもう一度激励、強化するということが挙げられている。準備のプロセスにおいても、さまざまな関係者からの意見を収集したり、世界各地で準備会議を開いたりして、できるだけ包括的な会議、そして包括的な合意を取り付けようとする方針が示されている(UN 2015)。

結論

冷戦後の国際政治においては、人権、民主主義などがその存在感を増し、そのことは人道支援に変化をもたらした。人道支援が、人権擁護、民主主義促進などの分野に資するものと認識されたからである。しかしながら、そのような人道支援の変化は、本来人道主義が原則としその普遍性が依拠してきた非政治性ということを揺さぶっている。それは、国際的に認められてきた人権、民主主義といった概念の普遍性が、外交政策という政治的で普遍的でないものに取り込まれることで薄められてしまったからである。冷戦後の国際政治が、「人権」「民主主義」「人道」いった理念の普遍性を一見重視するような政策を打ち立てたことで、実はそれらの普遍性を削いでしまったということである。

本稿においては、日本の人道支援への貢献の新しい基礎となる新大綱を分析し、それが同盟関係や自国の安全保障を目的とした日本の外交政策である価値観外交を色濃く反映したものであることを述べた。それは、まさに人権の尊重、民主主義、自由主義などの価値に基づいて人道支援を行っていくという姿勢を明らかにしたものであり、上記の人道支援の本質に対する懸念と軌を一にしている。と同時にそのような背景と目的を帯びた人道支援は、他国、特に非同盟国や「価値観を共有しない国々」から見た場合、不偏性が担保されているものなのだろうか。

それでは、日本は伝統的な人道支援にその貢献を「後退」させた方がよいのであろうか。それは違うだろう。井上が言うように人道主義自体はリベラルな民主的な土壌で実現されるものであろうし、山下が指摘するように伝統的人道支援原則に立ち返ることでも非政治性を担保することが不可能であるからである。

現在、冷戦後変容してきた人道支援の普遍性をもう一度見直し、国際社会の合意を新たにしようという動きがある。つまり、価値観外交に沿って行うこととなった人道支援は、実は世界的な潮流に逆行するものとは言えまいか。日本は、今後の人道支援をめぐる国際的な議論の動向に注目していく必要がある。その上で、人道支援への貢献は、価値観の共有や拡大を主眼にしたものではなく、世界的な合意形成を基軸としたものへとシフトできないだろうか。

そのようなシフトにおいては、国益という側面がないがしろにされはしないかという疑問もあろう。なぜなら価値観外交には、「積極的平和主義」を掲げ国際的な秩序作りに関与していくことで、国際社会におけるプレセンスを高めようとする意図があるからである。しかし、そのような期待は、世界的な潮流が変化するかもしれない人道支援への貢献では現実のものとならないだろう。今後の日本の人道支援への貢献が、たとえその結果が現状と同じになるとしても価値観を基礎にするものを卒業し、人道支援の「新しい」普遍性に対する合意形成に積極的に関与、またそれに基づいた貢献をしていく必要がある。そのような姿勢こそが、国際人道支援という場における日本の「積極的平和主義」を引き立てることとなり、結果国際社会における日本のプレゼンスを高めるという国益に繋がるのではないだろうか。

注

1　人道支援に関しては、開発イニシアティブの一部門である世界人道支援（Global Humanitarian Assistance: GHA）が担当している。

2　第三位にはヨーロッパ連合（European Union: EU）が入っており、ＥＵを順位に入れるならば日本は第六位である。

3　その基本的政策である「政府開発援助大綱」が二〇一五年二月に閣議決定を経て一二年振りに刷新され、名称も従前の「政府開発援助大綱」から「開発協力大綱」へと改められた。

4　同指標は、ＧＨＡの業務趣旨に合意した支援機関が提出したデータを指数化したものである。

5　ＣＧＤは、各ドナーによる支援の総合的な貢献度も数値化している。評価分野には、難民の受入れなど日本では賛否の議論が続いている分野もあるが、日本は世界二七位という評価である。日本が比較的得意と自負する技術支援の分野においても一一位に甘んじている。

6　本稿は、外交と人道支援の関連性の一旦を明らかにしようとするものであって、外交政策全般を評価するものではない。

7　講演の中で触れられた国々は、この他にチェコ、ハンガリー、ポーランド、スロバキア、アフガニスタン、バルト三国（エストニア、ラトビア、リトアニア）、グルジア、モルドバ、ルーマニアであった。

8　細谷は、民主党政権は、その後尖閣諸島問題においてアメリカやアメリカと同盟関係にある国々との関係を強化すること、つまり抑止の必要性について学習することとなったと説明する（Hosoya 2011）。

9　同氏は、二〇一六年一月三日現在、在日本国アゼルバイジャン全権特任大使を務めている。

10　内閣官房参与の谷内正太郎はニッポンドットコム財団のインタビューで「自由と繁栄の弧が中国包囲網であるという誤解がある」と述べている（ニッポンドットコム財団二〇一二）。

11　外務省によれば、日本は「価値観の押し付けや体制変更を求めず、各国の文化や歴史、発展段階の違いに考慮する」とされている（外務省二〇〇六）。

12　二〇一六年一月三日、国連食糧計画の政府間調整官であるバクティバ氏（Regina Bakhteeva）へのインタビュー。同氏は、ロシア、モスクワ国立国際関係研究所（Moscow State Institute of International Relations）で国際関係修士号を取得している。

13　これは、経済協力開発機構（ＯＥＣＤ）においても同じ扱いであるので、日本固有のものではない。

14　重点地域の変化については、大綱とともに外務省が発表する骨子を比較すれば明らかである。旧大綱骨子では、アジアのみを重点地域としているが、新大綱骨子においては、アジアという書き方はなく「ＡＳＥＡＮ、南アジア、中央アジア、中央アジア・コーカサス（以下本文と同じ）」という記述となっている。

15　井上は、一八六三年リーバー綱領、一九八四 年のジュネーブ条約、一九六八年のセント・ペテルブルグ宣言、一九七四年のブリュッセル宣言、一八八〇 年の戦争の法規慣例などを例示している。

16　井上は、一九四九 年ジュネーブ諸条約等の戦争に関する国際文書、一九四六年ＩＬＯ憲章など平時適用の国際法、国際連合での人権に関する決議、国際司法による判示などを挙げている。

17　International Commission of Red Cross: ICRC

18　人道は、「国際赤十字、赤新月社運動は、戦場で傷ついた人々に差別なく支援を届け、人間の苦痛を、それが発見されるいかなる場所においても防止し軽減するために、国際、国内の能力を持って努力するために創設された。その目的は、生命と健康を守り、人間らしくあることを保障することである。またそれは全ての人々の間の相互理解、友情、協力と永続する平和を推奨する。」と説明されている (ICRC 1996: 2)。

19　United Nations: UN

20　UN1992 とUN2004 は冷戦後に人道支援に変化が現れてから決議されているものであるが、変化が生じていたからこそ改めて決議する必要があったのではないだろうか。

21　それらは一九九一年の国連総会決議四六／一八二に基づく改革、一九九七年の『国連の刷新――改革に向けたプログラム (*Renewing the United Nations: A Programme for Reform*)』に基づく改革、二〇〇五 年のクラスター・アプローチ導入などの改革である。

参考文献

井上忠男 (二〇〇八)「国際法に見る人道概念の普遍化の過程及び人道主義の今日的課題と展望に関する考察」『日本赤十字秋田短期大学紀要第一三号』二三―三七頁。

入江昭 (二〇〇六)『グローバル・コミュニティ――国際機関・ＮＧＯがつくる世界、アジア太平洋研究選書四』早稲田大学出版部。

国際協力ＮＧＯセンター (二〇一五)『開発協力大綱の閣議決定に対する国際協力ＮＧＯの緊急声明』。

邵建国 (二〇一五)「価値観外交の虚像と実像―安倍内閣の外交政策の一考察」『大東アジア学論集特別号 (二〇一五年三月)』大東文化大学、二二―三二頁。

谷山博史 (二〇一五)「まえがきにかえて」谷山博史編『「積極的平和主義」は、紛争地になにをもたらすか?!：ＮＧＯからの警鐘』合同出版、三―八頁。

平野克己 (二〇一五)「アジ研ポリシーブリーフ№.六二――開発協力大綱をどう捉えるか」アジア経済研究所。

ピクテ・ジャン (一九五八) 井上益太郎訳『赤十字諸原則』日本赤十字社。

星山隆 (二〇〇七)『「価値の外交」は日本の新総合安全保障戦略――「普通の国」を目指して』IIPS Policy Paper 331J 世界平和研究所。

細谷雄一 (二〇〇七)『外交――多文明時代の対話と交渉』有斐閣。

山下光 (二〇一四)「新人道主義とポスト冷戦期の世界政治――人道支援の危機を契機として」日本国際政治学会編『国際政治第一七五号』。

和喜多裕一（二〇一五）「開発協力大綱の意義と課題——ODA六〇年の歴史から探る新たな開発協力の姿」『立法と調査二〇一五・二№.三六一』参議院事務局企画調整室。
Hosoya, Yuichi. 2011 "The Rise and Fall of Japan's Grand Strategy: The "Arc of Freedom and Prosperity" and the Future Asian Order." In: *Asia-Pacific Review*, Vol. 18, No. 1, 2011. pp 13 – 24. International for Policy Studies.
ICRC. 1996. *The Fundamental Principles of the Red Cross and Red Crescent.*
Ismayilzada, Gursel. 2008. "A New Pillar of Japanese Foreign Policy: The Arc of Freedom and Prosperity – Japanese Policy Toward the GUAM Organization." In: *Central Asia and the Caucasus* (*Special Issue*) *No. 34* (*51-52*), *2008*, pp. 196 - 202.
UN. 1991. General Assembly Resolution 46/182, "*Strengthening of the Coordination of Humanitarian Emergency Assistance of the United Nations*".
UN 1992. General Assembly A/47/277, Security Council S/24111, "*An Agenda for Peace*".
UN. 2004. General Assembly Resolution 58/114, "*Strengthening of the Coordination of Humanitarian Emergency Assistance of the United Nations*".
UN. 2015. "*Restoring Humanity – Global Voices Calling for Action – Synthesis of the Consultation Process Process for the World Humanitarian Summit – Exective Summary*".

ウェブサイトよりの参照

外務省（二〇〇三）政府開発援助大綱（旧大綱）http://www.mofa.go.jp/mofaj/gaiko/oda/seisaku/taikou/taiko_030829.html（二〇一五年一二月二七日閲覧）。

外務省（二〇〇六）「自由と繁栄の弧」資料 http://www.mofa.go.jp/mofaj/gaiko/free_pros/pdfs/shiryo_01.pdf（二〇一六年一月二日閲覧）。

外務省（二〇〇七a）安全保障協力に関する日豪共同宣言 http://www.mofa.go.jp/mofaj/area/australia/visit/0703_ks.html（二〇一五年一二月三〇日閲覧）。

外務省（二〇〇七b）新次元における日印戦略的グローバル・パートナーシップのロードマップに関する共同声明 http://www.mofa.go.jp/mofaj/press/enzetsu/19/eabe_0822.html（二〇一五年一二月三〇日閲覧）。

外務省（二〇一五）開発協力大綱（新大綱）http://www.mofa.go.jp/mofaj/press/release/press4_001766.html（二〇一五年一二月二七日閲覧）。

首相官邸（二〇一三a）第百八十三回国会における安倍内閣総理大臣施政方針演説 http://www.kantei.go.jp/jp/96_abe/statement2/20130228siseuhousin.html（二〇一五年一二月三〇日閲覧）。

首相官邸（二〇一三b）国家安全保障戦略 http://www.kantei.go.jp/jp/kakugikettei/2013/__icsFiles/afieldfile/2013/12/17/20131217-1_1.pdf（二〇一五年一月八日閲覧）。

西田平太（二〇一五）「「開発協力大綱」政府案を読む—その特徴と課題」東京財団 http://www.tkfd.or.jp/research/project/news.php?id=1370（二〇一六年一月七日閲覧）。

ノッポンドットコム財団（二〇一三）地球を俯瞰する安倍外交—谷内正太郎内閣官房参与インタビュー（1）http://www.nippon.com/ja/currents/d00089/（二〇一五年一二月二三日閲覧）。

日本国際問題研究所（二〇〇五）麻生外務大臣演説 http://

www2.jiia.or.jp/report/kouenkai/061130_aso.html（二〇一五年一二月二八日閲覧）。

日本経済新聞（二〇一五）二〇一五年二月一〇日電子版速報「「国益確保へ貢献」政府がＯＤＡ大綱を改定」http://www.nikkei.com/article/DGXLASFS09H83_Q5A210C1MM0000/（二〇一五年一月七日閲覧）。

GHA. 2015 人道支援の透明性について http://www.cgdev.org/cdi-2015（二〇一五年一二月二七日閲覧）。

ベトナム戦争終結四〇年

日本赤十字社の「ベトナム難民援護事業」をふり返る

田島　弘
（元日本赤十字社ベトナム難民対策室長）

はじめに

世界各地で発生する難民の問題で、今、国際社会が大きく揺れている。日本も、難民問題については部外者ではありえない。

今から四〇年前、インドシナ難民をうけ入れた貴重な経験を持っているからだ。

一九七五年、ベトナム戦争終結後、インドシナ三国（ベトナム、ラオス、カンボジア）から大量の脱出民が発生した。ベトナムからはボート・ピープルと呼ばれる人々が海路国を脱出し周辺国へたどりつくか、海上を漂流して航行中の外国船舶に救助され寄港する国に擁護を求めて上陸した。

小さな船に大勢の人が乗り、時には長期に海上を漂い、非常に危険を伴い悲惨な脱出行である。

国連難民高等弁務官事務所（ＵＮＨＣＲ）は、これらの脱出者を包括的に「難民」と認定し保護下におくとともに関係各国に対し、「難民の上陸と一時滞在の許可」について協力を要請した。

日本政府は、収容する施設があることを条件に定住先が決まっていない難民の場合でも一時滞在のための上陸を認めることとした。

政府の難民政策は、昭和五二年九月二〇日付閣議了解

表1　日本に上陸したベトナム難民の状況

入出国者数及び在留者総括表								
項目 年度	上陸件数	入国者数	日本での出生者数	第三国出国者数	日本定住者数	日本での死亡者数	スクリーニングアウト	年度末在留者数
昭和 50	9 件	126 人	1 人	100 人	0 人	0 人	人	27 人
51	13	290	5	152	0	0		170
52	23	790	22	612	0	0		370
53	26	774	17	656	3	2		500
54	32	1,305	33	460	5	2		1,371
55	32	1,115	48	768	53	2		1,711
56	40	1,048	63	1,031	76	3		1,712
57	19	1,017	68	725	252	0		1,820
58	18	763	45	490	499	0		1,639
59	19	542	30	345	800	1		1,065
60	17	472	36	348	266	4		955
61	10	249	27	251	182	2		796
62	10	144	20	130	235	0		595
63	11	255	13	210	158	0		495
平成 1	38	817 *2,792	30	247	169	0		926
2	7	189 *38	35	135	199	0	7	809
3	10	4 **362	15	34	256	0	0	538
4	2	47	25	54	182	0	35 ☆ 17	322
5	19	629	16	5	89	0	529 ☆ 2	342
6 (7.1.31)	0	0	15	6	75	0	183	93
計	355	10,576 *2,830 **362	564	6,759	3,499	16	754 ☆ 19	

（注）　1.* 印の数は偽装難民で退去強制扱いになった者で外数とする。

2.** 印の数は香港難民キャンプ等から脱出し、日本に漂着したベトナム難民で仮上陸を取り消され、入国者収容施設に入所した者で外数とする。但し、☆印の数は日本での出生者数で、入国者収容施設に入所した者。

（出典：日本赤十字社社史稿）

で基本方針が定められて以降、インドシナ難民の問題を通して漸進的にいくつかの政策的な処置が講じられてきた。

本稿では、その内容のひとつひとつを採り上げることはしない。むしろ、問題は、波に濡れふるえて上陸してくる幼い難民に、一刻の猶予もなく衣食住の援護を如何に行うかということが最大の関心事であった。

ここでは、一時滞在難民に対する日本赤十字社のとった実際的な援護についてふり返り、記してみる。

難民の受け入れの経緯

ベトナム難民が、わが国に上陸し始めた当初は比較的おだやかで、カリタス・ジャパンや天理教など主に宗教団体がUNHCRの要請に応えて受け入れ、援護に当っていた。

日本赤十字社は、専ら援護施設所在の支部によって衣類や日用品、医薬品などの供与、健康診断などの医療援護、奉仕団による慰問など側面的な援護を行っていた。

しかし、その後、流出してくる難民数が年毎に上昇し、それまでの宗教団体等の受け入れのみでは収容数も限界に達する状況となった。

UNHCR弁務官代理チャールス・ナイス氏から、直接、日本赤十字社社長（窓口は外事部）あてにベトナム難民の受け入れ援護方について強い要請があった。

日本赤十字社は、内外の難民流出の状況をふまえ、数次にわたって要請内容について検討を重ねた結果、基本的にこれを受け入れることとして準備体制を整えることになった。

体制の準備

・ベトナム難民の受け入れ援護は、赤十字の人道的見地から、これを「救護事業」と位置づけて行う。
・業務は応急的な一時収容の範囲で行う。
・業務実施の主体は全国各都道府県支部とし、本社においては社会部救護課が所管する。
・社会福祉協議会等の協力を得て早急に収容可能な施設の確保に全力をあげる。

その後、体制の整備については次の措置などがとられた。

・本社に、昭和五三年三月一六日付で「ベトナム難民対策室」を設け、業務体制を拡充した。

・本事業にかかる基本方針、実施要綱、業務（経理）取扱い要領等を基本通知文として全国支部長あて副社長名で発出した。

・昭和五三年度から、日本赤十字社に対し、本事業への国庫補助金の交付が決定した。

収容援護施設の開設

(1)難民受け入れ

施設の確保と難民の受け入れについて、実際の業務にあたっては、関係者全員が全く未経験であり、地元対策等についても未知で困難な作業が続いた。

しかし、社会福祉法人や宗教団体等の格別なご厚意やご尽力を得て、初年度で五支部、収容定員一六五人の開設を得た。

(2)施設の開設状況

表2のとおり、一二支部で一〇〇人の収容可能数となったが、特に昭和五三年八月に開設した沖縄県支部所管の本部友好センターは、海洋博コンパニオン宿舎の跡施設で最大三〇〇人収容の規模の大きな施設で、以降うけ入れが順次計画的に行えるようになった。

施設の運営と生活援護

(1)施設の運営

施設は所在の支部の直轄施設とし、支部長が管理責任を負い、実際の職員（指導員、事務員、労務員等）があたった。

これらの職員は、極力地元から任用するよう考慮し、特に施設長については元公務員（市町村）、学校長、福祉施設長など難民問題に理解のある、また地元の有力者に特に支部がお願いするかたちで任用した。

施設運営上大きな問題は通訳の配置であった。日本にはベトナム語を話す人が非常に少ないので、専門の通訳を確保することが難しく、各施設とも英語の通訳でカバーするところが多かった。

(2)施設の生活

難民たちは、法的に残留する外国人として日本の法律を守って生活しなければならない。日本赤十字社が開設した収容施設は全て共同生活方式であり、起床から就寝まで日課が定められている。

表２　日赤において受け入れたベトナム難民の状況

(1) 入出国者数及び在留者数総括表

項目／年度	入所者数			出所者数						年度末在留者数
	受入件数	受入難民数	日本での出生者数	第三国出国者数	直接定住者数	定住促進センター	国際救援センター	他団体その他	日本での死亡者数	
	件	人	人	人	人	人	人	人	人	人
52	5	165	1	38	0			0	0	128
53	17	504	10	304	0	—	—	0	1	337
54	19	601	26	270	1	8	—	7	0	678
55	25	603	17	384	0	7	—	6	0	901
56	23	541	43	553	0	5	—	5	2	920
57	11	423	30	414	11	94	—	19	0	835
58	12	435	16	237	16	73	476	16	0	468
59	8	265	10	123	6	73	303	1	1	236
60	9	219	11	99	1	35	209	37	1	84
61	9	124	6	56	0	0	86	7	0	65
62	3	28	1	13	0	0	29	0	0	52
63	4	82	0	86	0	3	6	4	0	35
平成1	9	388	5	52	1	3	34	97	0	241
2	3	30	4	52	2	0	33	93	0	95
3	1	83	4	11	1	12	33	6	0	119
4	1	26	3	42	2	2	48	0	0	54
5	3	18	1	1	1	7	51	0	0	13
6	0	0	0	2	0	0	11	0	0	0
計	162	4,535	188	2,737	42	322	1,319	298	5	

（出典：日本赤十字社社史稿）

表３　日赤ベトナム難民一時滞在施設の概要

所管支部	施設名	所在地	開設年月日	閉所年月日	施設設置主体（開設前用途）	収容定員	施設の規模 敷地面積	建物面積	建物の構造	備考
埼玉	愛《アイ》弘《コウ》学《ガク》園《エン》	埼玉県大宮市片柳大字山宇稲荷下267-1	昭和52年10月27日		社会福祉法人 愛弘会（職員宿舎）	昭53.4.1-20人/昭54.9.6-40人 昭54.10.15-70人	昭52.10.27-1,155.037㎡	昭52.10. 7-112.20㎡ 昭54.9.6 404.56㎡	木造平屋建 ｺﾝｸﾘｰﾄﾌﾞﾛｯｸ平屋建	昭58.6.1付施設名称変更
	赤《セキ》十《ジュウ》字《ジ》片《カタ》柳《ヤナギ》寮《リョウ》	埼玉県大宮市片柳267-1		昭和60年3月31日	鈴木光五郎（職員宿舎）	昭58.6.1-35人	昭58.6.1-1,355.00㎡	昭58.6.1-112.20㎡	木造平屋建	
東京	澄《チョウ》水《スイ》園《エン》	東京都北区岩渕町40-11	昭和52年8月1日	昭和52年12月31日	社会福祉法人 黎明会（職員宿舎）	20人	――	――	――	
静岡	愛《アイ》光《コウ》寮《リョウ》	静岡県引佐郡細江町中川7220-4	昭和52年9月4日	昭和59年3月31日	社会福祉法人聖隷福祉事業団（職員宿舎）	昭53.4.1-40人 昭55.4.1-60人	620.00㎡	昭52.9.4-274.61㎡ 昭55.4.1-506.61㎡	木造モルタル 平屋建 プレハブ2階建	
愛知	赤《セキ》十《ジュウ》字《ジ》希《キ》望《ボウ》の《ノ》家《イエ》	愛知県瀬戸市南山口町538	昭和55年6月1日	平成4年3月31日	愛知県（県立職業訓練校寄宿舎）	昭55.6.1-50人/昭61.4.1-40人 平1.10.1-50人	2,596.25㎡	674.05㎡	鉄筋コンクリート 2階建、一部3階建	
広島	新《シン》勝《ショウ》寺《ジ》修《シュウ》練《レン》道《ドウ》場《ジョウ》	広島県沼隈郡沼隈町大字中山南	昭和52年9月5日	昭和53年5月31日	宗教法人新勝寺（修練道場）	60人	――	――	――	
	みろくの里救援センター	広島県沼隈郡沼隈町中山南21-1	昭和53年12月1日	昭和62年5月31日	株式会社五徳屋（職員宿舎）	昭53.12.1-50人/昭54.4.1-75人 昭54.8.18-150人/昭55.10.1-170人 昭61.4.1-160人	1,950.00㎡	1,721.00㎡	鉄筋コンクリート 3階建	昭62.6.1付施設移転及び施設名称変更
	ぬまくま救援センター	広島県沼隈郡沼隈町大字草深1106-1	昭和62年6月1日	平成6年3月31日	神原地所建物株式会社（沼隈町立養護老人ホーム）	昭62.6.1-150人/昭63.4.1-60人 平1.10.1-110人	3,963.63㎡	,296.89㎡	鉄筋ブロック造 平屋建（居住棟） 一部木造瓦葺2階建	
徳島	ベトナムの家なぎさ寮	徳島県鳴門市鳴門町土佐泊浦字高砂5	昭和54年12月1日	昭和58年3月31日	医療法人南海病院（体育館）	昭54.12.1-30人	372.75㎡	331.50㎡	鉄筋コンクリート建 体育館1階	
福岡	大《タイ》法《ホウ》園《エン》	福岡県山田市大字下山田344-1	昭和53年7月26日	昭和63年3月31日	福岡県山田市（老人ホーム）	昭53.7.26-80人/昭60.4.1-60人 昭61.4.1-50人	4,421.00㎡	744.00㎡	木造瓦葺平屋建	
長崎	大《オオ》瀬《セ》戸《ト》寮《リョウ》	長崎県西彼杵郡大瀬戸町雪浦河通郷342-26	昭和55年9月1日	平成7年3月31日	長崎県大瀬戸町（小学校）	昭55.9.1-50人/昭56.10.14-90人 昭60.4.1-70人/昭61.4.1-60人 昭63.4.1-50人/平1.10.1-90人	2,340.00㎡	583.00㎡	木造瓦葺平屋建	
熊本	益城《マシキ》古《コ》城《ジョウ》園《エン》	熊本県上益城郡益城町大字寺迫964	昭和54年12月1日	平成1年3月31日	熊本県益城町（老人ホーム）	昭54.12.1-50人 昭61.4.1-40人	5,608.51㎡	848.56㎡	木造モルタル 平屋建	
宮崎	石井記念友愛社ベトナムの家	宮崎県西都市茶臼原東原5248	昭和52年10月18日	昭和63年3月31日	社会福祉法人石井記念友愛社（児童救護施設）	昭53.4.1-35人/昭55.9.1-50人 昭61.4.1-40人	昭53.4.1-3,090.00㎡ 昭55.8.1-4,950.00㎡	昭53.4.1-464.30㎡ 昭55.8.1-567.30㎡	木造瓦葺平屋建 一部2階建 倉庫木造階2建トタン葺	
	赤十字ベトナムの家	宮崎県西都市穂北5248	平成1年10月1日	平成6年12月31日		平1.10.1-60人	4,950.00㎡	567.30㎡		
鹿児島	赤十字《セキジュウジ》垂水《タルミ》園《エン》	鹿児島県垂水市本城字上ノ比良3950	昭和55年12月1日	平成1年3月31日	鹿児島県垂水市（伝染病隔離宿舎）	昭55.12.1-50人 昭61.4.1-40人	3,244.00㎡	480.00㎡	木造モルタル 瓦葺平屋建	
沖縄	本部国際友好センター	沖縄県国頭郡本部町字豊原211	昭和53年8月1日	昭和62年3月31日	株式会社國場組（海洋博ｺﾝﾊﾟﾆｵﾝ宿舎）	昭53.8.1-250人/昭55.10.1-300人 昭61.4.1-270人	昭53.8.1-10,130.00㎡ 昭55.10.1-11,880.00㎡	昭53.8.1-2 772.40㎡ 昭55.10.1- ,571.60㎡	鉄筋ｺﾝｸﾘｰﾄ2階建 一部鉄骨平屋建	

（出典：日本赤十字社社史稿）

また、自主的な自治組織をつくり、清掃、衛生、防災、食事、催物、学習などそれぞれが役割分担して運営した。

食事は施設職員の指導のもと、材料の仕入れから調理、配膳まで、全て難民自身によって行われた。

施設が最も細心の注意を払ったことは、難民たちの健康管理で、事実、ベトナムと日本との気候風土の違いから病気になる者も少なくなかった。

難民受け入れ団体（各施設）間に共通する生活運営上の協議の上、別紙の通り定め、入所難民への徹底を計った。

在日インドシナ難民一時収容施設における生活の指針

在日一時滞在インドシナ難民の援護にかかわる団体の合意により、一時収容施設における生活のあり方の統一を目的として、この「生活の指針」を決定する。

一．施設での生活

（一）共同生活を原則とし、施設での生活秩序の維持に必要な仕事は難民自身が協力分担する。

（二）外出、外泊、旅行は施設管理者の許可を必要とする。

（三）部外者の施設訪問は、施設管理者の許可を必要とする。

（四）保健衛生管理、秩序維持に関しては施設管理者の指導に従う。

（五）器物、備品の破壊、紛失および人身に対する傷害は責任を明確にし、法による処罰とともに弁償を求める。

（六）食費、光熱費その他の雑費は本人の負担とする。

（七）施設間及び施設内の移動については、施設管理者の指示に従う。

二．就労

（一）　就労者（収入のある者）は就労先及び所得額を報告するものとする。報告がない場合においても、就労が明らかになれば就労開始時にさかのぼってＵＮＨＣＲの援助を削除する。

（二）正当な理由なく職をやめた者に対しては、ＵＮＨＣＲの援助を再開しないことがある。

（三）夜間の就労は認めない。

三．細則

（一）各援助団体はこの「生活の指針」に基づき、施設での生活の細則を定める。

（二）細則の遵守については施設管理者の指導に従う。

以上

一九八一年八月一日

ＵＮＨＣＲ駐日事務所

日本赤十字社

カリタス・ジャパン

天理教

立正佼成会

(三) 経費

本社ベトナム難民対策室の本事業の所要経費の決算額を摘記

・財源　国庫補助金　二、七九八、〇八七、一二三円

施設開設費、補修費

施設借上料、調弁費

職員人件費、旅費等

国連委託金　二、一九二、〇七七、〇八二円

食費光熱水費通訳費

応急援護費定住手当

本社費　八、七八五、〇一八円

渡航援護費旅費会議費その他

(四) 就労と通学

難民たちの臨時就労が認められ、生活自立の意識のある者が、日本社会の理解のためにもと働いた。

また、学齢期にある子供たちは、地元公立学校に通う者も多く、学校行事への父兄参加など交流が計られた。

(五) 難民たちが希望する第三国への定住は、受け入れ条件が厳しくなって難しくなり、一時滞在の長期化が施設の運営を難しくする傾向が現れた。欲求不満が高まった結果、一時、難民同士で争いが生じたりすることもあった。

第三国への出国と日本定住

一時滞在難民の最大の関心事は、いつ希望する国に定住

表4　施設収容難民の就労状況（昭和60年12月31日現在）

支　部	施設名	就労先	業種	就労難民数	従事している職種
愛　知	赤十字希望の家	（株）山本窯業	電機器具製造販売	2	プレス工
広　島	みろくの里救援センター	（株）岡田工機	鉄工所	3	雑　役
		（株）瀬戸内伸鉄	伸鉄業	1	雑　役
		（株）滝口工作所	自動車部品製造	1	型枠仕上工
福　岡	大法園	筑豊旭加工工場	製靴業	7	運動靴縫製
長　崎	大瀬戸寮	施設が山間部に位置し市街地から離れているため就労していない。			
熊　本	益城古城園	（株）富士工業	清掃業	4	清　掃
		熊宮自動車整備工場	板金塗装業	2	雑　役
宮　崎	ベトナムの家	近郊農家	農　業	10	雑　役
		三谷洋裁業	縫　業	5	ミシンかけ、ボタン付
		（株）日本食品	食品業	3	雑　役
		大島養鶏場	養　鶏	2	雑　役
		九州製茶工場	製茶業	1	雑　役
鹿児島	赤十字垂水園	（株）ジャパンファーム	殖鶏・飼育・加工	3	出荷係、消毒係
		垂水鋼業	魚網製造	3	組立て係
		（株）川畑瓦工業	屋根瓦製造	2	雑　役
		（株）市丸産業	セメント製品製造	1	雑　役
		（株）大隅ミート産業	食肉加工工場	1	雑　役
沖　縄	本部国際友好センター	定期的、継続的な就労先はない。（一部難民がその都度雇入れられる）			

（出典：日本赤十字社社史稿）

し、自立することができるかということである。UNHCRのインタビューなどを経て、ひたすら希望する定住国への出国を待つ。

しかし、日本への定住を希望する者は極めて少なく、アメリカ、オーストラリアやヨーロッパ諸国への出国希望が多い。

しかも、受け入れ国側の受け入れ資格要件に適合しない難民が次第に増加し、それでも第三国への定住の望みを捨てられず、一時滞在施設にそのまま長期にわたって在留する者が増え、施設運営の問題にもなる。

わが国は、日本定住人員を当初五〇〇人としたが、以降この定住枠を一万人までに広げ、国際救援センターの開設、姫路・神奈川大和定住促進センターの開設により、積極的な難民受け入れ策を講じ、日本語教育、社会適応訓練、職業紹介などを行い、わが国への定住の促進に努めた。

おわりに

平成六年一〇月二八日、日赤長崎県支部所管「大瀬戸寮」から二名の難民が米国に向けて出発した。これで日本の収

表5　インドシナ難民の本邦定住状況

（平成7年1月31日現在）

区分 年次	定住数	定住内訳					
		元留学生研修生等	越からの合法出国ODP	海外キャンプから	国内一時滞在施設から	定住数累計	定住枠
昭和53	3人	0人	0人	0人	3人	3人	人
54	94	0	0	92	2	97	500
55	396	0	0	346	50	493	1,000
56	1,203	742	20	393	48	1,696	3,000
57	456	0	23	217	216	2,152	3,000
58	675	0	32	248	395	2,827	5,000
59	979	0	12	229	738	3,806	5,000
60	730	0	6	240	484	4,536	10,000
61	306	0	28	149	129	4,842	10,000
62	579	0	26	291	262	5,421	10,000
63	500	0	143	193	164	5,921	10,000
平成 1	461	0	115	194	152	6,382	10,000
2	734	0	242	321	171	7,116	10,000
3	780	0	147	370	263	7,896	10,000
4	792	0	142	411	239	8,688	10,000
5	558	0	161	300	97	9,246	10,000
6	460	0	209	165	86	9,706	
合　計	9,706	742	1,306	4,159	3,499		
ベトナム	7,173	625	1,306	1,743	3,499		
ラオス	1,283	73	—	1,210	—		
カンボディア	1,250	44	—	1,206	—		
合　計	9,706	742	1,306	4,159	3,499		

（出典：日本赤十字社社史稿）

容援護施設の残留数は〇名となる。昭和五二年八月から一七年八カ月にわたった事業の終了である。

また、各収容施設の報告書もある。これらが本稿のまとめの力となった。

振り返れば、上陸してくる難民の施設への収容が間に合わず、日赤本社の会議室で一夜を過ごしてもらったこともある。施設でのテトの祭り（ベトナムの旧正月の祝事）に招かれて、手づくりの料理をご馳走になったこともある。

家や故郷を失うということが、人間にとってどういうことなのか。想像力を働かせ、切実に身近なところで学ぶこととなった。

インドシナ難民の問題は、日本人一人ひとりが抱く「難民」への認識を少なからず具体的に変えることになったと思う。

昭和五七年一月、わが国は、「難民の地位に関する条約」及び同議定書への加入を決めた。

また、日本赤十字社も、この事業を通して「救護」の実際について多くの教訓も得ている。今、「難民」に対する覚悟と行動化が、再び問われることになる。

手元に日本赤十字社発行の冊子「ベトナム難民事業記録」（平成六年三月刊）がある。元ベトナム難民対策室職員の労作である。

人生のやりがいと赤十字に身を置く誇り

〝社会に貢献するモラルの高い病院〟をめざして

石川　清
（名古屋第二赤十字病院院長）

医療従事者にとっての〝やりがい〟とは

医療従事者にとっての人生のやりがいとは？私自身がそうであったように、ほとんどの医療従事者は、医療従事者としての仕事を選んだ理由は意義のある人生を送るためであろう。医療従事者の仕事は、人の命に関わることであり、人生のやりがいとして大きな価値がある。私は集中治療がやりたくて麻酔科医を専攻した。集中治療医としてのやりがいは、生死をさまよう重症患者を救命できた時、救命できたことと同時に、その患者さんや家族からの感謝の言葉であった。三〇年、四〇年たった今でさえも、時折、「昔、先生にＩＣＵで助けてもらいました」という感謝の言葉は大きなやりがいとなる。

もう一つのやりがい
——国際救援と災害救護

麻酔科医の働くフィールドは、手術室からＩＣＵ、ＥＲ、ペインクリニック、そして、国内外の災害の現場と非常に広い。災害医療は麻酔科医の働くフィールドの重要な柱の一つである。一九九四年、大学から口赤に移動した年に、赤十字職員の業務の一端として災害訓練に参加した。そして、その翌年の一九九五年、奇しくも阪神淡路大震災が起こり、実際の救護活動に参加することとなった。発災三日目に救護班の一員として被災地である神戸に入った。そのとき見た高速道路や家屋の倒壊現場は、テレビや新聞の映像とは全く異なるもので、地震の凄まじさを身を持って体験した。被災地の現実は自分で被災地に入らなければ分からない。倒壊家屋の中や救護所での被災者の診療を通して、被災者の人から涙を流して感謝されたことは、医療従事者として大きなやりがいであった。たった三日間の救援活動ではあったが、この経験は人生の経歴に残る貴重な経験であり、私の人生の中で大きな意味を持つこととなった。

さらに、救援活動の中で感じたもう一つの印象は、赤十字の素晴らしさであった。全国の赤十字施設から集まった救援車を目の当たりにして、迅速かつ組織的な救援、赤十字という組織の素晴らしさを認識した。それ以来、災害医療に関心を持つこととなり、阪神淡路大震災の翌年、本社主催の国際救援のための研修を受講し、派遣要員として登録した。若い頃から国際救援には関心があったので、「機会があればいつか派遣を」という気持ちはあった。しかし、その後は、麻酔科医としての業務が多忙な日々が続き、国際救援は遠い世界となった。

さらに加えて、五〇歳の時、思いもかけない心臓バイパス手術を受けることとなり、国際救援の可能性はさらに遠ざかった。命にかかわる手術ではあったが、術後の経過は良好で、一カ月後には生活はまったく元の状態に戻った。しかし、心の底ではまたいつか……という健康上の不安が残ったのは確かであった。手術後一年半が経過した五二歳の時、赤十字国際委員会(ＩＣＲＣ)から「ケニアに行きませんか?」と麻酔科医要請の話があった。受けるかどうかは自分の意思次第であり、「もしアフリカで心臓発作を起こせばまず助からないだろう」とか、「過酷な生活に耐えられるだろうか?」とか、さんざん迷った挙句、「この時を逃したら一生国際救援の機会はない」とケニアに行くことを決断した。

発作の不安を抱えスーダンへ

アフリカのスーダン共和国は、過去何十年間にわたって紛争が続き、今までに何百万人という人が犠牲になっている。世界中で最も非人道的な国と言えば、先ずスーダンが挙げられるだろう。近年、南スーダンが独立して紛争はなくなるかにみえたが、それ以後も依然として紛争が続き、犠牲者が絶えない。

このスーダン紛争の犠牲者を救援するため、一九八七年、ＩＣＲＣはケニア国内のスーダン国境沿いにあるロキチョキオに、紛争犠牲者のためのロピディン戦傷外科病院を開設し、医療援助を続けていた。最近話題となった映画「風に立つライオン」の舞台となった病院である（残念ながら今はこの病院は存在しない）。私はＩＣＲＣの要請により、二〇〇〇年一〇月から三カ月間、麻酔科医としてスーダン紛争犠牲者救援活動に参加した（写真１）。スーダンからの患者は、受傷してから病院に着くまでに何日もかかることも稀ではない。そのため受傷部位は古く感染を伴っていることが多く、結果的にほとんどの患者は四肢切断手術が必要となった。搬送時に重篤な患者はあまりいなかったが、それはスーダンからの搬送に時間がかかり、病院までたどり着けないためであった。実際にスーダン国内で治療を受けることなく死亡している数は相当の数であろう。患者はほとんどが銃による外傷で、日本ではとても想像できない患者ばかりで、こんな世界があるのかと当初は驚きの連続であった。

災害医療に通じるＩＣＲＣの医療方針

この病院では使用する薬剤、医療機器は非常に限られたものしかない。ＩＣＲＣの方針は、患者に完璧な医療を提供するのではなく、基本的な医療を提供することであり、また、限られた患者だけを治療するのではなく、できるだけ多くの患者に、その病院でできる範囲の治療を行うことであった。この方針は災害時に行う災害医療に通じるもので、実際、今回の経験がもし日本で役に立つとすれば災害の時であろうと思われた。ＩＣＲＣの方針に従って医療を行う上で感じたことは、現実の厳しさ、日本の医療とロキ

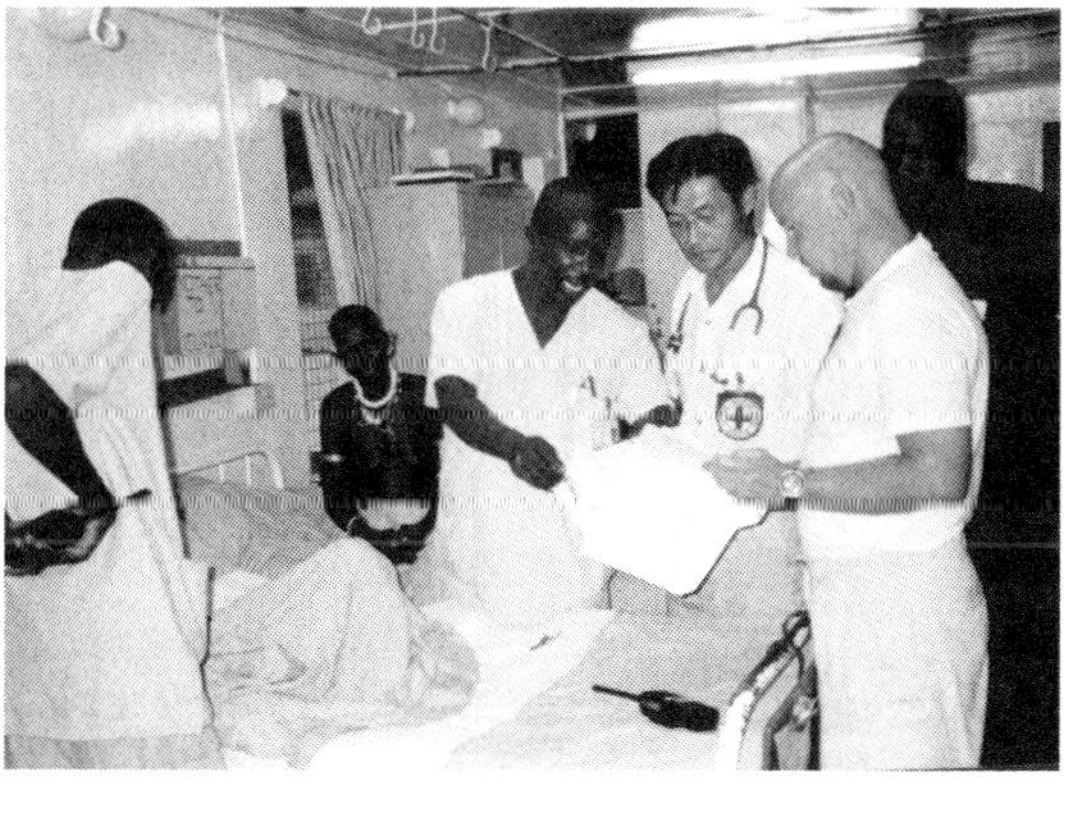

写真１　ロピディン戦傷外科病院の病棟での診療
スーダン紛争犠牲者救援（アフリカ・ケニア：2001 年）

チョキオの医療の違い、「スーダン人の命の価値は日本人の何分の一か？」という命の価値の違い、日本でなら救える命が救えない現実等々疑問に思うことは沢山あった。三カ月間のミッションは決して楽であったとは言えず、日本人は誰もいない、現地スタッフや各国派遣員と英語しか通じない、一日おきのオンコール、連日三五〜四〇度の気温、三カ月間休暇はなく日曜日のみ、何もないところで麻酔・集中治療をすること、金網に囲まれたコンパウンド（居住区域）と病院以外にはどこにもいけない、マラリア、エイズ、エボラといった病気が蔓延している等々、非常にストレスの多い毎日であった。しかし、各国からの派遣員や現地スタッフと楽しい時を過ごす機会もあり、多くの友人ができ三カ月間を十二分にエンジョイできた（写真2）。一言でいえば、大変であったが楽しかったというのが今回のミッションの印象であった。

熱意だけでミッションはできない！

終わることのないスーダンの紛争は、平和な日本にいてはとても想像ができない世界であった。国際救援に行きたい意志があっても、実際にこういった活動に参加するのは非常に難しく、赤十字病院にいなければこの機会はなかった。三カ月という非常に短い期間ではあったが、若い頃からの国際救援に対する熱い思いを実現できたことは私自身にとって非常に幸運であった。この経験を若い人達に伝えることが私の重要な使命だと思っている。災害医療には『善

写真２　ロピディン戦傷外科病院でスーダンの患者とともに
スーダン紛争犠牲者救援（アフリカケニア：2001 年）

意だけでは災害救護はできない』という言葉がある。これはいくら善意、熱意があっても、十分訓練された技術、能力がなければ、実際の災害の現場では、邪魔になるばかりで真の災害救護はできない。同じことが国際救援のミッションにも言え、『熱意だけではミッションはできない』。三カ月という非常に限られた短い期間に有意義なミッションを行うためには、十分準備をした上で望む必要があり、熱い思いだけではミッションはできない。

ケニアでの三カ月間の活動中、体調は全く問題なく、帰国後は心臓の不安も解消し、健康に対する自身も取り戻せた。そして、その後二回の国際救援にも参加することができた。

二〇〇三年一二月に発生したイラン南東部地震（死者二万六千人）では初動班の医師として救援活動に参加し（写真3）、二〇〇五年一二月のスマトラ島沖地震・津波（死者二二万人）ではチームリーダーとして救援活動に参加した（写真4）。いずれの救援活動でも、赤十字の連携、歴史と伝統の上に出来上がった国際赤十字組織の素晴らしさが印象的であった。

写真３　日赤の救護所での診療
イラン南東部地震犠牲者救援
（イランバム：2003 年）

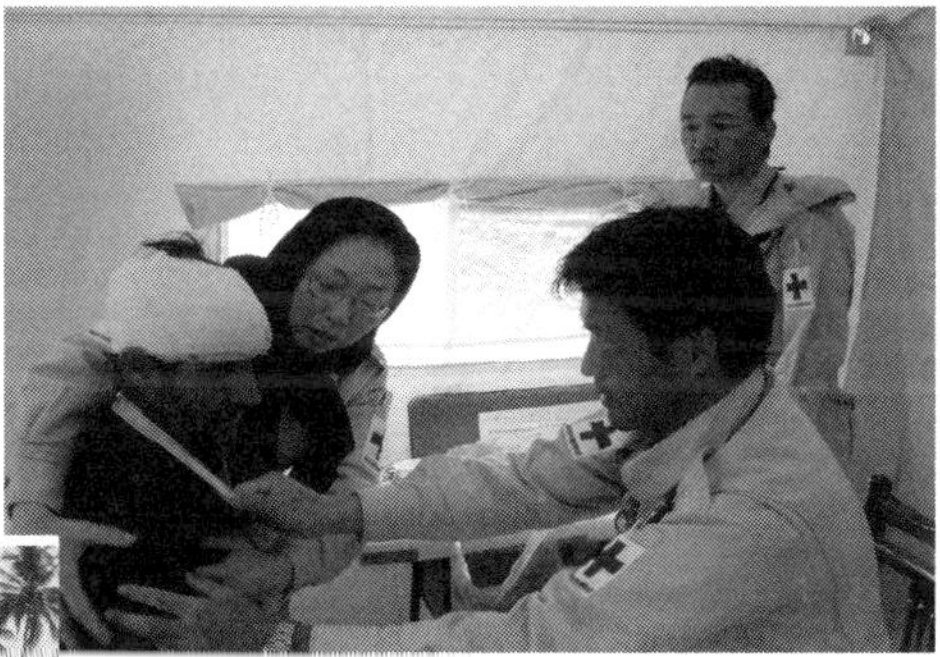

写真４　住民の話から津波の凄まじさを体感療
スマトラ島沖地震津波災害救援
（インドネシアアチェ州：2005 年）

存在意義を問われた東日本大震災救援

二〇一一年三月一一日に発生した東日本大震災は、二万人近くの犠牲者を出し、単純に統計的に言っても今後日本国内では一生遭遇することのない規模の大災害であった。二〇一一年五月に日赤本社で開催された院長連盟総会での席上、私は赤十字病院の院長たちに「この大震災で頑張らなかったら、これ以上の大災害はありえない」「この大震災で赤十字病院が頑張らなかったら、赤十字病院の存在意義はない」と、全赤十字病院が救護活動に参加すべきと訴えた。

東日本大震災での当院の対応は、発災直後の地震情報から甚大な災害と判断し、直ちに院内災害対策本部を設置し、情報収集、関係機関との情報交換、救護班派遣準備等を開始した。全職員に対して「全病院挙げて救援活動に協力するよう」院長メッセージとして呼びかける一方、発災三時間後には、DMAT・初動班の十数名を派遣したのをはじめ、その後も継続的に救護班を派遣した。派遣は全て希望者で、最終的には八月末までに延べ二二七名を派遣した。職員の派遣に当たっては、派遣職員のモチベーションを維持するために、出発式と出迎え式を毎回、患者さんや職員が多く集まる時間帯・場所に設定して開催した。さらに、派遣される職員に対しては、有意義な救護活動ができるよう出発前にブリーフィングを行い、派遣の目的・心構え・注意点等を周知徹底した。また帰還時には、心の傷を負って帰ってくる職員もいるため、心のケアを含めたデブリーフィングを行った。派遣期間中は、正面玄関待合、案内表示・呼び出しモニター等に活動状況を掲載し、救護活動を積極的に広報した。また活動報告会を開催して被災地の支援のあり方、当地区での大災害に備えた対策の検討等を行った。

救護班の被災地での活動は、救護所での医療活動、巡回診療、避難所でのこころのケアチームの活動等であった。私自身も発災約二カ月後の第六班の救護班の一員として救護活動に参加した。実際に現地に入り自分の目で見た被災地の印象は、テレビや新聞の報道とは全く異なり、津波の凄まじさを体感した。この時の印象は一六年前の阪神淡路大震災の時と全く同じ印象であり、今回も被災者の人たちから涙を流して感謝されたことは大きなやりがいであった。院長として東日本大震災で職員を積極的に派遣した理由は、第一には勿論被災者支援が目的であるが、救護活動を通して自分の目で被災地を見ておくことは、来るべき南海トラフ地震に対する心構えをする上でも大きな意義がある。さらには、救護班として直接被災者の人たちに関わることは、医療従事者としてこの上ないやりがいを感じることであり、一人でも多くの職員がこの経験を共有できることを強く切望したからであった。

赤十字に身を置く誇り

名古屋第二赤十字病院のホスピタルミッションの一つである「社会に貢献するモラルの高い病院」を実践する具体的な取り組みとして国際救援がある。

　当院は全国九二ある赤十字病院のうちの五つの国際救援拠点病院の一つである。拠点病院は国際医療救援部を設置し、派遣要員の登録・養成・研修を担当し、今までにスーダン、ケニア、タンザニア、アフガニスタン、パキスタン、イラン、インド、東チモール、インドネシア、フィリピンなど数多くの国々の紛争や大災害に二〇〇名近くの職員を派遣してきた。いまや国際救援は当院の歴史と伝統の重要な柱の一つとなった。

　国際救援は赤十字の使命であると同時に、社会に貢献でき、非常にやりがいのある仕事である。その国際救援拠点病院の院長として、数少ない国際救援の拠点に身を置く誇りを感じ、これからもしっかり取り組んでいきたいと思っている。

書評エッセイ

『大学の歴史』から考える〝大学とは何か〟

河合　利修
（日本大学法学部教授）

近年、大学を巡る動きはあまりに激しく、平成一六年四月に専任教員となって以降、「大学とは何か？」を考えることが日常的になった。大学は教育と研究の場であるが、教育では実学が重視され、就職に結びつくような教育を学生の親も、社会も、そして学生自身も大学に期待している。研究では成果が重視され、しかも質よりも量が求められていると言える。そして、大学の組織も変化している。例えば、教授会はかつて人事を含めた広範な事柄を決定していたが、現在、教授会にこのような権限はない。映画「白い巨塔」で描かれた教授会は過去のものになったと言えよう。

また、これまで専任教員として、あるいは非常勤講師として、三つの大学に関わってきたが、これらの大学はすべて私学であり、それぞれが建学の精神をもち、長い歴史を歩んできた。それぞれがユニークであり、「大学とは何か？」と考えるとき、本当に大学を一般化できるのか、と疑問を持つことも多い。

このように、「大学とは何か？」を考えることが日常化している筆者にとっては、かつて大学がどのようなところであったのかを知りたいという欲求は強かった。すなわち、大学の歴史である。もっとも、目の前の仕事に追われて、なかなか大学の歴史について読む機会もなかったのだが、神保町の書店で行っているフェアで、クリストフ・シャルル／ジャック・ヴェルジェ著、岡山茂／谷口清彦訳『大学の歴史』（白水社、二〇〇九年）という本に出合うことができた。以下、この本について適宜、紹介しながら、「大学とは何か？」を考えてみたい。

本書は二部構成であり、第一部は中世から近代までの大学を、第二部は一九世紀から第二次世界大戦終結までの大学を扱っている。大学は中世ヨーロッパに成立したというのはよく知られているが、具体的には一三世紀初頭、ボローニャ、パリ、オックスフォードに大学が成立した。一四世紀から一五世紀にかけては、ゲルマン地方や中央ヨーロッパで大学が創設され、とくにドイツのケルン、ハイデルベルク、ライプツィヒ等で多数、大学が出現した。また、一六世紀から一八世紀にかけてはライデンやダブリンなど北ヨーロッパにおいて大学が発展、そして大学はとうとうヨーロッパ以外、具体的には南北アメリカにも出現した。そして、一九世紀以降、大学は日本を含む世界各地に作られていった。また、大学の発祥はヨーロッパであり、大学といえばヨーロッパであったが、一九世紀以降のアメリカの大学の発展は著しかった。柔軟な教育、専門教育と教養教育との結びつき、あるいは寄付などによる豊富な財源の確保、といった「アメリカの大学モデル」が形成されたのである。

以上が、一三世紀初頭、すなわち今から約八〇〇年くらい前に三つの大学から出発して、世界各地に大学が出現したごく簡単な経緯である。そして、核心的な問いである「大学とは何か?」を考える必要があるが、その際、本書の内容を要約するのではなく、我が国で持たれている昔のヨーロッパの大学についてのイメージと、本書から得られる知識とを比較しながら、大学の在り方について考えてみたい。以下、四つのイメージを挙げる。

昔の大学のイメージ①

学生が学びたい先生のもとに集まってきて、大学が出現した。

たしかに、大学が成立する前に存在していた私立学校は教師の評判に学生が集まってきたようである。しかし、初期の三大学の成立は、そのように牧歌的で単純な理由ではなかったらしい。例えば、ボローニャでは学生はむしろ「権威ある教師のもとに集うことをやめ、出身地ごとに」集まり、「ナチオ(ネーション=同郷会)」を結成、それが大学になっていったのである。それに対して、パリ大学とオックスフォード大学は教師たちが組合を結成、大学になっていった。さらに、その後設立された大学は君主や国家が設立したものも多く、自然発生的に大学ができたとは必ずしも言えない。

昔の大学のイメージ②

大学では教養科目（リベラル・アーツ）が重視された。

これも時代や地域により異なってくる。初期の大学では、学問を「予備課程」と「高等課程」に分け、教養科目、すなわちリベラル・アーツは予備課程で教えられたが、このような一般予備課程を「人文学部」と呼んでいた。しかし、「人文学部」の在り方は一様ではなく、地中海沿岸地域の大学では人文学部への取り組みは弱く、同地方で主流であった法学の用を足すような文法学と修辞学が教えられたことが例として挙げられている。

また、時代も場所も異なるが、一七三三年にドイツのハノーファー選定侯領にゲッティンゲン大学が創設され、現在にも続く「ゼミナール」の導入など、「革新的試み」が導入されたが、人文学部は哲学部としてよみがえったと指摘されている。そして、その背景として、当時のドイツの他の大学では人文学部が「完全に衰退してしまうか、コレージュ〔カレッジ〕の最終学年組み入れられて」いたことが挙げられている。ヨーロッパの大学におけるリベラル・アーツも栄枯盛衰を繰り返してきたと言えよう。

昔の大学のイメージ③

大学に通ったのは主に貴族や大金持ちの子弟であった。

おそらくこれはイギリスのオックスフォード大学とケンブリッジ大学のイメージではないだろうか。中世の大学における学生の出自を見極めるのは困難なようだが、意外にも貴族の子弟は五パーセント、多くても一〇〜一五パーセントであり、中産階級出身者かつ都市出身者が大多数であった。しかし、時代を経るごとに、ヨーロッパの多くの大学では、貴族や大金持ちに限定はできないが、その国のエリート層の子弟の割合が多くなったのは事実である。例えば先ほど触れたオックスフォード大学では一七八五年からその翌年まで、貴族出身の学生は三五パーセント、平民出身は一〇パーセントとなり、平民出身者は一八一〇年には一パーセントとほぼいなくなったのである。

昔の大学のイメージ④

大学は自治権をもち、国家や教会から独立していた。

まず大学の自治権で誤解があるのは、自治権は教皇や君主に認められて存在していたことである。イメージ①で紹介したパリ大学は教皇から、また、オックスフォード大学は国王から自治が認められた。また、一四世紀から一五世紀にかけての大学と国家の関係を著した文章を以下、引用したい。

「大学は次第に王政国家体制に組み込まれていく。たしかに大学は、それ[国家の要請に答えること]と引き換えにいくばくかの財政的な援助を受けることができるようになったし(教師の給与)、大学人のなかには、華やかなキャリアが保証された者もいただろう。だが、それまで大学が誇っていた自治は後退していく。」

一概に、現在の状況と比較することはできないが、引用部分と現在の大学のあり方とを重ねてしまうのは筆者だけであろうか。

以上、日本人がいだいている昔のヨーロッパの大学に関するイメージと、『大学の歴史』の記述を比較検討してみた。もちろん、本書一冊だけで大学の在り方を考えるのは不十分であろうし、また、歴史学が専門ではない筆者が大学の歴史を考えるのも適当ではないかもしれない。そこはご容赦いただいたうえで、最初の問い「大学とは何か?」を考えてみると、大学は時代と地域によって大きくその在り方が異なり、一概には言えないという結論になってしまった。そしてさらに言うと、「大学とはこうあるべきである」と理想をふりかざすことは実は乱暴なのではないか、と思うまでになった。大学のあり方は時代や国、あるいは地域によって大きく異なり、そのあり方は各大学異なる。例えば、愛知県をはじめとした中部地域の大学は、中部地域のものづくりを行う企業にとって必要な技術者を多数輩出し、また、中部地域の研究を盛んに行っている。この役割は東京の大学では担えないのである。中部地域の大学はその地域で立派な役割を果たしており、特色ある教育、研究を行っている。「大学とはこうあるべきである」と言った瞬間、大学は画一的になってしまう恐れがある。『大学の歴史』から見えてくるのは、大学の多様性である。

私大ならではの〝建学の精神〟

最後に、我が国の大学を考えるうえで重要と思われる点を指摘して終わりたい。『大学の歴史』はヨーロッパの大学の歴史を主に扱っているが、世界的な大学の広がりの例として、日本の大学についての記述もある。そこで指摘されていることであるが、我が国では財政的に帝国大学を拡充するのが難しかったため、私立大学が創設され、戦後は私立大学が過半数を占めるようになった。我が国の大学教育のなかで私立大学は重要である。そして、私立大学に籍をおくようになって筆者が感じたことだが、私立大学の強みは、私立大学には建学の精神があることである。試みに、主な国立大学のホームページで大学の案内をみても、建学の精神はみつからない。理念や宣言はあるが、作られたのはごく最近のことが多い。それに対して、私立大学のホームページを見ると、独自の建学の精神(あるいはそれと同等の表現)が簡単に見つかる。先述のように、大学は一般化できない多様な存在であるとするならば、我が国の私立大学は今後、様々な試練や淘汰に直面しながらも、建学の精神を持って存続することができるであろう。

赤十字発見の旅

佐賀――赤十字ゆかりの地を歩く

大西　智子
（日本赤十字社総務部参事・秘書課主査）

二人旅が始まった。

佐野常民＝日本赤十字社創設者（一八二二―一九〇二）
吉川龍子＝吉川弘文館出版『佐野常民』の著者

有明佐賀空港（現九州佐賀国際空港）

秋色の絨毯を敷き詰めたような、鮮やかな景色を飛行機の窓から見下ろしながら、有明佐賀空港に到着。空港ロビーを見上げると、袴姿の佐野常民の巨大な写真が。驚きと嬉しさのあまり、しばし口を開けて見上げてしまった。その佐賀市の佐野常民記念館のPRポスターに向かって「佐野さん、お邪魔します！」。レンタカーのハンドルを握り、雲一つない秋空の下、黄金色の稲穂と緑の大豆畑が果てしなく続く道をグングンと走りぬける。助手席には、窓から入る風に目を細める吉川龍子さん。四四歳と八八歳女子の

佐賀三重津海軍所跡（世界文化遺産登録）

今年ユネスコ世界文化遺産に登録された「三重津海軍所跡」は、佐野常民記念館の玄関前に位置する。巨大な遺跡群が立ち並ぶ景色を期待して、私は記念館前の土手を駆け上がったものの、そこは広々とした早津江川の河川敷があるばかり。遺跡のほとんどは土の中。思わず「え〜、まじ？佐賀県の皆様、奥ゆかしいにも程があります。」でも、すぐ

に思い直した。「これほどロマンに満ちた場所があるだろうか」と。

日本赤十字社の創設者で佐賀出身の佐野常民(以下、佐野さん)は、長崎海軍伝習所で勝海舟らと共に学んだ船の技術者でもあった。佐賀藩の名君であった鍋島直正公(閑叟という名で知られる)が、航海、造船、航行術等の最先端技術を学ばせるために長崎に派遣した、佐賀藩の優秀な若手グループのリーダーが佐野さんだった。船に大きな関心を寄せた佐賀藩が、三重津に御船手稽古所《おふなてけいこしょ》を設けたのが、「三重津海軍所」の始まり。同海軍所では、佐賀藩の若者が船の操縦や造船、修理のみならず、射撃の訓練までしたそうだ。佐賀市諸富町南部・川副町北東部の一帯は幕末当時、「三重津」と呼ばれ、「津」は港を表した。ここ「三重津」がある早津江川は、有明海につながり、潮の干満の差が日本一だとか。その河原に人工的な船着き場を作り、船を停船させると、潮が引いた時に船底が現れる。自然の力を利用した豊かな発想は、もしや佐野さん?と推察してしまうのは、早合点か。彼はここ早津江津の地で生まれ、貝拾いをして育った人だから、発案したとしても不思議ではない。一八六五年には日本初の実用蒸気船「凌風丸《りょうふうまる》」が、ここで誕生した。三重津における造船の関連資料には、佐野さんの

佐賀藩三重津海軍所絵図

(公益財団法人鍋島報效会所蔵)

名前が随所に現れ、当時の三重津海軍所の中心人物であったことが判る。吉川さんと二人で、のんびりと太陽を浴びながら海軍所跡辺りを散策すると、爽やかな秋風と共にススキや葦の葉がサワサワと静かな音を立て、時折珍しい野鳥の美しい鳴き声が耳に響き、心地よい。思わず両手を上げて、うーんと伸びをしたその瞬間、海の果てのまだ見ぬ外国を夢見た、当時の優秀な佐賀の若者たちの威勢の良い声や、造船の音が遠くに聞こえたような気がした。

有明海の赤い宝…シチメンソウ

夕暮れの有明海は黄金色にきらめき、波打ち際には見渡す限りにシチメンソウ（塩生植物）の赤い帯が広がる。「まだまだ赤くなるのよ」と日赤中央女子短期大学卒業生で佐賀の保健師として活躍された副田峰子さん。（吉川さんが同短大の図書館勤務時代からのお付き合い）。海辺に目を凝らすと、ぴょんぴょんと撥ねるムツゴロウや、速足で逃げる小さな蟹の姿も。かつてこの地域一帯が、一八二八年の子年大風（現在でいうシーボルト台風）による高潮のために水没し、佐賀藩だけで一万人以上が亡くなる壊滅的な被害を受けた際、当時五～六歳であった佐野少年はその惨状を目の当たりにしたはずであり、その体験が後の佐野さんの人道活動に影響したかも知れないと吉川さんは語る。友人や知人を失い、被災後の凄まじい光景を目の当たりにする少年に思いを馳せ、夕日にきらめく海面と、果てしなく広がる美しいシチメンソウを眺めた。海岸沿いの広々とした公園には、佐野さんら佐賀藩の若者らが造船した実物大の「凌風丸」があり、滑り台や登り網が付いた遊具となっていて、子どもたちに親しまれている。

「佐野常民記念館」感動の展示①

入口で最初に出迎えてくれたのは、壁一面に展示された小学一年生の書。思わず、床に平伏しそうになった。同館の古賀館長は、毎年、子どもたちを率いて青山霊園（東京）の佐野さんの墓参と日赤本社見学に立ち寄られることや、子どもたちには「人に優しく、英知あふれる人間に育ってもらいたい」と、語って下さった。館長や佐賀の皆さんの教育に対する熱い思いが館内に溢れ、心地よい空間である。

館内の充実した展示の数々は、見応え十分。海軍所跡のジオラマ3D映像を楽しむことが出来るほか、迫力の映像シアターをはじめ年譜、資料、書簡など、展示された内

佐野常民記念館一階展示ホールの特別展の様子

容から、関係者の工夫が見て取れる。元川副町長の江口様、シチメンソウが映える有明海を案内して下さった副田峰子さんをはじめとする、ベテランの案内ボランティアさんが大勢おられ、嬉しいサプライズだった。記念館は多くの人たちに愛され、支えられている。佐賀の熱い思いに、東京からも何とか応えたい気持ちでいっぱいになった。

「佐野常民記念館」感動の展示②

展示物の前で私が思わず息を呑んで立ち止まった瞬間が何度かあった。その一つがウィナー・エキストラブラットというウィーンの新聞記事（一八七四年八月二〇日付）。ペン画で描かれた佐野常民さんの肖像画が一面を飾っている。まるで現代のTIMES誌の表紙、時の人だ。

記事の内容は以下の通り。

『黄色い肌で、賢そうな切れ長の目をした極東の小柄な人種は、アジアの同胞のうちでもいち早く西洋的なものに親しんだことが驚嘆に値し、世界万国博覧会以来、我々にとって非常に身近な存在となった。（中略）ぶかぶかのズボンやサンダルを捨て、衣装替えをしてピカピカのシルクハットも被り、すっかり欧州の社交界風に着飾ってお目見えしたのである。変革に対する受容性、実用的かつ美的事項の習得に対する慧眼、（中略）欧州の行動文化諸国も例外ではなく、世界のどの民族においてもこうしたあっぱれな態度は見られない。宗教のことは別として、日本人が西洋のすべてを

「ウィナー・エキストラブラット」（明治7年8月20日付）
（日本赤十字社佐賀県支部所蔵、佐野常民記念館寄託）

知り尽くすにも、そう時間がかからないのではないか。西洋との交流活発化を促進するため、日本の帝はここに描かれた佐野常民をヨーロッパに遣わした。遥かなる島国から赴任したこの大使は、長年のウィーン駐在期間に個人的にもまた国家にとっても多くの友好関係を獲得した。佐野常民はこのたび天皇より本国の大臣職を仰せつかり、江戸へ帰還することとなった。我が国の大臣たちの政治を傍観したこの人物が、これから三八五〇島からなる帝国の行く末に大きな影響を与えて行くのである。』

（ボン大学のペーター・パンツァー先生の翻訳文の一部を抜粋）

明治四年に日本政府がウィーン万国博への参加を決定した際、その事務総裁には大隈重信、副総裁に佐野さんが任命された。また、佐野さんはオーストリアとイタリアの公使（今の大使）の役目も担っていた。佐野さんは万国博への出品作品の収集に力を注ぎ、二年後ウィーンに旅立った。現地では日本庭園造成や展示の責任者として指示に明け暮れていたようだ。そこで、かのエリザベト皇后が、日本の大工によるカンナの技巧をご覧になり、長いカンナくずを持ち帰られたとか。またあっという間に袴姿から洋装に変身した佐野さんが、唯一手放さなかった「ふんどし」をホテルの浴室で自ら洗濯していたところ、部屋に入ってきたボーイに奪われ、後日きれいに糊付けまでされた、箱入り三つ折り「ふんどし」が届いたとか。超多忙なヨーロッパ生活が一〇カ月過ぎた頃、佐野さんは肝臓病を患い、現地で死の淵を彷徨う事態に陥ったこともあったようだ。この時、親身になって佐野さんを看病したのが政府派遣員の平山成一郎(後の平山成信日赤第五代社長)であり、因縁を感じる。肝臓の持病はお酒が原因だったかどうかは不明だが、以前、佐野さんが実は酒好きであったとの記録を読み、急に親しみを感じたことがある。疲れた身体で、多くの人に気を遣いながら味わったワインは、どこの名品だったのかと想像すると楽しい。

病み上がりの佐野さんは、日本への帰国準備中、ウィーン万国博の出品物やヨーロッパで買い求めた品物を積んだニール号が伊豆半島沖で沈没したことを受けて、その解決のため郵船会社に自ら赴き、保険金支払いの直談判をして、運賃返金や次回の運賃を無料にすることなどを約束させたらしい。佐野さんは、凄腕の交渉人でもあったことが判る。たびたび発揮される、持ち前の「粘り勝ちエピソード」には欠かせない一つだ。また帰国した翌日には、明治天皇に謁を賜り万国博の復命を行った。その後一六部門にわたる万国博の報告書の編纂に没頭して、明治八年に印刷刊行された。文明開化の礎となったと言っても過言ではない、この貴重な報告書は、鍋島報效会から佐賀県立図書館に寄託保存され、誰でも閲覧できる。

「佐野常民記念館」感動の展示③

もう一つ、私の心を捉えて離さなかった展示物、それは佐野さんのメモ帳。手のひらサイズで、肌身離さず着物のたもとや洋装の懐に入れたもの。いつでも書き留めるために、小さな筆記具(鉛筆)も持っていた。佐野さんの大きな書はいろんなところに所蔵されており、私も今までいくつか拝見したが、躊躇なく筆を持ち、一気に書いた感じで、どれもおおらかな伸び伸びとした字。それがメモ帳は一変して、すごい緻密さと緊張感なのだ。その字の詰め込み方と言ったら!漢学、医術、精煉方の薬品、蒸気船の機械技術、語学、美術品、商業などの知識を、若い頃からむさぼるように身に付けた佐野さんの姿が目に浮かぶようだ。懸命さ、真面目さ、一途さ、どん欲なまでの知識欲、そして煮えたぎるような志が、小さな文字の行間から湯気のように立ち上る。「国を背負った明治の日本人」とはこういう人だったのかと、目を凝らしてメモ帳に見入ってしまった。是非いつか手に取って読んでみたいと思う。

精煉方（多布施、反射炉跡）

日赤佐賀県支部で車を留め、支部の佐藤さんと元職員の樋口さんの案内で、住宅地を通ってせせらぎの小川を上ってゆくと、精煉方跡の石碑があり、更に奥に行くと、大きな木を中心に緑の敷地が広がる。ここは当時佐賀藩の最先端科学技術の研究所だ。現代の「つくば未来都市」や「宇宙航空研究開発機構ＪＡＸＡ」といったところか。オランダ語で書かれた西洋の最先端技術の原書を、伊東玄朴、杉谷雍介、石黒貫二らが翻訳したものを在来技術と融合させて試作、実験を重ねて実用化させた、研究者の血と汗と涙がしみ込んだ地である。蒸気機関車、蒸気船、後装式線条施条砲（大砲）の開発もこの精煉方で行われ、佐野さんはその精煉方の中心的人物だった。当時の資料（複製）が佐賀城本丸歴史史料館に展示されている。この地中には研究所跡が今も眠っていることだろう。よくぞマンションもコンビニも建設されずに、この土地が守られ続けてきたと、歴代の地主の方に頭が下がるばかりだ。

この地で開発された後装式線条施条砲は、当時画期的な武器となり、会津戦争、戊辰戦争、上野の戦争で彰義隊を潰滅させその威力を発揮した。佐賀藩が会津若松で放ったアームストロング砲の威力があまりにも強いので、爆発するまでに敵が逃げる余裕を持たせるため、早いタイミングで発射したり、沢山の空砲を放ち、音で退散させたとのエピソードを聞き、隠れた配慮を初めて知った。確かに砲弾が会津方の陣地でゴロゴロ転がるシーンを多くの時代劇で見たことがあるが、それが史実なら「戦争の中にも慈悲あり」と言えよう。しかし、多くの最新兵器が幕末の混乱の中で使用された。その兵器の開発に携わった一人である佐野さんは、このことをどのような思いで見ていただろう。話は飛ぶが、カラシニコフ銃を開発したロシア人カラシニコフ氏は、自国を守護するために開発したはずの銃が、現在中東諸国や多くの国々で安易な殺戮兵器として扱われていることに、昨年亡くなるまで悩み続けていたと、その家族が証言している。佐野さんの苦悩は、人知れず深いものだったかも知れない。

弘道館跡

佐野さんの母校、弘道館(藩校)跡の石碑が旧佐賀城の北側にある。人材育成を重要視した教育がなされ、大隈重信など佐賀から多くの優秀な人材を輩出したことで有名な学校。当時の設計図を見ると大変大きく立派な造りで、鍋島藩の教育に対する並々ならぬ思いが伝わってくる。大隈さんは城下にある屋敷から、歩いて五分くらいで登校出来たはず。でも佐野さんの実家は早津江津で、徒歩で二時間近くかかる。子どもの足だと、もっとかかるだろう。養父の家は、城下の大隈の家とは通りを一つ隔てた場所にあったらしいが。昔の人は誰でもが良く歩いたとはいえ、勉学のために遠方から毎日往復したことは、その後の彼らの精神面にも少なからぬ影響を与えたのではないだろうか。同じ日本人でも、当時と現代では体も心も違う気がしてきた。後に「ナマコの佐野」と呼ばれたことからも分かるように、目的を達成するまでは諦めない、人並み外れた忍耐強さ、粘り強さは、なるほどここで生まれたのだと妙に納得した。

徴古館(財団法人鍋島報效会)

弘道館跡の石碑は、昭和一五年に十二代当主の鍋島直映侯爵により設立された財団法人鍋島報效《ほうこう》会が運営する博物館「徴古館」の敷地内にある。「報效《ほうこう》」とは、恩に感じて力を尽くすという意味だと知り、民に愛された代々のお殿様の気持ちを代弁するような命名で、素敵だ。

幕末の名君で「佐賀七賢人」と呼ばれ佐賀を代表する人物の筆頭に挙げられる「閑叟《かんそう》」鍋島直正公は適材適所を実践するリーダーで、彼の下に多くの優秀な人材が集い、佐賀の若者が生き生きと学び、研究し、活躍した。特に精煉方や反射炉、蒸気船の開発には、藩の多額の資金を必要とした。資金難に陥った藩の重役からは、殿さまに対して、精煉方等の研究を辞めさせようという動きが出てきた。しかしこのときの閑叟は「これは私の道楽だから」と言って、研究、開発の活動を止めなかった。「先見の明」を持った名君の下で佐野さんは頭角を現し、閑叟公から「医者をやめて、武士になれ、これからは栄寿左衛門と名乗れ」と命ぜられたほど、憶えめでたい存在となった。閑叟公逝去の後、佐野さんがスピーチ中に閑叟公の名前が出てくると、人目もはばからず泣きだして、話が中断してしまった、というエピソードは、絆の深い主従関係だったことを裏付けている。

徴古館で特に印象深かった一枚の写真を紹介する。直大公（「閑叟公」鍋島直正の嫡男）が、その横に小姓として七歳くらいの少年を従えた写真である。私が訪問した時、ちょうど徴古館では「鍋島緞通展」が開催中で、その緞通（佐賀藩が特別に木綿で作らせた床に敷く織物・絨毯）の素晴らしさを示すものとして展示されていたものであるが、緞通の素晴らしさもさることながら、この写真に写っている少年の賢いまなざしとあどけなさに引き付けられた。彼は佐野常實（幼名：源一郎、一八五九―一八八〇）で、佐野常民夫妻の長男である。明治六年（一八七三）のウィーン万国博の際には、成長した佐野常實も同行者の一人に含まれていて、明治初期に海を一緒に渡った珍しい父子である。常實は父からどれほどの影響を受けたことだろう。常實は明治一三年にドイツに鍋島藩の留学生として派遣されるほどの有能な青年であったようだ。しかし不幸なことに、遠く離れたイェーナ（ドイツ）の地で一〇月のイェーナ大学入学を目直にした九月に病に倒れ、二〇歳の若さで亡くなった。その訃報をベルリンの青木公使から受けた佐野夫妻の嘆きはいかほどであったか。佐野さんの前任大蔵卿大隈重信氏に対して、佐野さんが長男の死を知らせる淡々と書かれた手紙の複写が、佐野常民記念館に残されているが、行間に込められた佐野さんの思いは計り知れない。イェーナはプロテスタントの地域で宗教上の問題もあり、共同墓地に埋葬するために留学生仲間が奔走したいきさつがあるらしく、元日赤佐賀県支部職員の樋口浩康氏は、実際にイェーナに行って、埋葬された墓地を探し出された。東京の青山墓地の佐野夫妻の墓の傍にも、常實の墓と墓碑がある。この墓碑文は、平山日赤第五代社長の父君省齊の撰文である。

鍋島直大・佐野源一郎写真
（公益財団法人鍋島報效会提供）

佐賀城本丸歴史館

佐賀城と言えば、司馬遼太郎著「歳月」。主人公の江藤新平が国際人道法（赤十字条約）を知っている風な場面が登場し、幕末にヨーロッパの法律事情に明るい当時の日本人リーダーの見識の広さに感銘を受けた。西郷隆盛と同様、中央政府の重鎮として一度は抜擢されながら、その地位を離れた後、若者らをなだめに佐賀に帰ったはずの江藤本人が中心人となり、決起することになった佐賀の乱。一週間で終結するまでに敵味方合わせて七五〇人もの死傷者を出し、最後は江藤の刑死で終わる。その戦乱の舞台となった佐賀城鯱《しゃち》の門《もん》には、今も生々しく被弾した跡が残っており、かつての激戦を物語っている。本丸御殿を復元した館内は新しい畳の香りに包まれ広々とした空間を楽しみながら巡ることが出来、ボランティアのガイドスタッフの方の楽しく分かりやすい解説についつい引き込まれ展示資料などに目を奪われるうちに、過去と現在の時空間を旅するような気分を体験した。

サムライ女子、駒子夫人

佐野駒子夫人
（畑池佳子氏蔵、佐賀県立佐賀城本丸歴史館寄託）

今回の旅で、佐賀藩の家臣山領真武（剣術指南役）の娘駒子さん（佐野常民夫人）はただ者とは思えなくなった。そして大ファンになった。彼女の実家である山領家があった場所は旧佐賀城南堀端近辺。大きな屋敷を構えていたことを樋口さんから教わった。上述の佐賀の乱は、佐野さんと駒子さんが共に五二歳の頃、佐野父子はウィーンにあって、万国博のために奔走していた時の出来事。夫と息子の外遊中に、故郷佐賀の悲劇を知った駒子さん。どのような思いで、混乱に巻き込まれた故郷の人々の安否を気遣い、憂いたことだろう。佐野さんの帰国は佐賀の乱の約半年後の七月。佐野夫妻は、成す術が無かったと思われる。それから二年半後の一八七七年二月には西南戦争が起き、今度は九州のほぼ全土に戦乱が広がった。この時の佐野さんはジッとしてなかった。戦乱の最中、日本赤十字社の前身「博愛社」を創設するのだ。創設までの彼の日々を辿ると、築き上げた自分の立場を活用して、切ないまでの情熱を傾けて協力者を集め、時には綱渡り、時には周到に根回しつつ奔走する。そんな佐野さんを、駒子さんが本気で支えない訳がない、とふと思った。ましてや駒子さんは、後に赤十字の篤志看護婦人会の創設発起メンバーの一人として、旧大名家のお姫様方をはじめ、多くの貴族・華族の方々と共に活動出来た聡明な女性だ。

一昨年の大河ドラマで放映された会津藩の「新島八重」も同じ赤十字篤志看護婦人会の京都支会で活躍した人で、年長の駒子さんと八重が出会った可能性は大。二人共にサムライの娘。残念なことに、互いの故郷は戊辰戦争の際、敵同士であった。でも、だからこそ、誕生したばかりの「日本赤十字社」が掲げる「中立」への思いは、互いに通じるものがあったのではないか。赤十字篤志看護婦人会は幕末の悲劇を知り尽くし、戦争への憂いを抱き、新しい時代の理想を思い描いた女性たちの集いであり、活動の場であった。中に入ると、色んな立場の女性が集う大変さはあったかも知れないが、さぞ活気にあふれ、面白かったのではないだろうか。

駒子さんはある日、知人であった春子さんに、佐野さんとの間の子どもが出来た時、「え〜っ！冗談でしょ？」という気持ちか、「やっぱりね……」かどうかは判らないが、その後も次々に妊娠する春子さんとその子供たちと共に穏やかな共同生活を送ったというから、ただ者ではない。一方、春子さんが書いた文字を見ると達筆どころか、書家の域。相当教養のある人だったと思われる。とても大切にされた人だったようで、もちろん佐野家には春子さんのお墓もある。当時の名家には良くある話。いずれにしても、駒子さんは、酔っ払いで泣き虫の佐野さんを支える中での長男の死、そして赤十字篤志看護婦人会としての活躍、信心深く、使用人から神様のように慕われたという人柄、時代背景を考慮しても、並みの女性ではなさそうだ。駒子夫人が芸術眼に優れたところがあったとの説もあり、どうやらウィーン万博への美術品に関しても駒子さんがアドバイスしたこともあったかも。佐野常民・駒子夫妻は誕生年も享年も同じ年。懸命に生き抜いた運命の同志だった。佐野さんは、駒子さん、春子さんという二人の賢い女性に支えられ、多くのことを成し遂げた、幸せな男性だったと言えるのではないだろうか。

あとがき

初代社長の佐野常民について時折々に、吉川龍子さん、樋口浩康さん、佐藤雅紀さんをはじめとする諸先輩方にご指導頂き、資料などからもその人物に触れる機会を得た。いつの頃からか、私にとって「佐野さんって、おもしろい」存在になった。知れば知るほど、佐野さんに対する尊敬の念と共に、その人物像に興味が湧く。昨年はその興味が高じて、有給休暇を取得し、東京芸術大学の図書館に一日籠った。佐野さんの「龍池会」での活躍が知りたかったからだ。「龍池会」は現在の東京美術倶楽部や東京芸術大学などの前身とも言える団体。ウィーン万博への美術品出品の実現や、その後の美術界の発展に大きな役割を果たした、文明開化の代名詞の一つとも言える団体だ。この話題はいつか改めて紹介したいと思っている。そこで、ふと疑問がわいた。なぜ今まで、この人が主人公の大河ドラマが出来なかったのかと。幕末から明治という新時代の日本に、船、汽車、美術、武器、医療、教育、林業、食文化などに多大な影響を与えた大人物である。佐野さんを書くには、ありとあらゆる知識を要するので、実在した主人公として小説にするには厄介な人なのかも。でも、いつか躍動する佐野常民が豊臣秀吉、坂本竜馬などに劣らない、国民的大スターになる日を思い描きながら、自分に何が出来るか、と楽しい夢を見ている。

参考文献

吉川龍子『日本の創始者 佐野常民』吉川弘文館、二〇〇一年。
日本赤十字社編『日本赤十字社史稿』一九一一年。
藤井哲博『長崎海軍伝習所』中央公論社、一九九一年。
國雄行『佐賀偉人伝 佐野常民』佐賀県立佐賀城本丸歴史館、二〇一二年。
公益財団法人鍋島報效会編集発行『生誕二〇〇年記念鍋島直正公』二〇一四年。
久米邦武『特命全権大使米欧回覧記』。
博覧会事務局編『墺国博覧会筆記』。
近藤真琴『澳行日記』。

赤十字基本原則　採択五〇周年記念

赤十字七原則エッセイコンテスト　入賞作品

二〇一五年七月一日～一一月三〇日まで日本赤十字社と日本赤十字国際人道研究センターの共催により開催された「赤十字基本原則採択五十周年記念 赤十字七原則エッセイコンテスト」には、全国の職員、ボランティア、青少年赤十字指導者、赤十字看護大学・看護専門学校学生さんなどから計二四四件の作品の応募をいただきました。

これらの応募作品の審査の結果、〈エッセイコース〉、〈ポエム・ツイートコース〉合わせて二〇名の方々が受賞者に選ばれました。受賞者の表彰式は、二〇一六年二月二五日、日本赤十字社企画広報室主催の「もっとクロス！大賞」の授賞式とともに同会場（日本赤十字看護大学広尾ホール）において開かれました。

受賞者の皆様には謹んでお祝い申し上げますとともに、ご応募をいただきました皆様に心より御礼申し上げます。

受賞作品は以下の通りです。

エッセイコース

【最優秀賞】

『日常生活の人道』に翼を与えて

日本赤十字社企画広報室　橋本真理

「わたしの国で紛争があったこと、知ってる？」。マリヤに聞かれて、心底驚いた。わたしたちがその時話していたのは、なぜマリヤが何カ国語も話せるのかということで、そこに『紛争』が出てくるとは、まったく思いもしなかったからだ。

わたしはマリヤの国で紛争があったことを知っている。大学の授業の一環として、マリヤの国で起こった民族対立と武力衝突について、学んだことすらある。そして、その悲劇を題材にした映画を見たことも。しかし、いまわたしの目の前にいる、いつも楽しくおしゃべりし、一緒に出かけて食事をする友人の口から、『紛争』ということばが出てくるとは予想していなかった。

『紛争・戦争』について初めて考えたのはいつだろう。小学生のころに読んだ漫画『はだしのゲン』。その当時は、描かれている傷ついた人・死にゆく人の姿がただただ恐ろしくて、部屋の電気を夜消すことや、一人でお風呂に入ることが怖くなった。題名は覚えていないけれど、同じころにホロコーストについて描いた漫画も読んだことがあった。詳細もまったく覚えていない。ただ、強制収容所に入れられた人びとの食事風景が焼き付いている。食事といえるものではないお湯のようなスープに、ネズミの尻尾が浮かんでいた。「戦争になったら、ネズミの尻尾を食べなきゃいけないの?」それが、小学生のわたしが考えたことだった。

そしてその後も、わたしの中では長い間、戦争は歴史でありフィクションであり、身近にはないものだった。マリヤのことばを聞くまでは。

マリヤが何カ国語も話せる理由。それは、彼女が紛争の起こった国に生まれたからだ。マリヤはベオグラード出身のセルビア人。自国では教育を受けられなくなったためにドイツへ逃れて、高校と大学をそこで卒業した。「ドイツの高校・大学に行ったから、ドイツ語が話せるの。英語もドイツで学んだ。それから、セルビア語と親戚みたいなものだから、ロシア語も分かる」と話してくれた。

少し年下だけれど、共通の趣味や興味があって、お互いが第二言語を使っていても話題が尽きることはない。そんな友人がただ一度ユーゴスラビア紛争について話してくれたのが、この時だった。

「マリヤの国で紛争があったこと、知っているよ」。わたしはそう答えたけれど、そのあとのことばが続かなかった。いのちの危険を感じたことなどなく、毎日を安全で平和に過ごせることが当たり前だと思っていたと、理不尽な暴力にこれまでの生活やたいせつな家族・友人を奪われる経験など想像もつかないと、マリヤに言えただろうか。

マリヤは医師であるお母さんのことや弟のこと、おばさんのことをいろいろ話してくれる。けれど、会話の中にお父さんやおじさん、おじいさんが出てきたことは一度もない。わたしも聞くことができない。その理由が想像できるから。

ユーゴスラビア紛争を伝えるニュースを目にしていた時、当事国での民族対立や武力衝突について講義を受けていた時、その後自分がその紛争を生き抜いた人と知り合い、友だちになり、人生について語り合うとは思いもしなかった。

わたしにとって戦争はもはや、歴史やフィクションではない。死者や難民・国内避難民の数でもない。傷つけられ、愛する人を亡くし、故郷を追われ、教育の機会を奪われ、希望やよろこびを見出せなくなった、一人ひとりの悲劇だ。

マリヤとの出会いはそれだけ衝撃的で、わたしがその後、支援の道を目指すきっかけの一つになった。いま赤十字の一員として、ユーゴスラビア紛争時に行われていた人道支援について知る機会を得て、考えることがある。十歳代半ばの少女が武力衝突が激しさを増す祖国から脱出するために、どれだけの人が尽力したのか。その人たちを突き動かしていたのは、いのちを脅かす危険や恐怖さえも超える、人を人として尊ぶ『人道』への思いではなかったか。

戦禍のシリアから一一月、シリア赤新月社のボランティアが来日し、インタビューする機会を得た。二人が話してくれた『赤十字・赤新月運動の基本七原則』はわたしたちの活動の真髄」ということばがずっと心の中で、頭の中で響いている。彼女たちが日々いのちを懸けて助け、救っている人の中には、明日のマリヤがいるかもしれない。そして彼女たちを突き動かしているのもまた、「苦しんでいる人を救いたい」という人道への熱い思いだった。

インタビュアーとして失格だと思うが、シリア赤新月社ボランティアの話を聞いていて、涙がこぼれるのを止めることができない時があった。彼女も涙を流していて、ことばもなく互いに手を重ね合っていた。ただただ「無事でいてほしい」と思い、人道にいのちを懸ける赤十字・赤新月の姉妹の姿に胸が詰まった。「これが『人道』だ」と目の前に突き付けられた思いがした。

赤十字・赤新月運動の真髄である『基本七原則』。そして、その真髄である『人道』。マリヤやシリア赤新月社ボランティアのように戦火を目にしてはいないわたしは、日本の平和な日常の中で、そのために何ができるのだろうか。赤十字職員が赤十字・赤新月運動を担う一員であるのはもちろんだが、その前に一人の人間として人道を考えたときに、何ができるのだろうか。

ここしばらくこのことについて考え続けていて、「あなたにとっての『人道』とは？」という質問を、友人に投げかけてみた。それぞれの『日常生活の人道』を聞いてみたいと思ったのだ。「人の尊厳を守ること」「人が人として生きていけるように道を開くこと」「性別や人種・国籍、障がいや病気の有無に関わらず生きていけるように、互いに支え、補い合うこと」「正しい道を歩むこと」。返ってきた答えはどれも、わたしの心を打った。

ではわたし自身はどうだろう。「人が人として尊ばれていると感じられること。そのために努力を惜しまないこと」。これがいま、わたしが感じている日常生活の中の人道だ。

日本赤十字社でのわたしの業務は広報。人道支援に貢献し、人に伝え広めていくことに情熱を抱いているわたしにとって、何よりもやりがいを感じ、全力で取り組むことができる業務だ。そしてわたしは広報をとおして自分なりに、『日常生活の人道』を伝えようと努めている。

コーポレートウェブサイトのトピックス、フェイスブックやツイッター、社内報などのニュースで取り上げる受益者にはそれぞれの人生があり、愛する家族や友人がいる。ニュースの読者との間に、人間としての違いはないのだ。もしかしたら十年、二十年先に、読者の一人が世界のどこかで受益者と出会い、友だちになるかもしれない。マリヤとわたしのように。

だからわたしは、人道に翼をつけてニュースを書き、人びとの心に届くことを願いながら送り出す。まず自分が「この受益者がわたしの家族だったら?友だちだったら?」と考える思いやりの翼、そして、「このストーリーをどのようにすればより多くの人に、より興味を持ってもらえるように伝えられるか」と考える想像力の翼を。

わたしが日本赤十字社の広報担当として働いていることを話した時、マリヤはこう言ってくれた。「赤十字にはとても感謝しているの」。その理由は聞かなかったけれど、わたしは確信している。ユーゴスラビア紛争に巻き込まれた子どもの一人だったマリヤを、赤十字がなんらかの形で支援したことを。そして、その支援があったからこそ、いまマリヤが生きていて、わたしたちが友だちでいられることを。

【優秀賞】

生きていく力を学んだ赤十字活動

富山県高岡向陵高等学校 養護教論（ＪＲＣ指導員）浦上真由美

私は、高岡向陵高校に養護教諭として勤務して二六年になります。

勤務と同時にＪＲＣの顧問となり、同じく二六年間のＪＲＣ活動を通して、多くの高校生や富山県内外の指導者ならびに赤十字関係者の方々と出会い、様々な体験をさせていただいています。印象に残っているのが、富山県で開催された全国献血運動推進大会への参加や、富士山のもとで全国から集まる高校生らとの青少年赤十字スタディーセンターや青少年赤十字海外代表団としてネパールを訪れたことですが、忘れられないのがその時々に出会った人々との交流でした。良いことも大変だったことも分かち合い、励まし合いながらの活動は、私にとって活動の源だったり、エネルギーチャージの機会だったり、生きていく意欲に繋がりました。ここで、最近あった嬉しい話を紹介したいと思います。

現ＪＲＣメンバーの話

今年、三年生のＪＲＣ部員と一年半かけて校内でエコキャップを回収し、引き取り業者に渡すという活動をしました。引き渡す前日に計量すると五〇㎏。お金に換算すると五〇〇円。（一㎏一〇円）今やアルバイト時給八〇〇円の時代に、放課後集まって活動して成果が五〇〇円だとは、私は愕然としました。私は、成果や結末を想像せず、ただ生徒の活動を見守るだけでした。しかし、結果をみて、人と時間と労力をかけて活動してきた成果がこれだけか、果たして教育効果はあったのか、時間の有効活用のため指導者として別の方法を提案し、活動させるべきだったのか、少し落ち込み反省していました。一〇年前にアルミ缶を回収し、一㎏一〇〇円で回収してもらいましたが、その時の苦労をすっかり忘れ、また同じ失敗をしてしまったと思ったのです。

しかし、私とは正反対で、生徒はとてもさわやかでした。真夏の暑い日や雪の降る日も回収と洗浄とシールはがしを続け、「作業は大変だったけれど、快く手伝ってくれる仲間や保健委員がいたから楽々とすることができました。収益金は赤十字に寄付します。」と、さわやかに感想を話していました。大人の私の方が、高校生から誠実さを教えられ、頭が下がる思いがしました。

そんな時、同じ職場の七〇歳の非常勤講師の先生が、私に突然、「五〇㎏かあ、すごいなあ、あんた惣万佳代子さんらみたい。一隅を照らす活動だったじゃわい……。」と褒め言葉の中に、富山赤十字看護専門学校の人先輩の名前がポッと出て、しかもそれと同じ活動だと言われ、とても嬉しくなりました。

ＪＲＣ卒業生の話

学校祭に卒業生二人が、やってきてくれました。彼らとの会話で嬉しいことがありました。結論から言うと、「先生、高校時代にＪＲＣで、やってきたことすべてが、いろんな面で社会に出て役立っている～。」と。「よかったやろー」と言いながら、私は自分自身の存在意義を確認できた瞬間でした。二人も介護現場で三交替をしながら頑張っています。勉強は出来ないかもしれないけれども、素直に人の言うことを聞き、利用者さんや上司から怒られ悪戦苦闘しながら、少しずつ成長しているようでした。A君は、勤務中に緊急蘇生の現場に遭遇し、心臓マッサージで利用者さんを蘇らせた経験があるそうです。町で起こった出来事なら、感謝状をもらえるくらいすごいことだと思いました。

一方私は、生徒と毎年訓練していますが、実際に心肺蘇生法をやったことはありませんから、彼らの方が実績を積んでいます。

「これから、ケアマネージャーや管理の勉強もしていかなくては……」と、やる気になっていました。高校時代は少しも勉強しなかったのに、変わるものです人間は。いろんな話を聞きながら、彼らの成長を感じ、いい癒しの時間になりました。私、いい仕事しているなと思いました。

私がＪＲＣ部を継続してきた理由は、今も昔も変わらず、自分の労を惜しまず、人のために役に立ちたいという思いを持った高校生がいることです。そんな気持ちを持った生徒は絶えません。いつも、必ず存在します。そんな高校生たちと共に活動したいというのが私の夢でした。大人だったら、無駄を省き、もっと効率的な活動をと考えてしまいがちなところ、高校生の発想のユニークさや利益を追求しない誠実な行動力から教わることが多いです。

また、地域には、赤十字を信頼し、協力しようという方々がたくさんおられ、そんな皆さんに応援され生徒の活動が生きています。これも、受け皿となって支えてくださる皆さんがあってのことだと思います。感謝です。

また、ある日保健室を来室した生徒が突然、「先生、知っとるけ?惣万さん、西村さん……（略）」と。私がお世話になった先生方に、本校の生徒もお世話になっていたことが分かりました。各所に点在する赤十字が、つながりをもたらせてくれているなぁと出会いに感謝するばかりです。

これからも、青少年赤十字活動をとおして、様々な人と出会い、様々な経験をしながら感性とresilient (returning to its original shape) 力を高め、この世の中を明るく生き抜き、生徒たちとお互いの成長を喜び合っていきたいと思います。

【社長賞】

私を支えた赤十字七原則

日本赤十字看護大学　藤井　久美子

赤十字は、国際赤十字・赤新月規約とともに、その運動の統一性と普遍性を強固に保持するため、活動規範となる赤十字七原則を持つ。この赤十字七原則は、長年の赤十字の活動の経験から生み出した知恵の結晶であり、一九五五年、アンリー・デュナン研究所長で、赤十字国際委員会副委員長であったジャン・Ｓ・ピクテによって記され、生命の尊重と個人の自由の保障、寛容で差別のない社会を実現しようという赤十字の信念と覚悟を示す宣言であると言える。

私は「国境、宗教、人種を超えて人の生命の尊厳を守る」という赤十字の理念に共感し、赤十字の看護学校を卒業し、看護師としてのキャリアを積んできた。今回、ジャン・Ｓ・ピクテによって執筆された赤十字の基本原則に関する解説書を読み、この七つの基本原則を指針として看護してきたことに気づき、自分自身の看護実践や医療現場で起きている事象について整理できた。

私は、総合病院の病棟での就業後、がん免疫療法クリニックで外来看護師として勤務した。総合病院では、担当している複数の患者が、安全に療養しながら、入院の目的である治療を完遂できることを第一に考え看護していた。しかし、複数の患者を担当する中で、体調や治療方針、また患者の精神状態によって、看護ケアを提供する時間には患者間で平等性を保てず、自問自答することもあった。なぜならば、訴えがなくても、また体調は安定していても、病気を抱え闘病する患者は、皆それぞれの一定の不安や、苦痛を抱えていると考えていたからである。

しかし、その時に自分の判断の根底にあったものは、赤十字の「公平」の概念の中の比例性であったと言語化できることに気づいた。つまり、患者を単に平等に対応をするのではなく、苦痛の度合いに従って、もっとも急を要する困苦を真っ先に対応するという判断をしていたのだ。しかし一方で、患者の重症度によって、ケアの量に比例性をもって対応したとしても、赤十字の「人道」という観点において、個々の患者の生命の健康を守り、尊重するために、どの患者にも支持的な姿勢を表現し続け、看護の質を保証することは妥協なく行っていく必要があると改めて考えることもできた。

また、がん免疫療法クリニックでの勤務では、世界各国から患者が来院し、その患者らに看護を実践してきた。国境、宗教、人種はさまざまでも、人の生命の尊厳には差がないことを、その実践からも学んだ。生命を全うしようとする強い気持ちは、世界の共通言語であった。例えば、成人期のがん患者は、定期的な検査・治療やその副作用による体調の変化で、仕事との両立が困難になってしまうがん患者の就労の問題を抱えていた。また、幼い子どもをもつがん患者は、子どもへの自分の病状をどう説明するか、伝えた後にどう子どもを支えていくかという問題を抱えていた。それぞれの問題を抱え、生命の有限性を身をもって感じていながらも、一瞬一瞬、日々を全うしようとするがん患者の生き方には、国籍、宗教、人種などには何の差もなかった。

世界共通の人間の尊厳とは、その人らしく生命を全うしようとする尊い思いそのものであることが真から理解でき、初めて海外の患者を担当した時の緊張は緩和された。この体験をしていた時期、対中・対韓国と日本の歴史問題がメディアで大きく取り上げられ、中国人や韓国人による日本を批判するコメントが多く聞かれていた。歴史を省みるとともに、複雑な感情も抱いた。しかし、患者を対応する際には何も影響しなかった。これは、人間の尊厳を守るという「人道」の意味を実践から学び、さらに、私の中に赤十字の「中立」「独立」の精神があったのかもしれないと振り返る。政治・人種・宗教的な思想的性格の違いを看護には交えず、ある種、患者に対しどう向き合い看護するべきかという意思決定を、自主性をもって行えたと言えるかもしれない。

このように、赤十字七原則は、特別な原則でなく、私たちが複雑かつ多様な人間社会を生きていく上で、看護場面の色々な場面で指針となってくれる存在であると感じた。

さらに、これからの展望として、保護活動と援助活動以外の医療分野でも赤十字の世界性を発揮し、各国の赤十字の積み上げていた保健医療活動の共有・連帯により、世界の発展に貢献出来たらよいのではないかと考える。私たち赤十字の看護師は、保健衛生の知識や救急法等の教育の普及に留まらず、その「単一性」「世界性」を生かして、世界共通の人間の尊厳を守った健康へのアプローチをするために、自分たちの看護を引き続き着実に積み上げていく必要があるのではないだろうか。それはつまり、幅広い教養と豊かな人間性をもって患者を深く理解した上で導き出される問題と、正面から向き合い、その解決方法を研究し、看護の力を生かして、日本を含めた国際社会に貢献するということであると考える。その着実な実践において、指針となってくれるのが、この赤十字の七原則であると言える。

【理事長賞】

『献血』私の使命と願い

宮城県赤十字血液センター事業部採血課　吉川 有香

私は献血が好きだ。献血にはまってもう一〇年が経つ。こんなにも分かりやすく人様の役に立つことができるものは他にないのではないかと思っている。痛みを伴うが、確実に人の命を助けることができるボランティアであると思う。

日本では誰もが平等に輸血を受けることができる。献血の経験の有無に関わらず、怪我や病気で医師が必要と判断した際には即座に輸血用血液製剤が用意される。一九七四年以降、日本では輸血に使われる血液は全て献血で賄われている。

私が献血を始めたきっかけは、大学の時、小児看護の授業を受けたことであった。その授業は小児の白血病の治療を学ぶもので、幼い子どもが痛みや苦痛に耐え骨髄穿刺を受けるVTRを見せられた。骨髄穿刺とは、背中の骨に太い針を刺して骨髄液を調べるものである。画面に映された小児は泣いていた。生きるために必死だった。「こんな罪もない、小さな子が痛みを我慢して頑張っているのに、大人の私が注射の針を刺すことくらいで怖がってどうする！」生まれて以来、健康優良児であった私はその映像にひどく衝撃を受けた。子どもたちの治療に取り組む姿勢に驚嘆した私は、献血に行くことを決意した。実はそれまで、注射が大の苦手であった。予防接種も逃げ回り、健康診断で採血がある時には一週間も前から憂鬱だった。でも、もう決めた。私は献血に行く。せっかく自分は健康であるのだから、せめて誰かの役に立ちたい。健康をお裾分けするんだ！そんな思いを胸に初めての献血に行き、採血中にまんまと意識を失った。後から学ぶことになるが、緊張感や不安が強い状態で献血をした場合、ＶＶＲ（迷走神経反射）を起こし具合が悪くなることが容易にあるのだ。私はその典型例だった。もちろん今となってはそれも笑い話である。

最初の献血こそ初回の緊張で倒れてしまったが、二回目からはおおよその流れが分かる安心感もあり問題なく献血を行うことができた。そして、私は献血の魅力にみるみるはまっていった。確実に人の役に立つことができるという分かりやすい満足感を得られるところが気に入っている。特に社会人一年目、新人看護師として働き始めた私は、仕事の出来無さや要領の悪さに自信を失っていた。仕事が自分に向いていない、辞めたいとばかり思っていた。今思えば新社会人特有のよくある思考なのだが、当時の私はそれを客観的に捉える余裕もなかった。私は患者さんや先輩に迷惑ばかりかけている、自分はいない方がいいのではないか。不甲斐なさにひどく落ち込んだ時は、決まって献血に行った。献血ルームは自分の存在を認めてくれるありがたい場所だった。献血ルームのスタッフはいつも笑顔で迎えてくれて感謝の意を表わしてくれる。自信を喪失した私に、「あなただって世の中の役に立つことが出来るんだよ」と希望を与えてくれた。

献血について自分の中で意識が変わった出来事がもう一つある。看護師になって四年目を迎えた頃、優しくて大好きだった先輩が突然病に倒れた。白血病だった。それは晴天の霹靂で病棟中が為す術も無くうろたえた。私たち看護師は知識はあるのに、あるいは知識があるからこそ、身近な人の発症にはひどく狼狽する。昨日まで元気だった人が、ある日突然病を発症したり、事故に遭うこともある。そういったことを目の当たりにする現場で働いているはずなのに、そういった事態は自分や自分の周りには起こらないような気がしていた。なんとか助かってほしい。また元気になって病棟に戻ってきてほしい。本当に祈ることしかできなかった。唯一の治療法である骨髄移植のドナーも見つからず、日に日に衰弱していく先輩の命を支えていたのは輸血であった。明るくて病棟の太陽のようであった彼女が、すっかり細くなってしまった声で私に言った。「自分が働いているときは、輸血がこんなに有難いものだなんて考えて働いていなかったよ。今私に輸血されている血液は、誰かが時間を割いて、痛い思いをして献血してくれたものなんだよね。」病棟で忙しく働いていると、輸血用の血液製剤が誰かの血液によって作られているものだなんてことを深く考えた事がなかったと振り返っていた。普段医療現場では、他の薬剤と同じように、輸血用の血液も請求さえすれば当然のように病棟へ届けられる。しかし、こんなにも医療技術は発達してきているのに、血液はまだ人工的に作り出すことができないのだ。冒頭で述べたように、輸血に使われる血液は一〇〇パーセント献血によって賄われている。先輩は、彼女に似つかわしくない白い殺風景な部屋で、献血してくれた方への感謝の思いを繰り返し述べていた。輸血をすると青白い顔色がみるみる良くなり笑顔が見られる。私自身もこんなにも輸血の効果を実感したことはなかった。今私に出来ることは献血しかない！祈る思いで献血に通った。

その後、縁があり私は血液センターの看護師として働くことになった。よく「この血液は本当に使われるんですか？」「私の血液は役に立つんですか？」などと、献血者から質問を受けることがある。病院で働いたことのある私たちは輸血の現場を見たことがあるため、献血していただいた血液の行方は想像に難くないが、医療職以外の方からすると自分の血液がその後どのようになるのか、イメージが湧かないようだった。病院で、病床で、いかに血液が大切なものか。どれだけ重要視され特別なものとして扱われているか。病気や怪我をして輸血が必要になった患者さまが、どれほどの感謝を表して治療を受けているか、献血して下さる方にも伝わる機会があるといい。

輸血というものは、健康な人からすれば馴染みのないものかもしれない。しかし病院では、命の危機に面した患者さまに輸血が選択される場合が多々ある。さらに言えば、輸血をしなければ助からない命が存在する。輸血は人の善意によって支えられているといっても過言ではない。誰かの優しい思いやりの気持ちが、血液製剤となり、命をつなぐために必要な患者さまへと届けられる。誰かの善意が、誰かの命を助けるなんてこんなに素敵で尊いこと、なかなか他にないのではないだろうか。日本っていいなぁと心から思う。

献血は気軽にできる。しかし、手間も時間もかかり痛みも伴う。だから私たち看護師は、ひとりひとり丁寧に、感謝の意を込めながら採血する。献血して下さる方には、巡り巡って、きっと何か良いことが訪れますように。根拠はないけれど、献血は本当に有難いものであるから、そう願って穿刺している。

私自身もこれからも献血を続けたい。回避できない超少子高齢化の波に血液事業は今後更なる困難を極めるけれども、日本は現時点ではこれだけの温かい善意に支えられている。日々感謝と敬意を忘れずに、血液事業の一端を担う者として、献血の素晴らしさを敷衍できればと思っている。

【学生賞】

赤十字とつながり

日本赤十字豊田看護大学　小倉 采佳

わたしが赤十字社の存在を知ったのは、まだ小さかった小学生の頃である。どこで知ったのかというと、愛知県犬山市の明治村にある日本赤十字社中央病院病棟を見学したからであった。小さいながらに、まず怖いと思ったのを今でも覚えている。ベッドが窓側に並んでいて、当時はナース服も一緒に飾られてあり、少し薄暗いような印象であった。社会見学で再び訪れた時には怖くて入ることができなかった。

　それから中学・高校と生活してきたが、明治村に行く機会はなく、明治村にある日赤の病院は怖いという印象でぼんやりした思い出として大きくなってきた。まだまだ赤十字のことをよく知らなかったのである。ようやく、進路を決めるという時に最後の最後でお母さんから「ここも受けてみたら？」と勧められたのが日本赤十字豊田看護大学である。このときにわたしははっきりと日本赤十字社って本当にあるのだと改めて知ったのである。

　受験も終わり、わたしは日本赤十字豊田看護大学に進学することになった。日本赤十字社の学校では必修として赤十字原論という分野がある。日赤の看護学生として一から赤十字という組織を学ぶのである。わたしはこの授業を楽しみにしていた。もともと人の役に立つ仕事に興味を寄せていたからである。授業を受けてみると、日本赤十字社の発足や赤十字が大切にしている七原則などさまざまなことを学ぶことができた。

　わたしが家で《人・公・中・独・奉・単・世♪》と繰り返し唱えていると母がそれを聞いて、「わたしもそれを覚えたのよ」と笑顔で話してきた。「テストに出たから全部覚えたわ」とも話していた。実は、母も日赤の看護学校で学んでいたのだった。親子二代揃って日赤の学校にお世話になっている。赤十字の話を親子ですることも多くなり、意見を共有することも増えた。

　今考えてみると、小さい時に日本赤十字社中央病院病棟に足を踏み入れるきっかけをくれたのも母であったかもしれない。当時は怖いとしか思うことができなかったが、大学生になった今はしっかり中を見学して赤十字と向き合おうとすることができるようになった。自分が日赤の学生という意識はよりいっそう四月より強くなっている。献血ルームにもこの間初めて行ってみた。日本赤十字が展開する活動に参加してみようかなと思うようにもなった。

　ここで最初のテーマに戻るが、あなたの中の赤十字とは何かと聞かれたら、わたしは真っ先に《人道と博愛》と答える。小さいころから不思議と意識の中に赤十字というのは傷ついている人や困っている人すべてに自分たちができる最大の支援を提供する組織というのは頭の中にあった。それプラス今は《つながり》を大切にする組織であると伝えたい。世界規模の人道支援をはじめ日本では献血活動も盛んである。どちらの活動も人の力がないと達成することはできない。

人が人を呼んで人を助ける。一人では達成するのは難しいかもしれない。しかし、一人ではなくみんながいたら……？それは大きな力になると考える。献血を例にするが、友達同士で「献血って行ったことある？」「今日献血行ってみない？」などつながりが始まり、このことから人のために行動する活動もある。実際にわたしもそうであった。自分にとって人道・博愛は遠くにあるようなものだが、献血なら気軽に友達同士、家族、学校で参加できる。また、母とわたしの実体験から赤十字同士のつながりもおそらく大きな力になると考える。赤十字を知っていればこそ、赤十字の精神をより理解してもらい、自分の日常にその精神を反映させて生活していけば、赤十字というものがどういうものなのか、行動を通して赤十字を知らない人にも伝えることができるのではないか。こうした理解を得たつながりが大きな輪になって赤十字を支えている。今、学んでいる赤十字の学校でのつながりも大切にしていきたいと考える。

アンリー・デュナンから始まった赤十字の精神や活動は今も着々と大きな大木の根のように世界に広がっている。小さな声が大きな声となり、世界から知られる存在となった。世界的に見ても赤十字の精神・活動を知っている国は多いと聞く。日本では災害支援・募金・献血など日本赤十字社が関わっている大きな事業はあるが、その事業を日本赤十字社が行っていることをそんなに多くの人は知らない。わたし自身も日赤の大学に入ってから詳しく知り始め、街頭のポスターやテレビのCMも目に留まるようになった。

「人間を救うのは、人間だ。」このスローガンはとても大きなインパクトがある。人間にしか人間を救うことはできない、確かにそうである。人間以外に私たちを救ってくれるものはいない。傷付け合うことも人間は起こしてしまうが、「人道」という言葉を胸に世界中で人間を救っている人もいる。アンリー・デュナンが語った「傷ついた兵士はもはや兵士ではない、人間である。人間同士としてその尊い生命は救われなければならない。」この言葉こそ「人道」の基本である。赤十字の七原則である《人道・公平・中立・独立・奉仕・単一・世界性》のトップバッターは見ても分かるように《人道》である。最初にくるほど重要な言葉である。

人道を達成するためには、やはり人間同士の《つながり》を育むことが重要だ。つながりから生まれる救命のために、わたしは家族や友達、学校などの小さなつながりから作っていきたいと考える。つながることで人は強くなれる、大きくなれる、優しくなれる。大学生の今、わたしにできることは何だろう。救命なんて大きなことはできないが、赤十字の七原則なら赤十字を知らない友達や家族にも伝えることができる。すべては、人間を救いたいと始まったあのアンリー・デュナンの言葉からこの赤十字が生まれたのである。わたしにもできることがあるはずだ。知らない人に伝えていこう、知ってもらおう、共感してもらおう。日赤の看護学生としてこれからも赤十字についていたくさん吸収していこう、活動に参加していこう。いつか看護師として活躍する日まで、わたしの経験値が増えていけばいい。まずは一人の人間として当たり前のことを当たり前のようにできる人間に、そしてつながりを大切にしていきたい。

参考文献：日本赤十字社ウェブサイト www.jrc.or.jp
桝居孝・森正尚著『世界と日本の赤十字――世界最大の人道支援機関の活動』東信堂、二〇一四年

【佳作】

『福』に繋がる七原則

前橋赤十字病院麻酔科医師　柴田正幸

どうやら、我々人類は古来より『七』という数に特別な思いを抱いているようである。その理由は国、地域、人種、文化などによりさまざまなのであろうが、総じて『福』につながる表現の一つになっていることが多いと感じる。二〇一一年にアレックス・ベロスという作家が行った好きな数字（一桁に限らず）に関するオンライン調査では、全世界三万人のうち、『七』と答えた人は九．七％に上った。これは驚異的なぶっちぎりの値である。単純に、全世界の一〇人に一人の好きな数字が『七』ということになる。

日本においては、最近では野球を由来とするとされるラッキーセブンなど西洋の風習をまず先に思い浮かべがちであるが、やはり『七』といえば、その代表は『七福神』であろう。七福神の起源は室町時代頃とされているが、この七つの神を参拝することにより七つの災難が除かれ、七つの幸福が授かれるという思想である。やはり『七』は幸福に繋がっているようだ。そういえば、研修医時代に先輩外科医から大切な結紮では縁起が良いから七回結ぶようにしていると聞いたことがある。末広がりの意味を込めて八回！と主張していた別の先輩もその場に居合わせていたが……。

ところで、我々が日々働いている日本赤十字社は世界一八九の国と地域に広がる赤十字社・赤新月社の一社であり、また一九四九年のジュネーブ四条約の締約国は一九六カ国となっており、この数は国連加盟国　九三カ国を上回る文字通り世界最大級の組織ということのようである。この組織の基

本原則が『七つ』という偶然か必然か、そこは想像の域を脱しないが、とても素晴らしいことである。なぜなら幸福というものをイメージできる原則とも考えられるから。

今年、二〇一五年は赤十字基本原則（七原則）が採択されてからちょうど五〇周年にあたる。この五〇年で世界は過去に経験したことがないほど様々な分野で発展し、成長し、そして進化した……少なくともそう思いたい。しかしながら同時に解決しなくてはならない難題も累積し、また新たな問題も噴出している。世界大戦のような大きな戦争が起こっていないことが唯一の救いではあるが、地球上どこかでいつも紛争が起き、それにより難民が増加し、最近ではテロの恐怖も全世界に拡散している。五〇年前、この七原則を採択した会場にいた人々が思い描いた理想の五〇年後の姿に我々が生きる現代はどれだけ近づくことができているのだろうか？甚だ疑問である。

ここで『人道』、『公平』、『中立』、『独立』、『奉仕』、『単一』『世界性』の七つ、つまり七原則について私の考え、思いを綴りたいと思う。これらのうち、人道、奉仕という言葉は非常に分かりやすいが、実際に行動する上では実に勇気と忍耐が必要だと思う。しかしながらこの二つは七原則の中でも最も中心に位置するのではないだろうか。次に公平、中立、そして独立という三つは世界レベルでの活動をするうえで非常に重要なポイントとなる。なぜならこのような世界的な活動において利害関係の衝突がどうしても発生しやすい。もし、この原則を犯したのであれば、その人、組織への信頼は失墜し、今後の活動にも大きな支障となる。我々が今こうして活動できているのは、先輩方がこの原則を忠実に守っていたからであり、今後後輩たちのためには決して忘れていけない原則である。単一、これはすぐにはなかなかイメージしにくい……。一つのもの、唯一のものという意味であるはずだが、このような組織は現時点では確かに世界で唯一であると考えるが、二つあってはならないということではないと思う、現代社会は多様化しており、その社会のニーズに敏感に沿った別組織があってもよさそうなものである。そういう認識でよいのだろうか……。最後に世界性である。これはもちろん活動が世界中にわたっているわけであり、現在の活動はまさに原則通りといえる。

ところで、話は戻るが、みなさんはご存じだろうか？七福神のうち、日本の神様はなんと一人（ちなみに恵比寿さま）だけである。日本人は悠久の昔から実は日本以外の異文化を理解し受け入れることが得意な人種である。近年では爆発的に普及しているアプリ『LINE』も日本発祥ではないように、日本人は全く抵抗なく実に見事に海外のものを日常に取り入れることができる。どうしても学校で習った江戸時代の鎖国政策（当時は鎖国と呼んでなく後世が名付けたそうだが）のイメージが強いが、実際にはそれ以前は盛んに国際交流を行っており、決して世界に出ていくことが不得意な民族ではなかったと思う。また自然万物のあらゆるもの全てに神が宿るという思想も古来よりあり、八百万の神という言葉さえある。まさに宮崎駿監督の『千と千尋の神隠し』の世界観そのものである。驚いたのは、この映画が海外でも評判であったことである。あの世界観を海外の人々に理解していただけたことは日本人として本当に喜ばしいことである。また、日本人は『島国根性』と揶揄されがちであるが、我々が持ち合わせているこのような思想は他に類をみないものであり、宗教、文化の全く違う世界で活躍する際にはこの寛容力はアドバンテージになるはずである。

赤十字での活動は実に様々である。日本においては赤十字病院と献血というものがその中心と考えられがちであるが、世界的には赤十字という組織がこれほどの病院を持っていることは稀だということを聞き驚いた覚えがある。確かに国際学会や論文などで○○(↑国名)赤十字社□□病院などという表現は聞いたことがない。日本赤十字社のホームページを改めて覗いてみると、「苦しんでいる人を救いたい」という思いを九つのかたちにして事業を展開していると記してある。九つのかたちとは、①国内災害救護、②国際活動、③赤十字病院、④看護師等の教育、⑤血液事業、⑥救急法等の講習、⑦青少年赤十字、⑧社会福祉、⑨赤十字ボランティアである。私はこのうちの一つ、赤十字病院に属しているが、ここでの日々の活動が、これらの九つの事業に、そして七原則に基づいた世界的な活動に繋がっていくことを願いながら、そしてこの崇高な活動を行っている組織の一員ということを自覚しながら襟を正して日々を過ごしたいと改めて思う。ここからの五〇年が地球上全ての人々とってこれまでの五〇年以上に幸福となり、今より笑顔で七原則採択から一〇〇周年を迎えられるようであってほしいと切に願う。そのとき、私は八七歳……元気に笑顔で全国の七福神めぐりでもしていてほしいものである。

【佳作】

未来の看護師と赤十字

日本赤十字広島看護大学　長井 美佳

私は今、赤十字の看護大学で看護の勉強をしている真っ最中。「看護師になりたい!」と、看護師である母の背中を見て育った私は小学生の低学年の時から思っていた。幼いころからの夢を実現するために、大学二年生になった今も、勉強に励んでいる。

高校三年生だった私は、本格的に始まった受験勉強と併せて、母親と学校を調べていた。「看護師さんになれる学校は沢山あるけど、お母さんはできれば日赤の看護師になってほしいな」と、ある日母は言った。「日赤はしっかり看護師としての心を教えてくれるからね」……看護師のココロ？看護師なんてどこの学校に行ってもなれるじゃない。それに、看護師さんは優しくないとなれないんじゃないの？と私は思った。

「でも、お母さんがそこまで言うならちょっと調べてみるよ」と言って、私は赤十字の学校を調べた。母が日赤の専門学校卒の看護師であるため、専門学校があることは知っていたが、大学があることは知らなかった。ホームページを開くと、真っ先に飛び込んできたのは、「人道」という言葉。これが私と赤十字の基本原則とが出会った瞬間だった。

「ジンドウって何？」私は自室に戻ってから辞書を引いた。「人として守り行うべき道」とあった。「そんなの、誰でも守ってるんじゃないの？だって看護師さんなんだし、学生だって看護師さんになるんだから。」私はそう思いながらも、「でも、日赤の学生になったらお母さんみたいな看護師さんになれるのかな……」とも思った。

その後、現在通っている大学に進むことを決意した。

大学に入学してからは、勉強が本格化していった。「これが看護師の勉強！」と言わんばかりの、日々、看護、看護の繰り返し。「看護師さんってこんなに勉強しなきゃいけないの！？」と、目が回るような勉強の中で常々思った。しかし、そんな中で、私にはお気に入りの講義があった。「赤十字の歩みと活動」という講義である。この講義では、赤十字がどのようにして出来たのか、赤十字とは何なのかを学んだ。もちろん、基本原則についても学習をした。

「ソルフェリーノの思い出」を読んだ。赤十字の創立者であるアンリー・デュナンの旅行記だ。私はこの本を読み、まず直感したことは「戦争のむごい有様」である。この本にはソルフェリーノの戦いの戦場の有様や、アンリー・デュナンがみた光景が、そのまま著されている。たとえば「脳みそが飛び出し」という文や、「人間の破片が散らばっていた」という部分、また、「次はもっと物が見えるようにしてやろう」と言ってオーストリア軍が兵士の目をくりぬいたなどの表現が幾つもあり、本を閉じてしまいたいくらい辛く、悲しくなった。光景が私の頭の中でザァッと音を立てて広がった。実際にされた兵士の痛みは……・想像もできない。また、次に、救護をしていた人々の奮闘ぶりを感じた。アンリー・デュナンは「トゥッティ・フラテーリ」……・「人間はみな兄弟である」と言って救護にあたった。看護兵も軍医も町の人々も「負傷兵を助けたい」「少しでも苦痛を緩和したい」という一心で手当てにあたっていたことがひしひしと伝わってきた。

「戦争がなければ人はこんなに苦しまないのに」と、平和である今に生きる私は考える。しかし、このような戦いがあったからこそ、赤十字は誕生したのだ。赤十字の七つの基本原則の根底にあるものは「人道」である。赤十字においての人道とは「誰でも、傷ついた人を助けたい」という気持ちであると考えた。今の日本では戦争はしていない。しかし、私は、まさに今も戦っている人はいると思う。それは、患者である。病院や家庭で闘病生活を送っている人は数えきれないほどいる。患者と病気との戦いである。しかし、時に患者が圧倒的に不利になってしまう。そのとき、私が目指す「看護師」が、他の医療従事者とともに患者の戦いの援助するのだ。私の心の中にもきっと、アンリー・デュナンの考えと同じ、赤十字の七つの原則の根底のものと同じ、「人道」がどこかにあるはずだと、本を読み終えた後に思った。

高校三年生だったあの時、赤十字と出会えて本当によかったと、大学二年生になった今、そう感じている。「人道」という当たり前のことを学ぶことが出来るのは日赤だけ。日赤に来なければ、私はきっと「赤十字」に触れることがないままだったと思う。未来の私は、患者と共に病と闘い続けることができているのだろうか。患者が戦っているとき、私は何ができているだろうか。

私は今、赤十字の看護大学で看護の勉強をしている真っ最中。「看護師になりたい！」という幼いころからの一つの夢を実現するために、大学二年生になった今も、勉強に励んでいる。

赤十字の一員として、一人の未来の看護師として。そして、一人の人間として。

【佳作】

いまの日本社会に求められる赤十字七原則

さいたま赤十字病院医事課　永澤 由芽子

私が赤十字に興味を持つきっかけになったのは、私の親戚が「国際人道法」を人に伝える仕事をしていたからだった。当時の私は小学生だったこともあり国際人道法というものがどういうものなのか全く知らなかった。ほかの大人たちに尋ねたところで、彼らも国際人道法とは何かを知っている人はほとんどいなかった。ある日、私はその親戚に国際人道法について聞いてみた。するとその親戚はこう答えた。国際人道法は戦争などの武力紛争下で人が最低限守るべきルールを定めたものであると。

第二次世界大戦以降、国際社会では戦争行為は国際条約上違法なものとして扱われるようになった。しかしながら、戦争はしてはいけないもの、そのような考えがあったとしても人は必ず争いを起こしてしまう。紛争下ではほとんどの場合、人は殺害されるし傷つけられる。もちろん自分たちが行為の主体となって人を殺し傷つけることもあるだろう。紛争下では残虐な行為も発生しやすい。しかし、例えそのような極限の状況にあっても人間には人として守るべき基準が存在するという考えがあった。それを規範にしたものが国際人道法だというのが私の親戚の答えだった。

きっと当時の親戚はまだ子供だった私にわかりやすく伝えたのだろう。しかし私はこの話を聞いて大いに感銘を受けた。「平和は大切」「争いはしてはいけない」そのように言うのは簡単だがそれを実行し続けるのは本当に難しい。しかし争いが起きてしまうことを前提にしてその紛争下での規範を定めた国際人道法は、どうしても争いを起こしてしまう人間の本質を的確にとらえたものであり、そしてそのような中でも模範を創ろうとする人間の崇高さを感じるようでとても魅力的に思えたのだった。そして同時に国際人道法に深い関わりを持つ赤十字の活動に対しても私は関心を持ったのだった。

赤十字の設立はスイス人の実業家アンリー・デュナンが一八五九年のソルフェリーノの戦いで数万人の死傷者が放置されているという戦争の悲惨な状況を目撃したことに端を発している。アンリー・デュナンはソルフェリーノで戦争犠牲者を救護する中で得た経験を元に、国際社会に対して戦場の負傷者と病人を敵味方の区別なく救護することの必要性を説き、そのための救護団体組織や国際条約の締結を求めた。それは結果的に一八六三年、赤十字国際委員会の前身である五人委員会発足につながり、一八六四年には最初のジュネーヴ条約が調印され、赤十字組織の誕生につながった。現在国際人道法と呼ばれているのは、第二次世界大戦の経験を踏まえて採択された一九四九年のジュネーヴ条約である。そこでは武力紛争が発生した場合の赤十字国際委員会について言及されており、また赤十字国際委員会の活動の基盤ともなっている。日本赤十字社も掲げる赤十字七原則は一九八六年の第二五回赤十字国際会議で一九六五年の第二〇回赤十字国際会議で宣言されたものを一部改訂して採択したものである。ここでは人道(Humanity)、公平(Impartiality)、中立(Neutrality)、独立(Independence)、奉仕(Voluntaryservice)、単一(Unity)、世界性(Universality)という七つの項目で赤十字組織の持つ主義を簡潔にまとめている。

赤十字の設立背景、そして赤十字と国際人道法の関係を考えると、赤十字の理念は武力紛争および救護活動と切っても切り離せない関係のように思える。しかしながらそのような性質を持っているがために、第二次世界大戦以降平和主義を掲げ平和を維持してきた日本において、赤十字の掲げる理念は遠い世界の現状に基づいたものであり、国内においても日本赤十字社という一組織が掲げる原則にしか過ぎないとして、どこか他人事のようにとらえられていると感じることがある。確かに、赤十字国際委員会の基盤の一つである国際人道法は武力紛争下で適用される法律であると言われていることもあり、平和な社会で生活する私たちには一見関係ないもののようにみえる。しかしながら、国際人道法は紛争下において適用される人権であるため、普段私たちに適用されている様々な人権と同じように、ひとたび武力紛争下に置かれればこの法律が適用されることになる。そしてもし、自分自身の行為が国際人道法に違反するものであれば、法律的な罪を問われる可能性もある。すなわち日本が国際人道法の一つであるジュネーヴ条約に批准している限り誰もがこの赤十字の掲げる理念に世話になる可能性があり、そして赤十字の活動基盤である国際人道法に関わることになるのである。

二〇一五年には、国際平和支援法および平和安全法制整備法が国会を通過したことにより日本を取り巻く国際社会も一段と変化する可能性が出てきた。赤十字の理念や国際人道法などを対岸の事柄のようにとらえ続けることも、この時代にはそぐわなくなってきているのではないだろうか。そのことも踏まえて赤十字の理念をもっと広く人々に伝えることが今の日本には求められているのではないかと私は考えている。

最も、武力紛争に絡めなくても赤十字の掲げる理念は、普遍的な道徳として日本社会で扱うこともできるのではないかと考えている。もともと赤十字は深刻な状況下で苦しむ人々に対して相手を敵味方などで差別することなく同じ人間として生命や健康、尊厳を尊重して適切な救援を行うことを目的として設立した組織である。その赤十字の掲げる理念、七つの原則は組織設立の目的を適切に実行するためのものであるともいえ、それはどのような状況下に置かれていても相手を尊重することの重要性やそのために必要な事柄を示し、そして苦しんでいる人を救いたいと自分が思ったときにどのようにすれば相手を救うことができるのかという手段をまとめているともとらえられるだろう。たとえば、人道 (Humanity)、公平 (Impartiality)、中立 (Neutrality) の項目は国籍、人種、宗教的信条、地位、または政治的意見などで区別することなく他者の尊厳を守ることを説いており、そしてその確保は全ての人々の間で相互理解や友好、協力、永続的な平和を促進させると述べている。また独立 (Independence)、奉仕 (Voluntaryservice)、単一 (Unity)、世界性 (Universality) の項目では人間の尊厳を確保するためには、相手の自主性を尊重し、利益主義に陥ることもなく、全ての人に対してその活動が開かれていなければならず、そして互いの力を合わせて実行していくことが重要であると述べているともいえるだろう。これらの事柄はグローバル化が進んだことにより、多様な価値観を持つ人が存在するようになった現在において重要な概念となるのではないだろうか。

現在、私たちの住む社会は少子高齢化が進むなど時代の転換点に来ているといえる。一九八九年のバブル崩壊以降景気が極端に回復することもなく、戦後続いていた終身雇用などの日本の伝統的社会慣習も徐々に崩壊の兆しを見せてきている。武力紛争に関わる法案が国会を通過するなど私たちが今まで守り続けてきた規範にも変化が訪れた。同時に国際社会が密接になることによって、多様な国籍、人種、宗教的信条を持った人々が私たちの身近に存在するようになった。そして、国内の事象の変化だけでなく国外の変化の影響も深く受けるようになった。そのような中で、これからの日本社会がどのように進展するのか明確に見通すことができている人はおそらくほとんどいないのではないだろうか。

赤十字原則は元をたどれば武力紛争下という先の見えない極限状態で生まれた人間の生命、健康、尊厳を確保することを目的とした概念である。今の日本は急速な社会変革により先を見通すことが難しくなっている点で、ある意味では深刻な状況下であるといえるだろう。このような自分が委ねることのできる指標が見えにくくなっている現代において、武力紛争下のような極限化の状態にあっても存在することのできた赤十字原則の概念を知り、そしてそれを心に置いておくことはこれからの日本社会を生き抜くうえで有用なことであるといえるのではないだろうか。他者を尊重し、人間の尊厳を守る。これはとてもシンプルな事柄であるが、これを常に意識し続け実行していくことは意外と難しい。しかし継続的にこれを行っていけば、結果的に他者との相互理解を深め、友好を築き上げ、永続的な平和をもたらすことにつながる。それは実行する本人にとっても社会にとっても有益なことになるだろう。

今までの日本社会において武力紛争に関わる国際人道法に対する関心は低かった。同様に赤十字の原則に対しても、それは一組織の理念でしかなく、自分とは関係のないどこか遠い世界の概念のようにとらえられている面もあっただろう。しかし、国際的にも国内的にも急速な変化が起きている現在において、日々の生活の中でも人道という人間の根源に関わる概念は重要になってきているといえる。

日本の中で長々培われてきた伝統や慣習が崩壊していく中で、紛争下という極限化において生まれ、道徳としてもとらえることのできるこの赤十字の原則は、変化に富んだ現代社会で生きる人々にとって価値あるものに成り得ているといえる。そして、これら原則はこの多様な変化に基づいてその理念が人々に周知される機会を得たともいえるだろう。私は、この機を生かして、赤十字の原則、理念がもっとより多くの人々に身近なものとなればいいと考えている。そして、社会の変遷に飲み込まれ自分を見失いそうになったとき、または自身が困っている人を助けたいと感じたとき、この概念が人々の行動の支えとなり、その人の人生の質を高めるきっかけになればいいと思っている。やがてはこの赤十字の原則、理念が一個人にとどまらず社会全体に広まり、人間の尊厳が守られ様々な価値観を持つ人々の間の相互理解や協力がすすんだよりよい社会成立への礎になることを私は祈っている。

【佳作】

赤十字と共に歩みながら

京都第二赤十字病院医療社会事業部　中西正孝

赤十字との出会い

今から約四〇年前になるが、小学校の国語の教科書に「アンリー・デュナンの逸話」が載っていた。私自身、学校の授業が好きでは無かったが、不思議とアンリー・デュナンの名前は記憶に残っている。勿論、将来赤十字で働く事になるとは夢にも思っていない。

赤十字との再会は、高校二年生の時に赤十字救急法を受講した時だった。歯に衣着せぬ厳しい口調の支部職員の方で、白か黒しか無い様な近寄り難い雰囲気だった。だが、熱意や人間的な温かさは、確実に伝わって来た。私はその激しい人柄に惹かれて、そして赤十字と重ねた。

稚拙な表現だが「救急法が服を着て歩いている」「ミスター赤十字」と感じる存在だった。進学し、青年赤十字奉仕団で活動していたが、就職を考える時期に「赤十字で働きたい」と考えたのは、自分の中では自然な流れだった。

一人の男から始まった大きな輪

今から約一五〇年前に、無名の一人の男が「ソルフェリーノの思い出」を記して「負傷兵は敵味方なく救護する」「そのための団体を平時から各国に組織しておく」「これらの目的を達成する為の国際的な条約を締結しておく」との三つの提案をした。

当時の常識で考えるならば、余りにも衝撃的な提案と言えるが、この提案は今や世界一九八もの国と地域に赤十字・赤新月社（以下、赤十字と称す）が存在し、巨大な組織となっているのは事実である。現実離れした提案であった筈だが、多くの国のリーダー達の心を動かす内容であった事も間違いないだろう。

そして、今から五〇年前には『赤十字七原則』が採択される。「人道・公平・中立・独立・奉仕・単一・世界性」常識的で平易な言葉であるが、これら全てを、同時に踏まえて実行する困難さは計り知れない。

赤十字七原則が、赤十字活動の行動規範であり「羅針盤」である事は間違いない。だが、赤十字七原則が「紳士協定」である事も忘れてはならない。戦闘状況下で、一方的に赤十字だけが赤十字七原則を叫んでも、紛争当事者等との間に理解と信頼関係が無ければ、赤十字の活動は行えない。

武装集団と赤十字の信頼関係

私が最初に赤十字七原則を実感したのは、一九九六年に発生した「在ペルー日本大使公邸人質事件」の時だった。武装集団が日本大使公邸に、多くの人質と共に四カ月以上も立て籠もった事件である。最終的には、特殊部隊の強行突入により、人質は解放されるのだが、膠着状態の中、人質解放交渉や食料等の搬入活動を行なったのは、警察や軍隊では無く、赤十字国際委員会（ICRC）と宗教関係者らが行なった。

大きく赤十字マークの記された白いビブス型ゼッケンを着た、ICRCスタッフが公邸に歩み寄る姿は、今も鮮明に思い出す。搬入物品を手に、何の迷いも感じられない堂々とした姿に、不謹慎ながらも赤十字の一員として、大変誇らしく感じた事を憶えている。

赤十字七原則の存在は、赤十字関係者の活動や安全を確保する面でも大切であるが、最も大切な事は「如何なる状況下であっても、全ての個人の尊厳を保護するため」にあると言えるだろう。

武装して他国の大使公邸に乱入し、立て籠もる事は、当然ながら違法行為であるが、最終的に司法が判断する問題である。主張方法等に賛否はあろうが、武装集団も赤十字七原則の「紳士協定」に則り、行動していたと言えないだろうか。赤十字七原則は、身をもって行動で示され、初めて意味を持つものと感じた出来事だった。

赤十字七原則から離れた日常と広報

赤十字七原則を考える時に「戦争や紛争」「飢餓や貧困」等から離れる事は出来ないだろう。しかし、これらと縁遠い日々を過ごしている私達には、実感が湧かないのが正直な気持ちではないだろうか。赤十字七原則と近い位置にいる、私達職員も例外ではない。有事活動と言えば、自然災害や大規模集団救急等の対応であり、平時活動は講習事業・医療事業・血液事業等である。赤十字七原則を知らずとも何の支障もなく、その意味を感じる状況も無い。ならば、私達赤十字職員が基本理念と言える赤十字七原則について、何も情報発信しなくて良いのだろうか。私は「否」であると思う。

ジャン・ピクテは、赤十字七原則を「全ての宗教と哲学に共通するもの」と記している。拙いながら私の捉え方は、人間が根底に必ず持っている「人間らしさと優しさを尊重し保護する事」を指しているのではないかと思う。赤十字的には「人間愛・人間の尊厳保護」と言えるだろう。これらを「心の奥から日常生活に引き出すため」の情報発信が、私達に求められているのではないだろうか。

私自身の知識不足で他国の状況は承知していないが、少なくとも日本で、赤十字七原則は殆どの人達に知られておらず、非常に残念に思う。

こう言えばマイナス面と捉え勝ちであるが、見方を変えれば、知られていないのは「白紙状態」であり、広報活動を展開する側からすれば、最もインパクトを与え易い状態にあると見る事も出来る。赤十字七原則の「人間らしさと優しさを尊重し保護する」を前面に押し出した広報展開を、デュナンやピクテはどの様に見てくれるのだろう。

私は以前から「赤十字を知って貰う事」は大切であるが、それ以上に「赤十字の理解者を増やす事がとても大切である」との思いを持っており「協力者と理解者」は、異なると思っている。そして、理解者に必要な「赤十字スピリット」を伝えるには、長い時間を要するとの思い込みもあった。

そのため、広報物を見て「事業紹介が主体で、理念が置き去りにされている」「組織体質かな?」と広報手法を否定的に感じていながらも「仕方ない部分」と思ってきた。が、その思い込みを、打ち破る体験をした。

長久手の丘で感じた赤十字への追い風

二〇〇五年三月『愛・地球博』が開催され「国際赤十字・赤新月館」が出展された。ガイドブックを見ると、何とも地味な外観である。ドーム型シアターがあり、映像が観られるらしい。「赤十字らしいなぁ」それが正直な印象だった。何となく「赤十字この一年」が映されている、退屈な光景が目に浮かんでしまう。ところが開幕後、間を置かずして、全パビリオンのトップを争う人気パビリオンとなっていた。

入場待ち時間が、数時間になる事も珍しく無いらしい。口コミで耳にした「ドーム型シアターで一〇分弱の映像を観る事」を承知の上で、数時間以上立ち続ける人が連日来場している事になる。

家族にせがまれた事もあり、私も八月の炎天下に覚悟を決めて入場の列に加わった。整列の制限がされて、並べない人も在る様な状況だった。炎天下から、薄暗いギャラリーまでに六時間たっていた。そして、ドーム型シアターへ入る。

座席ではなくソファーに横になる。紛争や災害、市街戦と少年兵、地雷と義足、飢餓に苦しむ子供達。そして、テレビのニュースならば、画像加工で眼にすることの無い衝撃的なシーン。笑顔のシーンは殆ど無かった。楽しい映像も全く無い。無いと言うならば、事業や映像を紹介する説明もテロップも全く何もない。映像と音楽だけの世界だった。その不親切さにも関わらず「これが現実や」「これを見てどう思うんや」「今からどう行動するんや?」このメッセージは強烈だった。

映像が終わった。しばらくソファーから立ち上がらない人達もいる中、シアターを出ると、眼を赤くしている人も少なくない。「白紙状態」の私達には充分過ぎる衝撃だった。

そして、殆どの人がサインペンを走らせている。選択式アンケート用紙では無い。入口で受け取った、真白い紙である。その真白な紙に自分の想いを込めている。誰に宛てるでも無い。数分間の衝撃が、白い紙を温かいメッセージカードへと変えていく。こんな手法があったのか。驚きしかなかった。

そして、待ち続けた六時間は短く思えた。

五〇年先の赤十字七原則に願う

私は、東京オリンピックの年に生まれたので、赤十字七原則が採択されたのとほぼ同時期となる。今では、国家間の戦いは表面上見えづらくなっている。同時に複雑化し、過激派武装集団による紛争やテロも確実に増えている。もう、在ペルー日本大使公邸人質事件のような「紳士協定」も見られないかもしれない。また、自然に目を向けると、異常気象による飢餓や貧困も深刻となっている。

赤十字七原則の採択から五〇年。現在の激動する世界情勢を見ていると、五〇年先にどのような世界情勢と赤十字が対峙しているか想像出来ないが、今と変わらない赤十字七原則が守り継がれていると確信している。

なぜならば、赤十字七原則の各項目が、それぞれの分野での「極めた位置」にあるからに他ならない。勿論、国際情勢の変化に伴なって、現在の解釈に付加される事も、不幸ではあるが、喜ぶべき事とも思っている。

今から約一五〇年前に無名の一人の男の提案に始まり、五〇年前には赤十字七原則を採択した。その精神を失わず、常に先見の明と勇気と決断をもって、時期を逸する事無く広め、その先頭に立ち続けて欲しいと願っている。

【佳作】

赤十字七原則と私

日本赤十字豊田看護大学　濵美砂

「白地に赤の十字」が表わす赤十字表彰を、私は小さいころから知っていた。それは私の故郷、長野県諏訪市に建っている諏訪赤十字病院に掲げられた大きな赤十字の表彰を見ていたからだ。湖畔に建つ大きな建物と夜になっても遠くから見えるようにと赤く光っている十字の表彰はとても堂々とした雰囲気をもっていた。祖父や祖母が入院していたこともあり、度々病院に足を運ぶ機会があったが、自分が将来こうして赤十字の大学で学ぶことになるとは考えていなかった。

私が看護の道へ進むきっかけは、中学三年生の時に母が乳がんになったことだ。中学三年生の私の頭の中では、「がん」という言葉は「死」という言葉につながっていた。それまで身近な人が大きな病気を患ったという経験がなく、初めて身近にできたがん患者が母であったことへの大きなショックと悲しみでいっぱいになった。しかし、私は毎晩隣で泣いている母にどう声をかけて良いのかわからなかった。

ある日、母はまだ中学生で医療の知識を何も持たない私に向かってこう言った。

「がんはどうしてできるの？」「どうしてこういう薬を飲むの？」この質問に中学生の私が答えられないことは当たり前だが、私は言葉にならないほどの悔しさを感じた。目の前でとても大切な人が苦しんでいる、悲しんでいるのに、自分は何もできない。自分の無力さを痛感した。この時、私は看護師になることを決意した。専門的な知識、技術を身に着け、病気やけがに苦しむ多くの人の力になりたい、命を救いたいという思いを持った。

看護師という将来の夢を持った私は、高校二年生の時に諏訪赤十字病院の一日看護体験に参加した。病院内をひと通り見学した後、ある患者の足浴の援助をすることになった。対象の患者は高齢の女性であった。私たち高校生が病室に入りあいさつをすると、まるで自分の孫が会いに来てくれたかのような優しい笑顔で喜ばれた。病室から車椅子に乗せて大きな窓から空が見える廊下に移動して足浴の準備をした。日々医療ドラマなどを見て、忙しく走り回る看護師の仕事内容を想像していた私はこの時、「こんなふうにお湯でちょっと足を洗ったくらいで気持ちいいのか」「足を洗うなど家族にもできそうなことを看護師がやるのか」と心の中で考えていた。過去にも二回看護体験に参加していたのだが、実際に患者のをするのは初めてのことで、看護師の方のアドバイスを受けながら、恐る恐る患者の足をお湯の中に入れ、優しく洗い始めた。すると、患者は満面の笑みを浮かべながら「ああ～、とても気持ちがいい。あなたにやってもらえて本当に嬉しいわ」と言った。その笑顔と言葉で、私の心は何か温かいもので満たされたような、一瞬でパァッと明るくなったような気がした。未熟な自分でも、患者に喜んでもらえるような援助が出来たことがとてもうれしかった。「看護師はとても大変な仕事だと聞くけれど、もっといろいろなことを学んで患者さんに喜んでほしい。もっとこういう笑顔が見たい」と心から思えた瞬間だった。この看護体験を通して、患者の中にある看護師の存在はとても大きいということ、また看護師の患者に対する話し方や接し方、処置の仕方で患者の気持は大きく変わるというのを知ることが出来た。

そして日本赤十字豊田看護大学の存在を知った時、パンフレットを見て赤十字の七原則である、人道・公平・中立・独立・奉仕・単一・世界性についても併せて知った。初めはこの原則がとても難しいように思えた。しかし、今この日本赤十字豊田看護大学で学んでいて、自分の目指す看護師像に、この赤十字の七原則が自然と入っていたことに気づいた。特にそう感じたのは七原則一つ目の人道だ。「人間の生命と健康、尊厳を守るため、苦痛の予防と軽減に努める」私は母が乳がんになったという経験から、病気を発症したあとの患者のケアを大切にしていきたいと考えた。それは精神面と身体面の両方においてだ。乳がんになってから絶えず落ち込んでいる母を見て、精神面においても大きな負担がかかっているとわかり、ここからまた何か別の苦しみが母を襲う可能性が考えられた。そのため、病気発症前の苦痛の予防はもちろん、発症後の苦痛の予防が重要であると考えた。病気を発症した途端に患者自身とその家族は病気のことで頭がいっぱいになってしまうだろう。そんな時には、医療従事者の中で患者とその家族に接する時間が一番長いと考えられる看護師が冷静になって、今後に起こりうる問題や苦痛を予測し、その予防に努めるべきである。

また、一日看護体験の経験から、七原則のうちの奉仕に共感を持った。「利益を求めず、人を救うため、自発的に行動する」私は看護体験の足浴の援助において、看護師としての仕事の一部、利益を得るためではなく、患者のために何かしたい、患者の気持を楽にしてあげたい一心で援助を行うことができた。その心は患者に必ず伝わり、治療への前向きな姿勢や病状の回復にもつながるのではないかと考えられる。

私はこれから赤十字の大学であるこの日本赤十字豊田看護大学で学んでいくことにおいても、看護師となり、働き始める時にも赤十字の七原則をこころに掲げて患者に接していきたい。

ポエム・ツィートコース

【最優秀賞】

あたしの中の赤十字

愛知県支部尾張赤十字救急奉仕団　寺倉　鉄二

両手を広げてみた

ふと思った
あたしの中を流れる　赤い血
今　こうしていると、
あたしの赤い血が　十字をつくっている

そう　あたし自身が赤十字

あたしは誓います
あなたを救えるかどうか
それは　わからないけど
ただ　手をさしのべて
あなたとともに　歩むことを

【優秀賞】

暮らしの中に

滋賀県支部　長浜市浅井赤十字奉仕団　松村 外美

地域赤十字奉仕団に入団して八年。当初は赤十字の基本理念など理解できておらず、ただ誘われるままに事業に参加しておりました。けれども、最近、奉仕活動を終えて家路に着くころ、自分のなかに何か力が満ちているような気がするのです。充実感というような自己満足的なものではなく、自分を認めてもらったような感動を覚えるのです。

　奉仕活動のひとつに高齢者介護施設訪問があります。会話のきっかけを見つけるのは苦手ですが、何げない話題が相手の琴線にふれるときがあります。堰をきったように話される方にあいづちをうちながら、大切な時間を共有しているということを実感するのです。人生経験が格段豊富なお年寄りが、年下の私を話し相手として心を開いてくださるのです。

　私が奉仕させていただく場は非常に狭い範囲で、「赤十字七原則」に則っての活動とは程遠いものです。井の中の蛙で、今の自分にできることを続けるだけです。高齢で足腰の弱ったお隣さんに「ゴミ出ししましょうか」と声かけするのが私なりの赤十字の精神なのです。

【社長賞】

私が赤十字と言える日まで

日本赤十字社 企画広報室　出谷友紀子

いきる意味
　赤十字に
　　重ねては…。

私の誕生日は五月一日。
この世に生まれてきた自分の存在意義を考える。
それが赤十字の職員としての自分と重なる。

次々と
　夢を叶える
　　赤十字

日本と海外との懸け橋になるのが夢だった。
赤十字の仕事を通して、夢を叶えている。
まだまだ、追い続けていて掴み取りたい夢がある。
私が赤十字と言える日まで…。

【理事長賞】

ヒロシマから平和を

日本赤十字広島看護大学大学院　坂越　由季子

私はヒロシマの赤十字の学校で看護学を学んだ。

実習場所は原爆病院だった。受け持った患者さんはいつも清拭を嫌がっていた。

被爆者であり、背中一面にケロイドがあり、片方の乳房を失っていたからだ。

清拭の時間になると必ず戦争の恐ろしさ、命の尊さを語ってくれた。

私は患者さんの思いを大切にしたかった。

誰にも見せたくない傷跡を私に見せてくれたことに感謝の思いでいっぱいだった。

赤十字の看護師としての使命を感じた。

私は看護だけでなく、世界平和の大切さについても訴えていける看護師になると心に決めた。赤十字の精神を学んだ看護師として誇りを持ち、これからも使命を全うしたい。

【学生賞】

沢山のあなたへ

富山赤十字看護専門学校　吉田　凪沙

私の耳は、あなたの想いを聞くために
私の目は、あなたのことを見つけるために
私の声は、あなたを元気にするために
私の手は、あなたと手をとりあうために
私の足は、あなたの元へすぐに駆けつけるために
私の心は、沢山の〝あなた〟を助けたいと思う。

【佳作】

繋ぐ

熊本赤十字病院リハビリテーション科　今村 美和

大学受験という人生の節目に経験した日赤での入院生活
「この経験がいつかきっと力になる」
主治医の言葉、手術室での看護師さんの笑顔と
麻酔で意識がなくなるまで握ってくれた手のぬくもり
いつか必ずここで働くと決めたあの日のこと
今でも鮮明に覚えている

あれから四年半が経ち、夢を叶えた入社一年目の秋
半年間で携わった対象者は百十二人
一人一人が歩んできた人生のほんの一瞬だけど
とても大事なひと時に関わる日々
きっと誰もが誰かの大切な人であるから
目の前の人を想い努力する日々

自分の無力さに悔しさを覚えることもあるけれど
自身の入院経験で感じた人のぬくもりを
今度は私が届けられたら

人道の想いを繋げたい
人道の想いに救われた私が心に決めた
これからも大切にしたい今の気持ち

【佳作】

「拝啓」

長崎原爆病院リハビリテーション科作業療法士　上戸木綿子

アンリー・デュナン
あなたは今の世界をみて
一体何を思うだろうか。

ソルフェリーノの思い出から
一五〇年が経っても
人間は戦争を止めません。

でも、あなたが示した
「人の道」「生命の尊守」
その心と行いは、確かに受け継がれています。

すでに、赤十字社に賛同する国は一八九カ国を越えました。
一人一人ができることから。
皆、前を見て取り組んでいます。

一人一人の力は小さくても、

集まればきっと、この世界を変えられる。
今日もまた、苦しみを抱えた目の前の人に、そして目の前に見えない人に、
あなたの希いを受けて、この手を伸べ継（つづ）けます。
すべてのいのちに尊厳ある明日を祈って

敬具

【佳作】

優しい気持ちが添えられた言葉と笑顔

JRC指導者（栃木県立学悠館高等学校実習教員）　大島　喜美子

思いがけず、大病を患い、電車通勤を余儀なくされた。生命に期限があるかもしれない恐怖、女性の象徴を失うことの重み、「あたりまえ」が「あたりまえ」でなくなる日常に、心身共に疲弊しながらも、仕事を再開した。

「いってらっしゃい。」「お疲れ様です。お気をつけて。」改札を通る一瞬に、優しい笑顔の挨拶と共に、ひと言添えてくれる駅員さんと出会った。身の不運にへこむ私の心に心地よく響き、その度に癒された。利用者へ気遣いに溢れ、丁寧に接する姿を見る時、そこにはいつも双方の笑顔があった。仕事に「＋α」の思いやる気持ちを添えて接し、周囲を幸せな気持ちにしてくれていると感じる。

人を思いやる気持ちと言葉、そして笑顔。小さなことだが、人の心を救い、癒しを与える。とても大切な人道精神に繋がるものである。優しい気持ちを持ち、周囲を笑顔に出来る人が増え、それが万古不易であってほしいと願う今日この頃である。

【佳作】

家族と献血

赤十字奉仕団若松町分団　中野幸恵

六九才まで献血を続けてきました。合計で一四〇回です。

最初息子が行き始め、献血かー、そうだ、私も若い頃、職場で手術をする方の為、その病院へ行ったことを思い出しました。

その頃はまだ今のような制度が整っていなかった時代ですね。

子供達も成人し、すぐ近くの献血ルームに私も通い始めました。

若い頃と違って成分献血になりましたが、職員と顔なじみになる程通いました。

どの職員も丁寧に接してくれ、行くのが楽しみでしたネ。

最も少ないＡＢ型なので是非続けたいと思い、適正体重を保つことを心がけ、歯にも充分注意し、今でも歯医者さんに褒められています。

その結果は病院にかかることがめったになく、医療費削減にも寄与していると思います。

一時は家族全員が献血していましたが、諸般の事情で私だけになりました。

子供達も落ちついたら再開して欲しいと願っています。

私の人生の中で献血が一番の社会貢献かなー。

【佳作】

キミに

神奈川県視覚障害援助赤十字奉仕団　西沢 弥生

優しさは十人十色
　キミの気持ちはきっと
誰かに伝わるはず
　そう信じて進もう

どんな小さな一歩でも
　ただ一人の手を
握ることしか出来なくても
　一人が二人になれる
大きな一歩だと
　かけがえのないキミに伝えよう

わくわくするような
　運命の出会いが待ってる
いいことばかりじゃ
　ないけれど手を繋ごうよ

キミの笑顔は
　ボクを幸せにする魔法
風に乗せて
　世界中に飛ばそう
キミの笑顔は
　みんな幸せにする魔法
空にかかる
　虹の架け橋のように

たくさんの悲しみにも
　終わりは来る　さきっと
未来が見えなくても
　光は必ず差す

誰のためでもないのさ
　そう自分のため
出来ることから始めようよ
キミの勇気でみんなを
　優しく包めば
　愛の雫が輝き始める

簡単に幸せ
　手にすることはできない
だから見つかるまで
　一緒に探し続けよう

ボクの願いは
　キミが笑っていられるように
そんな日々を
　共に過ごしていこう
ボクの願いは
　みんな笑っていられるように
海を越えて
　キミの想い届くように

3 Climate Effects of Nuclear War and Implications for Global Food Production, Information Note 2, ICRC, February 2013.

4 International assistance for victims of use of nuclear, radiological, biological and chemical weapons: time for a reality check? Robin Coupland and Dominique Loye, International Review of the Red Cross, Volume 91, Number 874, June 2009.

5 Nuclear Weapons and International Humanitarian Law, Information Note 4, ICRC, February 2013.

6 "The end of hostilities and the future tasks of the Red Cross", Circular Letter No.370 to the Central Committees of the Red Cross Societies, 5 September 1945, Report of the International Committee of the Red Cross on its Activities during the Second World War, ICRC, Geneva, May 1948, Vol. I, pp.688-690.

7 International Court of Justice, Legality of the Threat or Use of Nuclear Weapons, Advisory Opinion, 8 July 1996.

8 Statement of the ICRC at the United Nations General Assembly, 51st session, 19 October 1996.

9 See notably: Fourth report on international humanitarian law and the challenges of contemporary armed conflicts, document prepared by the ICRC for the 32nd International Conference of the Red Cross and Red Crescent, Geneva, October 2015. https://www.icrc.org/en/document/international-humanitarian-law-and-challenges-contemporary-armed-conflicts

10 "World at a turning point: heads of UN and Red Cross issue joint warning", 30 October 2015, https://www.icrc.org/en/document/conflict-disaster-crisis-UN-red-cross-issue-warning

11 "Respect the law of war", statement by Peter Maurer, president of the ICRC, 30 October 2015, https://www.icrc.org/en/document/peter-maurer-respect-laws-of-war

12 There are up to date 196 States parties to the Geneva Conventions, which makes the most universal international treaties.

13 The ICRC has been visiting detainees to monitor their conditions of detention for more than 140 years, with the aim to prevent forced disappearances, extra-judicial executions, ill-treatment, and failure to respect fundamental judicial guarantees. We also strive to ensure that the dignity and well-being of detainees are respected and their conditions of detention are in line with laws and internationally recognized standards. People held in connection with armed conflict or other situations of violence are our top priority, because their (real or supposed) allegiance to an opponent of the authority detaining them may well put them at greater risk. But wherever we can, we help all detainees in a particular place of detention, with a particular focus on those who are most vulnerable.

in Hong Kong next year.

Last but not least, the strong partnership with the Japanese Red Cross will remain a steady feature of the ICRC Mission in Tokyo. Together, we work to raise public awareness in Japan on humanitarian issues and our neutral, impartial and independent humanitarian action. On the international level, many highly skilled professional JRCS doctors, nurses and other specialists, work in ICRC hospitals or surgical teams in countries affected by conflict or other situation of violence, such as Afghanistan, South Sudan, or Myanmar, during 3-6 months assignments. They too contribute to inform the media, public and colleagues by sharing their field experiences upon their return in Japan. The ICRC also seeks to employ more Japanese nationals to work abroad as ICRC delegates and we are encouraged to see, little by little, an increasing number of students and young professionals interested in working with international humanitarian organizations.

My first year as ICRC Head of Mission in Tokyo will have been a full and enriching experience. Besides all the interesting projects our office is busy with, getting to know Japanese culture and discovering different parts of the country, I met many friendly and kind people, who expressed a profound love for nature and their land, and showed a great dedication in their work. I will always take with me the image of this elderly gentleman in Tohoku, who gave us some delicious strawberries from the farm he had rebuilt from scratch with a few other colleagues following the great eastern triple disaster. He was glowing with pride but at the same time concerned about who can take over the farm. He reminded me of other stories and faces of women and men I had met in the countries where I worked with ICRC (Armenia, Chad, Columbia, Philippines, Russia, Rwanda, Sierra Leone, Sri Lanka, Ukraine, etc.), who were facing tremendous adversity, whether due to natural or man-made disasters, with such dignity and courage. These memories are for me the strongest motivation for accomplishing the fundamental mission of the Red Cross: seek ways to help alleviate their suffering, in this world that is perhaps at a turning point.

note

1 The Effects of Nuclear Weapons on Human Health, Information Note 1, ICRC, February 2013 & Long-term Health Consequences of Nuclear Weapons, Information Note 5, ICRC, July 2015.

2 Respectively on 4-5 March 2013, 13-14 February 2014, and 8-9 December 2014.

on humanitarian norms, influence broader humanitarian debates and to secure commitment for greater humanitarian impact.

On these shores, the ICRC Mission in Tokyo will continue to organize events and look for various ways to foster better understanding and knowledge of humanitarian issues and IHL. For example, the ICRC collaborated with the organizers of the Short Shorts Film Festival Asia to show, for the first time this year, a selection of short documentaries or films dealing with issues related to conflicts and their consequences, in a new section entitled "War and the Power to Live", for which we hope to create a "Red Cross award" in the near future. The Japanese manga "Zaza the Child Soldier", just released last October in bookstores throughout Japan, is the fruit of our collaboration with Gakken, a publisher well-known for its high standard educational books, and Mr. Kenichi Oishi, an established scenarist of successful manga, who stayed with ICRC teams in the Democratic Republic of Congo during two weeks to research and find inspiration for his script. This unique and entertaining way of story-telling will help sensitize the Japanese general public, especially young people, to difficult but real issues, such as forced recruitment into armed groups, sexual violence and other abuses, faced daily by other girls and boys of their age during armed conflicts.

Moreover, the ICRC collaborated with Kyoto University and Kyoto University Museum to organize academic events and a photographic exhibition on the plight of millions of WWII soldiers from different nationalities taken prisoners and detained in Asia, Europe, North America and northern Africa, together with thousands of civilians interned on grounds of their nationality or origin. We sought to show, through these 70 years old photographs of prisoners of war in their daily lives, that the experiences, suffering and needs of detainees are the same throughout countries and time.[13]

Another "fun" way for Japanese university students to learn about IHL, while testing their communication and debating skills in English, is to participate in the annual IHL Moot Court competition national round. This year, the competition was hosted by Waseda University and brought together four teams of young talented students from Doshisha, Ritsumeikan, Waseda, and Yokohama City universities. Doshisha won the national round and will represent Japan at the Asia Pacific IHL Moot Court Competition unfortunately a time of particular worry from the humanitarian point of view.

The world is increasingly complex, and today's conflicts, while fewer overall, affect more people, are more deadly and intractable, and those that are protracted tend to multiply vulnerability. We are witnessing with alarm a deterioration of the situation in Afghanistan, Central African Republic, Nigeria, South Soudan, Syria, Ukraine, Yemen ... The number of displaced persons worldwide due to fighting has attained unprecedented levels since World War II. Millions of people are exposed to violence and strive to live with less than adequate water, food, shelter and health services. Hospitals are being attacked, patients, medical staff and humanitarian workers killed. As a consequence of such violence affecting healthcare workers and facilities, health services cannot function well or are even suspended.

The nature of contemporary conflicts – asymmetric, with high fragmentation of power and proliferation of armed groups, notably – and the evolution of the means and methods of warfare – such as automated weapons or cyberwarfare – pose many challenges for, and to, IHL.[9], The biggest challenge however does not come from insufficient or inadequate rules. It comes from the lack of respect of the existing law, even the most basic principle to protect non-combatants. Reflecting this great concern, the ICRC president and UN Secretary-General issued on 30 October[10], for the first time in the institutions' histories, a joint warning about the impact of today's conflicts on civilians and stressed the importance for respect of IHL in order to stem the chaos and prevent further instability. As ICRC president Peter Maurer said, "It is an era in which the international community too often tacitly accepts as a given the harmful impact of war. This is both morally unacceptable and in contradiction with century-old laws and principles."[11]

In December, the 32nd International Conference of the Red Cross and Red Crescent in Geneva brought together representatives of States parties to the Geneva Conventions[12] and all the components of the International Red Cross and Crescent Movement to discuss notably ways to reinforce compliance with IHL and other highly relevant issues, like sexual violence in conflict and the protection of detainees in non-international armed conflicts. The government of Japan and the Japanese Red Cross Society had an important role to play at this major, if not unique, opportunity to progress are not, or cannot be, directed at a specific military objective, or that have effects that cannot be limited, are prohibited. Nuclear weapons are designed to release heat, blast and radiation, and can disperse these forces over very wide areas as we have seen in Nagasaki and Hiroshima, raising questions as to whether such weapons can be directed at a specific military target. Furthermore, given the variety of factors influencing the effects of nuclear weapons, it would probably not be possible to control or limit the consequences on civilians and civilian objects, as required by IHL. Serious issues are similarly raised by the rule of proportionality in attack, which requires that the concrete and direct military advantage anticipated outweigh the foreseeable incidental impact on civilians. The ICRC's view is that the party intending to use nuclear weapons would have the responsibility to take into account not only the immediate deaths, injuries and damages, but the foreseeable long-term effects of exposure to radiation as well. Thirdly, the obligation to take all feasible precaution in attack requires that, in the conduct of military operations, constant care be taken to minimize incidental loss of civilian life, injuries and damages. This obligation would also require to assess the immediate and the long-term consequences on civilian life and objects. Finally, under the customary rule on the protection of the natural environment, any decision to employ nuclear weapons must be done with due regard to the potential impact on, and damage to, the environment. [5]

The ICRC was already questioning the lawfulness of the destructive power which mankind had just acquired, and had been calling on States to reach an agreement banning its use, less than one month after the bombings of Hiroshima and Nagasaki, in a circular sent to national Red Cross and Red Crescent Societies.[6] In 1996, in response to the International Court of Justice's Advisory Opinion[7], the ICRC found it "...difficult to envisage how a use of nuclear weapons could be compatible with the rules of international humanitarian law."[8] These doubts have only strengthened with evidence that has emerged since. To the ICRC's view, with every new piece of information about the health and environmental effects of nuclear weapons and the absence of an adequate assistance capacity in most countries, we move further away from any hypothetical scenario where their use could be compatible with IHL.

2015 also marks the 70th anniversary of the end of World War II. This is

and other international agencies to bring aid to the victims of a nuclear explosion.

The ICRC analysis published in 2009[4] showed that there is no effective and adequate international response capacity with which to assist the victims in the immediate aftermath of a nuclear explosion, while protecting those delivering assistance. The number of victims will vary greatly, depending on the type of nuclear weapons used and the location of the explosion. It is however highly likely that the sheer number of casualties and level of destruction will exceed the response capacity of any first responder, whether State or humanitarian agency, especially if it occurs in highly populated areas. An overwhelming number of people would need immediate treatment for severe and life-threatening wounds, but no such treatment or assistance, nor any adequate place to provide them, would likely to be available in the short-term. The Hibakusha's accounts included extremely graphic illustrations of how people sought assistance, but the hospitals had been damaged, medical doctors and nurses were killed, and medicine was contaminated. As noted by Dr. Marcel Junod, the ICRC head of delegation in Japan and the first foreign doctor to arrive in Hiroshima to assist the victims in September 1945, the city's capacity to treat victims had been wiped out. Furthermore, anyone seeking to provide essential services to the survivors would face unique dangers and difficulties following any nuclear explosion, and the inability to safely access the affected area would further hamper any rescue operation. There would be significant challenges in prioritizing the needs, allocating the few resources available, organizing the transfer of victims outside contaminated areas, and coordinating relief efforts. The suffering of survivors will only increase.

The use of nuclear weapons also raises a number of concerns under International Humanitarian Law (IHL). IHL seeks to alleviate the effects of armed conflict for humanitarian reason, by imposing limits on the choice of means and methods of warfare. IHL does not specifically prohibit nuclear weapons. It does not regulate their development, production, possession or transfer. But their use, as with the use of any other means of warfare, is regulated by the fundamental principles of IHL applicable to all armed conflicts.

These general rules are, firstly, the rule prohibiting indiscriminate attacks, which requires the parties to distinguish at all times between combatants and non-combatants, and between civilian objects and military objectives. According to this rule, weapons that environment, everything happened within a few seconds. But for many of those who survived, those few seconds have had a life-long impact. Japanese Red Cross hospitals still treat thousands of cancer and leukemia patients, attributable to radiation. In addition to the constant physical suffering survivors endure, the psycho-social effects are less talked about but can be as painful. And we still don't fully know all the long-term needs of the survivors. Based on cases where nuclear weapons were both used and tested, the consequences on their children are now being studied, including children of atomic bomb survivors who were born in the years following their parents' direct exposure.[1]

Other important new information has come out of the three international conferences held on the humanitarian impact of nuclear weapons, in Oslo (Norway), Nayarit (Mexico), and Vienna (Austria).[2] The environment and global climate would be impacted by both radiation and non-radiation effects of a nuclear detonation, which would vary depending on the type of nuclear weapons used, the location of the explosion, type of terrain and weather conditions. What we know for certain, is that one of the major challenges in the longer term would be the restoration of livelihoods, as vast areas of land where the detonation occurred would become inhabitable and unusable for a very long time. Recent research has projected that the use of an "only" 100 Hiroshima-sized bomb, which is less than 0.5% of current arsenals, would cause more than 5 million tons of soot from urban and industrial fires to be lofted into the upper atmosphere, making global temperatures fall by an average of 1.3 degrees Celsius for several years, and dramatically shortening the growing season in key agricultural areas. As a result, there would be severe decrease of the global food production and supplies: 20% lower in the years immediately following the event, 10% lower even after a decade. The world is already ill-prepared to deal with much smaller declines in food production. In this scenario, more than 1 billion people around the world might face starvation.[3]

The International Red Cross and Red Crescent Movement is known for its responses to disasters and crises, both natural and man-made. Together with the Japanese Red Cross Society, the ICRC learnt much from its experience in Hiroshima, and in the past years, we have sought to gain a better understanding of the current degree of preparedness of Red Cross and Red Crescent National Societies, as well as that of States

Seventy years after World War II: the world at a turning point?

by Ms. Linh Schroeder

ICRC, Head of Mission in Tokyo

As we just commemorated the 70th anniversary of the atomic bombings of Hiroshima and Nagasaki and their inhabitants, it is an important moment to remind the world about the destructive power and the severe human cost of nuclear weapons. Nuclear weapons are unlike any other weapon in the scale of destruction, and horrific human suffering and agony they can cause, and because of the quasi-impossibility to control and limit their immediate and long-term effects on civilians and on the environment, particularly when used in or near populated areas.

The International Committee of the Red Cross (ICRC) has been concerned about nuclear weapons ever since they were used in 1945.

Being invited by the cities of Hiroshima and Nagasaki to the commemoration ceremonies last August, with the President of the Japanese Red Cross Society and the International Federation of Red Cross and Red Crescent Societies, Mr. Tadateru Konoe, was a great honor and privilege for the ICRC Mission in Tokyo, and a powerfully moving experience on a personal level. Everyone should be aware of the catastrophic and lasting humanitarian impacts of nuclear weapons. I knew this of course, from my studies, readings and work. But going to the sites of the bombings, meeting and listening to Hibakusha brought out many feelings: sadness and horror, but also profound admiration for their courage and the dignity they display.

In their testimonies of the terrible consequences of the blast, heat and radiation released by nuclear weapons on non-combatants, civilian objects and the natural

---

Linh Schroeder, the International Committee of the Red Cross (ICRC) Head of Mission in Tokyo Since she joined the ICRC in 1997, she has worked mostly in the field in Armenia, Ukraine, Sierra Leone, Colombia, North Caucasus and Sri Lanka, and recently served as Head of Regional Delegation in Fiji and Head of Delegation in Chad. She was appointed to the current position in March 2015.

GGE process and the Tallinn Manual, constitute the way ahead. In that regard, the Tallinn 2.0 Manual due for publication in 2016 is clearly being eagerly awaited.

Whatever the merits of soft law initiatives, and they are undoubtedly considerable, we should not lose sight of the fact that it is, and likely will remain, states that make and implement international law. So regional responses by states to Tallinn Manual and GGE initiatives are likely to be most important. Perhaps there is therefore merit in regional consultations in order to determine where states agree and where they differ on the issues we have been considering. But in the end it is for individual states to achieve their own appreciations as to which law applies in cyber space and how it applies and having developed their own national positions, then to discuss these among themselves.

Finally I should mention again the Russian and Chinese concept of the 'information space'. There is it seems a fear in the West that such notions could lead to the fragmentation of the Internet calling into damaging question the notion of free access of all to information, a notion or ideal that underpinned the development in the first place of the World Wide Web. Of course, all states have an interest in seeking to maintain some restrictions as to what is undertaken in cyberspace from their territories. National security, neutrality and other considerations lead to such a conclusion. So perhaps it is not the issue of states seeking to exercise controls that divides us; perhaps what we are concerned about are the motives leading to the introduction and enforcement of such controls. This leads to the interesting question 'Can states agree on when control of access to information ceases to be legitimate? If, as I suspect, the answer is 'no' we should not despair. At least we will have got to the right question.

a hitherto unknown scale, and if such deception may have the effect of so distorting the enemy's appreciation of the battlespace as to render compliance by him with the principle of distinction practically virtually impossible, will current understanding as to which deception practices are respectively lawful and unlawful be maintained? This author hesitates to give a clear answer.

It is, however, clear that in future operations the maintenance of robust control of computer systems associated with weapons, infrastructure and other important facilities will be of vital importance. Operators need to know when such systems have been intruded, when their performance has been degraded, the degree of that degradation and its implications, and will need to have arrangements in place to restore operational efficiency as soon as possible. During the talk I posed the question, will future wars be won by the most effective liar, and I would hope the answer is no, but cannot be sure.

The future will also see developments in legal interpretation. The Tallinn Experts took the view that injury or damage was necessary for a cyber operation to constitute an attack. They could not agree that destruction of data alone without the need for physical repair would be enough to amount to damage. So when considering a cyber operation where the consequences are limited to the targeted computer and where those consequences consist only of data damage, the current view is that no attack as such has occurred. However, as reliance on computer control systems becomes even greater and as legal interpretations continue to be discussed, it seems inevitable that damage to critical data will at some future point be regarded as damage causing the relevant operation to be seen as a cyber attack. It also seems likely that operations the ultimate consequences of which do not involve injury or damage but which cause major disruption, for example to financial or stock markets or other important national facilities, will in due course be seen as cyber attacks.

So by what means is the law likely to develop? Well, there seems little prospect for agreement among states as to new treaty law to regulate cyber hostilities. Any development of customary law would require overt state practice and it seems that secretiveness characterises much of what is undertaken these days in the cyber context. So perhaps soft law initiatives of the sort we discussed earlier in this article, such as the be considered, anti-virus and patching arrangements should be reviewed regularly enough to ensure maximum protection, and so on.

Those are some of the implications of applying the law of targeting to cyber attacks. There are of course many more implications, but they give an impression of what we are talking about here.

Applying weapons law to cyber weapons means that if a cyber weapon is of a nature to cause superfluous injury or unnecessary suffering, it is prohibited. Similarly, if the cyber weapon is indiscriminate by nature, either because it cannot be directed at a specific military objective or because its damaging or injurious effects cannot be limited to a military objective, then it is likely to be prohibited on that basis. Moreover, if a cyber weapon is intended or may be expected to cause very serious environmental damage it may also be prohibited by environmental protection rules in articles 35 and 55 of Additional Protocol I. There are no ad hoc rules of weapons law that refer specifically to cyber weapons; but depending on the precise technology that is involved with the weapon, anyone assessing its lawfulness under article 36 of Additional Protocol I would need to consider whether it is capable of being used in accordance with the targeting rules.

The Future

Now that we have looked briefly and in summary form at the current position, we should turn to consider the future. Any review of the detail of the Stuxnet cyber operation against the computer system controlling the nuclear centrifuges at a nuclear installation in Iran will suggest that deception is going to be a significant feature of cyber operations associated with future armed conflicts. The law distinguishes between lawful and unlawful deception operations. Put very briefly, deceptions as to protected status under the law of armed conflict and that are employed to cause death, injury or capture to an adversary are prohibited and amount to the war crime of perfidy. Deception by means of mock operations, camouflage and the like that do not involve falsity as to protection under the law and that do not otherwise breach the law of armed conflict are lawful as ruses of war. If it is right that cyber capabilities will enable deception to be perpetrated on some other, lawful attack method should be found. Of course, reviewing the effects of our cyber attacks by way of battle damage assessment will also be important in enabling us to decide after a cyber attack has taken place whether a cyber target must be attacked again, and if so, what additional military advantage is to be anticipated from such a 're-visit' of the target.

We noted earlier that a state in control of territory also has an obligation to take precautions against the effects of attacks. These precautions should be taken early, indeed some can only be effective if taken before an armed conflict is under way. This may not always be practical, indeed it may read a little like a 'counsel of perfection', but states should do what they can to segregate military networks and nodes from civilian ones. Clearly this may sometimes be impossible, for example in the case of a satellite in outer space that has both military and civilian functions, but thought should be given ahead of time to whether such segregation is feasible. Likewise, thought should be given to whether computer systems controlling critically important elements of national infrastructure such as power stations, power grids, water purification facilities, gas distribution systems, air traffic control, maritime traffic control and so on should be segregated from the Internet. It is appreciated that such segregation will not by any means exclude the risk of an attack, for example by means of a close access operation, but it may help to diminish the chance of collateral impact on such civilian facilities.

Thought should also be given to whether there are adequate control of entry precautions in place to limit access to closed systems associated with critical infrastructure. The characteristics of the conflict may indicate what level of access control will be adequate for these purposes. Similarly, the characteristics of the conflict may indicate which elements of the infrastructure, or which kinds of computerised control system, are most liable to be affected by cyber operations associated with the conflict.

Other sensible precautions, some of them of the sort that we all take with our PCs at home should also be taken. IT technicians should be on duty 24/7 during periods of armed conflict at critical infrastructure sites so that they are in a position to bring the system back up as swiftly as possible in the event of an attack. Data should regularly be backed up. The possibility of installing a duplicate, i.e. a back-up, control system should under their control from the effects of cyber operations.

If we have agreed that the notion of cyber attack makes sense and that, as a result, the targeting law rules relating to attacks must be applied to cyber attacks, the next obvious question is what law applies to cyber weapons. To answer that question we must first consider how the concept of cyber weapon might be defined. It must be understood that international law does not include a definition of the word 'weapon'. A useful interpretation of the term would seem to be 'an object, tool or system that is used, intended to be used or designed to be used to cause injury or damage to an adverse party in the course of an armed conflict'. Such a notion would certainly seem capable of application to cyber malware tools used, intended or designed to cause those consequences. Significantly, such an interpretation of the term also makes sense in relation to the concept of 'cyber attack' as that idea was explained earlier. Furthermore, if the idea of a cyber weapon makes sense, it follows that the law of weaponry will also apply.

The implications

Before going any further with the discussion, we should note down some of the implications of what we have so far concluded. If precautions must be taken by cyber attackers, this means that they should not attack without having taken appropriate action to verify that the object of the attack is a lawful target. It means that they should consider the likely injury to civilians and damage to civilian objects before undertaking the cyber attack. So it would seem that the network or node that is to be attacked should be 'mapped' in some way in order to determine what civilian systems will be put in peril by the attack and what the consequences for civilians and civilian objects are likely to be. But, I hear you say, if we go into the target system to undertake that sort of mapping, that will disclose our attack plan and will allow the enemy to frustrate our proposed attack. This, in my view, is where the lawyer must take the risk of being unpopular, and must say clearly that if we cannot gather any information about the expected collateral consequences without cyber mapping, then we must cyber map and if that would frustrate the operation,

The idea behind the principle is to be found in article 48 of a treaty adopted in 1977 called Additional Protocol I. That articles states that "...the Parties to the conflict shall at all times distinguish between the civilian population and combatants and between civilian objects and military objectives and accordingly shall direct their operations only against military objectives". That is the basic principle that applies to military operations. Most of the specific rules in targeting law are, however, concerned with attacks, and the concept of 'attacks' is defined in the same treaty, Additional Protocol I, this time at article 49(1). Attacks are considered to be acts of violence against the adverse party, whether in offence or defence. So it doesn't matter whether the attacker is taking the initiative against the enemy or trying to ward off an enemy advance, if a violent act is being used an attack is being undertaken.

This idea of 'act of violence', however, immediately causes a problem in relation to cyber operations. If the most violent action of the attacker is to press the enter key to despatch the malware, how can that reasonably be considered an act of violence. Well, the Tallinn Experts came to the conclusion that it is the violent consequences of an act, whether in the form of death, injury, damage or destruction, that cause a cyber operation to become a cyber attack. That is an approach that would seem to me to make eminent sense. After all, if you consider the firing of a rifle, the person firing the shot merely depresses the trigger, whereas the aspect that represents the true violence consists of the effect of the bullet on the target, whether that target is a person or an object. So this interpretation of a cyber act of violence would not seem to be too far-fetched.

If the idea of cyber attack can be accepted, this would seem to enable us to apply the vast bulk of targeting law to such operations. The issue then becomes not so much whether the law applies as how it applies in the particular circumstances of cyberspace. Indiscriminate attacks are therefore prohibited in accordance with article 51(4) of Additional Protocol I. Cyber attackers are required to take all the precautions as specified in article 57 of the same treaty. Accordingly all involved in cyber operations will be required at all times to take care to protect civilians and civilian objects. Moreover, parties to a conflict that are in control of territory will be required to take all feasible precautions, to the maximum extent possible, to protect civilians and civilian objects

to state use of information technology is important.

Some law

Having set the scene, we should now think about how some established international law provisions would seem to apply in cyberspace. Article 2(4) of the United Nations Charter prohibits the threat or use of force. The most grave forms of the use of force constitute armed attacks, and it is armed attacks that trigger the right of a victim state to use necessary and proportionate force in self defence. That right of self-defence is an inherent right, in the sense that it is one of the rights that is a defining characteristic associated with being a state. However, by talking about notions of 'force', 'armed attack' and 'force in self defence', we should not lose sight of the primary objective of the UN Charter, namely the maintenance of international peace and security. That is the purpose that should always be kept in mind when the Charter's provisions are being considered. To this end, states should resolve disputes between themselves peaceably. So does it make sense to apply this UN Charter regime in cyberspace? I would rather turn that question round, and pose the essentially rhetorical question: does it make any sense at all not to apply the UN Charter regime in cyberspace. I venture to suggest that the answer is a resounding 'No'.

So if the unthinkable happens and an armed attack is followed by force in self-defence, the resulting situation is liable to be an armed conflict between states to which article 2 Common to the Geneva Conventions of 1949 applies, that is an international armed conflict. At this point it is worthy of note that, when advising as to the legality of the threat to use, or actual use of, nuclear weapons, the International Court of Justice pointed out in paragraph 39 of its judgment that international humanitarian law applies "to any use of force regardless of the weapons employed". Later in the same judgment, at paragraph 78, it referred to a core element of international humanitarian law, namely the principle of distinction, as a cardinal principle of law. It follows from all this that the principle of distinction applies to the conduct of cyber hostilities. So the next thing we must do is to find out what the principle of distinction requires.

international law, namely treaties, or international written agreements between states that bind them at the legal level, and customary law, or the general practice of states undertaken in the belief that they are legally required to behave in that way. This Tallinn Manual is neither of those. It does, however, represent the collective view of the Experts as to what the law as to warfare in cyberspace is. The Experts agreed about the content of the 'black letter' rules printed in bold script in the Manual and the narrative accompanying each rule, printed in normal script, explains the legal basis of the rule, gives its meaning, notes relevant issues about which the Experts either agreed or were divided and generally assists the reader to gain a clearer understanding of the import of the rule. It is the agreement of the Experts about the black letter parts of the text that distinguishes International Manuals like the Tallinn Manual from edited books and other collective writings.

It should be appreciated, however, that the Tallinn Manual was largely informed by the views of Experts from NATO states. Countries such as Russia and China would not necessarily agree with all that is set out in the Manual, given that they tend to focus on notions of an information space in which they note that sovereign authorities have the right to control access to information, whether on the Internet or elsewhere.

Another collective process is considering developments in the field of information and telecommunications in the context of international security. The UN General Assembly established a Group of Governmental Experts (GGE) from 20 states. Their 2013 Report noted that international law, especially the UN Charter, applies in cyberspace. The Group agreed on the need to establish international stability, transparency and confidence in cyberspace, noted that confidence-building measures can enhance trust and assurance, noted the importance of capacity building and of an open and accessible cyberspace and that all such efforts support a more secure cyberspace. In its more recent, 2015 Report the GGE recognised that states are developing ICT capabilities and that the use of ICT in future conflicts is more likely including against critical infrastructure. They proposed voluntary, non-binding norms, rules or principles of responsible behaviour, commented that existing international law obligations apply to the use of information technology by states and that common understanding as to how international law applies

Cyber warfare law and the Tallinn Manual

by

Bill Boothby

Setting the scene

During a recent visit to Tokyo kindly arranged by the International Committee of the Red Cross, I was invited to speak on 8 October 2015 to an impressive group of Japanese academics and scholars about the law as it applies to cyber warfare and the Tallinn Manual. At the end of the talk, I was asked to prepare a short paper explaining the issues that were discussed during the presentation. This is that paper.

There is frequent talk these days about cyber issues, but what do we mean by the term 'cyber'. I think that the expression refers to the use of one computer to interact in some way with another computer, whether by detecting what that other computer is being used to do, by altering the performance of that other computer or simply by ensuring that the two computer systems operate together harmoniously as they are designed and intended to do. So this suggests that notions of cyber warfare refer to the conduct of warlike hostilities by means of computers and that cyberspace is the new, man-made environment created by this process of computer interaction.

A legitimate question is whether cyberspace is an environment in which there is no law. Is it, in short, the new 'wild west', or, to express the thought as a question, are there any sensible rules that restrict the potentially hostile use of cyberspace? I hope to persuade you in the course of the following paragraphs that there are.

An International Group of Experts brought together by the Cooperative Cyber Defence Centre of Excellence in Tallinn, Estonia, discussed these issues over a three year period and published two and a half years ago an International Manual on the International Law applicable to Cyber Warfare. Let me be clear. This Tallinn Manual does not have the status of a source of international law as such. There are only two main sources of

編集後記

◆本号から本ジャーナルの装丁が大きく変わりました。学会誌等の趨勢や研究員、読者のご意見等を参考にコンパクトで読みやすい紙面構成に心がけました。また本号からは本誌を全国書店でもご購入いただけるようになりました。是非ご利用ください。本誌は、本研究センター研究員の論文のみならず、「人道問題」「国際人道法」「赤十字」「救護活動」「看護史」等をキーワードに幅広い論文、随筆、書評などを掲載し、研究者と一般の読者を繋ぐ架け橋としての役割を果たせたらと願っています。とかく学会誌は一部の専門家の間の議論の場に止まり、一般読者をも巻き込んだ議論の広がりを必ずしも期待できないのが現状でしょう。しかし、グローバルな世界を取り巻く人道的課題は日増しに深刻になり容易に解決策が見当たらない複雑な様相を呈しています。こうした時代には、一部の専門家の議論だけでは新たな展望を開くことは困難になりつつあります。著名な国際法学者アントニオ・カッセーゼ博士が言うように、今こそ、「一握りの専門家たちの間で行われている議論に一般大衆を参加させることが大切」(『戦争・テロ・拷問と国際法』敬文堂)なのだと思います。そういう意味で、本誌は、過度に学術論文一辺倒になるのではなく、人道問題等々に関心のある一般の方々も気軽に読むことができるフォーラム(公共的広場)のような場を提供できればと思います。この「場」を通して多様な人道問題への関心が喚起され、より人道的な世界の実現のために寄与できればこの上ない喜びです。

(井上)

◆戦後 70 周年記念事業「日赤看護婦戦時救護聞き取り調査」で、全国にいらっしゃる元従軍看護婦の方々にお話を伺いました。「未来の看護教育の為に」と若き日々の辛い体験を語って下さった方々、平和を祈り丁寧に手記を綴って下さった方、多忙な日常業務の傍らインタビュー実施にご協力頂きました皆様にこの場をお借りしまして、心より感謝申し上げます。原稿執筆中に、和歌山赤十字看護専門学校の高岸壽美副学校長より「こういう機会がなく重いものを抱えて旅立たれた方もいらっしゃいます。」とのお言葉を頂きました。インタビューの音声データを何度も繰り返し聴いていると、語りたくても語れずに旅立たれた大勢の方々への思いは溢れるばかりです。

(児玉)

【論文投稿のお問合わせ・提出先】

国内外の人道問題研究者・実践者からのご投稿を歓迎致します。掲載の可否は当センター編集部にて判断させていただきます。投稿についての詳細は下記までお問い合わせください。

日本赤十字国際人道研究センター『人道研究ジャーナル』

投稿論文受付係　i.h.s@jrc.ac.jp

【バックナンバー】

バックナンバー(Vol.1 ～ Vol.4)をご希望の方は当センターにお問い合わせ下さい。

日本赤十字国際人道研究センター

ISSN 2186-9413

人道研究ジャーナル　Vol.5

2016年3月31日初版第1刷発行

◇編集　学校法人日本赤十字学園

日本赤十字国際人道研究センター

◇発行　株式会社　東信堂

日本赤十字国際人道研究センター
〒150-0012　東京都渋谷区広尾4－1－3
（日本赤十字看護大学内）
Website: http://www.jrc.ac.jp/

株式会社　東信堂
〒113-0023 文京区向丘 1-20-6
TEL 03-3818-5521 FAX 03-3818-5514
e-mail tk203444@fsinet.or.jp
Website http://www.toshindo-pub.com/

ISBN 978-4-7989-1357-5　C3031

東信堂

国際刑事裁判所〔第二版〕	村瀬信也・洪恵子編	四二〇〇円
武力紛争の国際法	村瀬信也・真山全編	一四二八六円
国連安保理の機能変化	村瀬信也編	二七〇〇円
海洋境界確定の国際法	村瀬信也・江藤淳一編	二八〇〇円
自衛権の現代的展開	村瀬信也編	二八〇〇円
国連安全保障理事会—その限界と可能性	松浦博司	三二〇〇円
集団安全保障の本質	柘山堯司編	四六〇〇円
貨幣ゲームの政治経済学	柳田辰雄	二〇〇〇円
相対覇権国家システム安定化論—東アジア統合の行方	柳田辰雄	二四〇〇円
国際政治経済システム学—共生への俯瞰	柳田辰雄	一八〇〇円

〔現代国際法叢書〕

国際法における承認—その法的機能及び効果の再検討	王志安	五二〇〇円
国際社会と法	高野雄一	四三〇〇円
集団安保と自衛権	高野雄一	四八〇〇円
国際「合意」論序説—法的拘束力を有しない国際「合意」について	中村耕一郎	三〇〇〇円
法と力 国際平和の模索	寺沢一	五二〇〇円

イギリス憲法I 憲政	幡新大実	四二〇〇円
イギリス債権法	幡新大実	三八〇〇円
根証文から根抵当へ	幡新大実	二八〇〇円
判例 ウィーン売買条約	井原宏・河村寛治編著	四二〇〇円
グローバル企業法	井原宏	三八〇〇円
国際ジョイントベンチャー契約	井原宏	五八〇〇円

シリーズ〈制度のメカニズム〉

アメリカ連邦最高裁判所	大越康夫	一八〇〇円
衆議院—そのシステムとメカニズム	向大野新治	一八〇〇円
フランスの政治制度〔改訂版〕	大山礼子	二〇〇〇円
イギリスの司法制度	幡新大実	二〇〇〇円

〒113-0023 東京都文京区向丘 1-20-6　TEL 03-3818-5521　FAX03-3818-5514　振替 00110-6-37828
Email tk203444@fsinet.or.jp　URL:http://www.toshindo-pub.com/

※定価：表示価格（本体）＋税